KB235596

사랑,
the
lovers

01
체사레 보르자
LOVER
Cesare Borgia

죽음은 새벽안개처럼 찾아왔다. 눈 깜빡할 사이에 온 시야를 메운 안개처럼 스르륵 날아든 창이 때마침 높이 치켜든 겨드랑이로 파고들었다. 갑작스럽게 퍼지는 격렬한 아픔이 균형을 앗아갔다. 안간힘을 쓰며 버텨 보려고 했지만 소용이 없었다. 등자에서 미끄러진 발이 허공을 맥없이 긁었다. 바위투성이 계곡 바닥에 굴러 떨어졌다. 세상이 비틀려 보였다. 아버지를 앗아간 열병을 앓았을 때처럼, 모든 것을 잃고 가택연금을 당했던 그 어두운 시절처럼 세상이 일그러져 보였다. 적들의 이빨이, 죽음을 탐내는 적들의 썩은 이빨이 보였다. 싫다. 난 체사레 보르자, 불같은 야망을 품었던 사내였다. 이런 시골에서 무지렁이 농부들에게 죽고 싶지는 않다. 난 교황의 아들이자 로마냐 공국의 지배자 발렌티노 공작이었으며, 온 이탈리아를 떨게 만들었던 체사레 보르자이다.

"난 체사레 보르자다. 난 체사레⋯⋯."

누군가 턱을 찔렀다. 뒤쪽에서 내리친 도끼에 오른쪽 어깨가 떨어져 나간 것 같았다. 허벅지를 찌른 창날이 서걱거리는 소리를 냈다. 그래도 손에 든 창을 놓지 않았다. 마지막 순간까지 저항하고 싶었다. 난 한 번도 포기한 적이 없었다. 용병대장들이 반란을 일으켰을 때에도, 병으로 쓰러져서 사경을 헤맸을 때에도, 율리오 2세의 음모에 빠져 가택연금을 당했을 때에도 포기하지 않았다.

눈부신 태양이 보인다. 이상하다. 방금 전까지는 어두운 새벽이었는데, 이렇게 환했다면 무지렁이 놈들한테 기습을 당했을 리가 없는데……, 저기 저 태양을 향해 날아가는 건 뭐지? 새가 저렇게 높이 난 적은 없었는데? 사람 같아. 날개가 달린 사람, 뭐였더라? 피렌체의 마키아벨리 서기관한테 들은 적이 있었는데. 미노아? 아니 다이달로스. 맞아. 왕의 진노를 사서 미로에 갇힌 다이달로스가 밀랍으로 새의 깃털을 어깨에 붙이고 탈출했다고 했지. 그의 어리석은 아들 이카로스는 태양을 향해 날아가다가 그만 태양의 열기에 밀랍이 녹는 바람에 땅으로 떨어졌다고 말이야. 근데 저 사람을 닮은 새도 떨어지는데? 이카로스의 전설이 사실이었나 보군. 아니 어쩌면 나일지도……. 그래, 나일지도 모르겠어.

무모할 정도로 용맹한 적의 기사가 죽은 것을 확인한 드 뷰몽 백작의 부하들은 값나가는 물품들을 약탈했다. 언제 왕의 부하들이 나타날지 모르기 때문에 약탈품을 챙기는 손은 정신이 없었다. 삽시간에 시신은 알몸이 되어 피 웅덩이 속에 남겨졌다. 전리품을 챙긴 백작의 부하들은 한때 체사레 보르자라고 불렸던 시신만을 남겨두고 떠났다. 그가 늘 입버릇처럼 얘기했던 "카이사르 아니면 무(無)"라는 말에 걸맞은 죽음이었다.

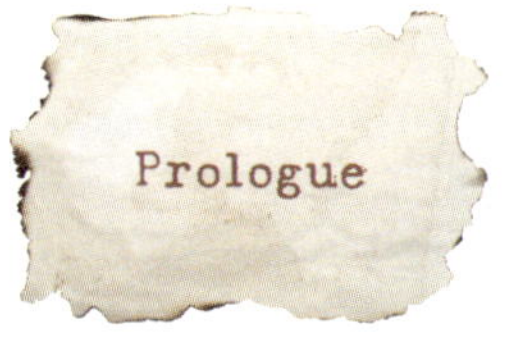

르네상스의 내면을 보여주는 인물

한 사람의 일생, 혹은 어떤 사건이나 순간이 그 시대를 함축해서 보여주는 창이 되는 경우가 종종 있다. 체사레 보르자, 태어나지 말았어야 할 교황의 자식, 햇빛 아래서 당당히 고개를 들지 못할 저주받은 운명을 타고난 사생아였다. 그러나 체사레 보르자는 날개를 달고 성공을 향해 훨훨 날아갔다. 하지만 냉혹한 성공은 그의 손에 잡히지 않았다. 이카로스처럼 추락한 체사레 보르자에게는 냉혈한 살인자, 배신을 밥 먹듯이 하는 음모가, 누이동생과 근친상간을 벌인 패륜아라는 낙인이 찍혔다.

15세기 이탈리아에서 정치란 곧 음모와 배신의 또 다른 이름이었다. 아버지가 교황이 된 이후 본능적으로 권력의 냄새를 맡은 그는 자신의 목표를 향해 질주했다. 모든 것이 끝났을 때, 불현듯 죽음이 찾아왔을 때 체사레 보르자는 체념했을까? 아니면 허무한 끝을 안타까워했을까?

모두들 두려워했기 때문에 미움의 가면이 씌워진 체사레 보르자. 그는 과연 이탈리아의 통일을 꿈꾸던 영웅이었을까? 아니면 피 냄새와 죽음을 즐기는 냉혈한이자 누이동생과 동침한 희대의 악마였을까? 이카로스처럼 아버지의 날개를 달고 성공을 향해 날아갔지만 결국 날개가 녹으며 추락해야만 했던 그는 15세기 르네상스라는 찬란함에 가려진 이탈리아의 또 다른 내면을 들여다볼 수 있는 창이자 풍경이다.

탄생 자체가 스캔들인 남자

●

1475년 로마에 살고 있던 반노차 데 카타네이가 아들을 낳았다. 태어난 아이에게는 체사레라는 이름을 붙였다. 그녀는 그 후에도 후안, 루크레치아, 조프레라고 이름 붙여진 아이들을 더 낳았다. 어머니가 나이가 많다는 점을 제외하면 지극히 평범한 탄생이었다. 그러나 이 탄생은 아이의 아버지 때문에 특별해졌다. 아이의 아버지는 아라곤 출신의 추기경 로드리고 보르자였다. 가톨릭 성직자가 평생 독신으로 살아야만 한다는 규칙은 교황이 거주하는 종교적인 도시 로마에서는 이미 오래전 깨진 항아리 조각처럼 아무도 거들떠보지 않는 무의미한 것이었다.

체사레의 아버지 로드리고 보르자는 이탈리아인이 아니라 스페인 출신이었다. 1455년 그의 외삼촌인 알폰소 보르자가 교황의 자리에 오르면서 일가친척들을 등용하기 시작했다. 승승장구하던 그는 외삼촌인 교황 갈리스토 3세가 사망하면서 위기를 맞는다. 예나 지금이나 외부인에 대한 따가운 시선은 아주 작은 불씨만으로도 충분히 큰 화재를 불러오는 법이다. 특히나 권력이라는 기름이 부어진 상황이었다. 성난 분노 앞에 몰락이 눈앞에 다가온 듯했다.

하지만 로드리고는 위기를 기회로 만들었다. 새로운 교황을 뽑는 콘클라베(주교회의)에서 캐스팅보트를 쥐고 새로운 교황 비오 2세의 선출에 큰 기여를 한 것이다. 그 후 차근차근 경력을 쌓아가면서 결국은 교황청 차관의 자리까지 올라갔다. 권력의 정점에 선 사내, 로드리고 보르자는 성직자였기 때문에 당연히 결혼을 하지 못했지만 정부들을 거느렸고, 아이들을 낳았으며, 직위를 이용해 재산을 긁어모았다.

체사레 보르자

체사레 보르자는 한마디로 탄생 자체가 스캔들인 셈이었다. 남겨진 기록들은 아버지가 자식들을 얼마나 끔찍하게 사랑했는지 증명해준다. 혈육의 정일 수도 있지만 외삼촌의 죽음 이후 한순간에 몰락할 뻔한 상황을 겪었던 그로서는 규칙을 깨는 한이 있어도 권력을 물려줄 후계자를 만들 결심을 했을지도 모르겠다. 물려주지 못하는 권력만큼 허무한 것도 없을 테니까…….

체사레 보르자는 아버지의 굳은 결심을 계단 삼아 철이 들기 전부터 어마어마한 직책들을 부여받았다. 첫 번째 걸음은 서자라는 약점을 가릴 수 있는 교황의 관면(타당한 사유가 있을 경우 신자에게 교회법을 준수하지 않아도 되게 하는 특별 규정)이었다. 반세기쯤 뒤에 잉글랜드의 헨리 8세가 첫 번째 아내와 이혼하는 데 필요한 관면을 얻기 위해 온갖 고생을 했던 것과는 달리 손쉽게 관면을 받은 체사레 보르자는 아버지의 고향인 스페인 쪽의 알짜배기 성직을 받았다. 1491년에는 스페인 팜플로나의 주교로 임명되었다가 아버지가 교황이 된 1492년에는 발렌시아의 대주교가 되었다.

한 번도 가보지 못한 곳의 수도원장과 주교직을 역임한 체사레 보르자는 아버지의 뜻에 따라 성직자의 길을 걷기로 했다. 교황령이었던 페루자와 피사의 대학에서 법학을 공부하던 체사레 보르자에게 첫 번째 비상의 기회가 찾아왔다. 1492년 8월 11일 호시탐탐 교황의 자리를 노리던 그의 아버지 로드리고 보르자가 콘클라베를 통해 라이벌인 줄리아노 델라 로베레를 제치고 마침내 새로운 교황 알렉산데르 6세로 선출된 것이다.

교황 알렉산데르 6세

피사에서 그 소식을 들은 체사레 보르자는 피가 끓었을까? 아니면 무작정 흥분했을까? 체사레 보르자의 첫 번째 행적은 뜻밖에도 교황으로 선출된 아버지의 대관식에 참석하는 게 아니라 이탈리아 반도의 남쪽 스폴레토의 성으로 향한 것이었다. 드러낼 수 없는 그림자였기 때문이었지만 실체를 드러내기까지 오래 기다릴 필요는 없었다. 어쨌든 그는 교황의 자식이었으니까.

교황이 된 뒤 잠시 주변의 눈치를 살피던 알렉산데르 6세는 자식들을 장기판 위에 올려놓았다. 성직에 종사할 체사레 보르자를 제외한 나머지 자식들은 하나둘씩 혼인을 했다. 1493년 6월 화가 핀투리키오가 한참 보르자 가문의 상징인 황소 문장을 그리던 바티칸의 일명 '보르자의 방'에서 루크레치아의 결혼식이 열렸다. 그녀의 남편은 밀라노의 실질적인 지배자인 루도비코 스포르차(일명 루도비코 일 모로)의 사촌인 페사로의 영주 조반니 스포르차였다.

당대 모든 권세가들의 결혼이 그러하듯 이 결혼 역시 교황과 밀라노의 동맹에 얹혀진 공증이었다. 8월에는 막냇동생 호프레가 나폴리 왕

체사레 보르자

페란체의 아들인 알폰소의 딸 산차와의 결혼에 동의했다. 다음 달에는 체사레 보르자의 동생 후안 보르자가 1488년 스페인에서 사망한 이복형 페드로 루이스가 가지고 있던 간디아 공작이라는 작위와 그의 약혼녀까지 차지하기 위해 스페인으로 건너갔다. 스페인과 나폴리, 밀라노를 잇는 거미줄 같은 연결고리가 생긴 것이다. 체사레 보르자 역시 줄리아노 델라 로베레를 비롯한 반대파들의 극심한 반대를 물리치고 간발의 차이로 추기경에 선출되었다.

알렉산데르 6세 이전의 교황들도 사생아들을 낳았지만, 그처럼 대놓고 작위를 주거나 정략결혼을 시키는 경우는 없었다. 심지어 알렉산데르 6세는 바티칸 궁의 코앞인 산타마리아 궁에 딸인 루크레치아와 새로 맞아들인 정부 줄리아 파르네세가 함께 지내도록 했다. 교황의 새로운 정부에게는 '그리스도의 여인'이라는 시니컬한 별명이, 알렉산데르 6세에게는 '사상 최악의 교황'이라는 고개를 절레절레하게 하는 별명이 붙었다.

기분 좋은 출발이었지만 곧 알렉산데르 6세가 교황의 자리에 적합한지 시험대에 올라야 했다. 분열되어 있던 이탈리아의 고만고만했던 도시에서는 권력을 잡기 위한 투쟁이 빈번했다. 암살과 배신이 권력을 잡기 위한 정당한 수단처럼 보였고, 기울어진 전세를 뒤집기 위해 외부에서 동맹자를 찾는 건 비상수단쯤 되었다. 이탈리아 북부 밀라노에서는 섭정인 루도비코 일 모로와 적법한 계승자인 잔 갈레아초 사이의 갈등(더 정확하게는 그의 아내인 이사벨라)이 커져만 갔다. 이사벨라의 할아버지는 다름 아닌 나폴리 왕인 페란체였고, 이제 집안싸움은 걷잡을 수 없이 번져갔다.

위기에 처한 루도비코 일 모로는 《손자병법》에 나오는 '이이제이' 전법을 꺼내들었다. 문제는 그가 꺼낸 카드가 프랑스였다는 것이다. 오래전부터 나폴리의 통치권을 내심 노리고 있던 프랑스의 샤를 8세는 누군가의 뜻대로 움직이기에는 너무나 야심이 컸다. 1494년 9월 샤를 8세의 야심만큼이나 거대한 대군이 1700여 년 전의 한니발처럼 알프스를 넘어서 이탈리아로 진군했다.

교황과 체사레 보르자에게 이탈리아의 남쪽 나폴리의 권력 투쟁에 개입을 선언한 프랑스와 맞서 싸워야만 하는 절체절명의 위기가 찾아온 것이다. 물론 샤를 8세의 직접적인 목표는 교황이 지배하는 로마가 아니었다. 하지만 100년쯤 뒤 조선에서 비슷한 일이 벌어졌을 때 왜군의 공식적인 요청도 '정명가도', 즉 명을 치는 길을 빌려달라는 것뿐이지 않았는가. 하지만 압도적인 전력 차에도 불구하고 동래부사 송상현의 답은 간단했다.

"싸우다 죽는 것은 쉬우나 길을 빌리는 것은 어렵다."

조선에서는 동래성이 함락되고 송상현을 비롯한 성민들과 병사들의 죽음으로 끝이 났다. 프랑스군은 3만의 병력과 어마어마한 크기의 공성용 대포들을 앞세우고 이탈리아를 침입했다. 기껏해야 수천의 용병으로 전쟁을 벌이던 이탈리아인들은 조총을 앞세운 왜군을 보고 충격에 빠졌던 조선군과 다를 바가 없었다.

마지막까지 버티던 교황 알렉산데르 6세는 결국 손을 들고 말았다. 아들인 체사레 보르자 추기경을 인질로 내주고 프랑스군이 나폴리로 내려갈 수 있는 길을 허락했으며, 가는 길이 편안하라는 축복까지 내려줘야만 했다. 하지만 알렉산데르 6세는 산전수전 다 겪은 능구렁이였다.

　　　　체사레 보르자

위기일발의 순간 나폴리를 정복할 꿈에 부풀어 있던 샤를 8세의 부푼 가슴에 기대 살아남았던 것이다. 샤를 8세가 교황을 훅 불어서 날리기를 고대했던 줄리아노 델라 로베레를 비롯한 정적들에게는 기절초풍할 일이었다. 샤를 8세로서는 순종하는 교황을 교체할 필요성을 느끼지 못했을지도 모른다. 아니면 극진한 교황의 접대에 녹아내렸든지.

교황의 축복을 받으며 의기양양하게 진군한 프랑스군은 임진왜란 당시 왜군이 한양을 점령하듯 순식간에 나폴리를 점령했다. 이 때문에 샤를 8세에게는 인질로 따라나섰던 체사레 보르자 추기경이 도망쳤다는 사실쯤은 가볍게 넘길 수 있는 기분 좋은 일이었다.

하지만 샤를 8세의 프랑스군이 따뜻한 남쪽 나폴리에서 유유자적하게 지내는 동안 프랑스군의 위력을 절감한 이탈리아가 뭉쳤다. 결국 나폴리에서 프랑스로 돌아가기 위해 북상하던 프랑스군과 이탈리아 동맹군이 격돌했다. 1495년 포르노보에서 벌어진 전투에서 프랑스군은 막대한 전리품을 포기하고 돌아가야만 했다. 결국 샤를 8세의 야심은 프랑스인들은 '나폴리의 병'으로, 나폴리인들은 '프랑스의 병'이라고 부른 질병 매독을 온 유럽으로 전파시키는 계기만을 만들었을 뿐이다. 알렉산데르 6세와 체사레 보르자는 결국 자기들이 그 자리에 있을만한 자격이 있다는 사실을 증명했다.

첫 번째 스캔들 – 루크레치아, 산차, 카테리나, 도로테아

●

체사레는 이제 누구보다 높이 비상할 준비를 마쳤다. 그러는 가운데

체사레 보르자와 그의 누이동생
인 루크레치아 사이에 스캔들이
퍼져 나갔다. 더구나 막냇동생
인 호프레의 아내 산차가 로마
에 도착하면서 그녀와의 염문도
퍼졌다. 학자들은 체사레 보르
자와 누이동생 루크레치아 사이
의 염문은 그냥 악의적인 소문
으로 치부하지만, 산차와 내연
의 관계였다는 사실은 대체로
인정하는 편이다.

산차와 호프레

스페인에서 작위를 받은 또
다른 동생 후안이 로마에 도착하면서 사건은 더욱 묘한 분위기로 흘러
간다. 체사레와 후안이 호프레의 아내 산차를 두고 경쟁을 벌인 것이다.
종교가 지배하는 도시 로마에서 교황의 가족들이 가장 세속적이고 문란
한 행각을 벌인 것이다.

더구나 루크레치아와 결혼했던 조반니 스포르차가 돌연 아내 곁을 떠
나자 사람들은 체사레가 누이동생과 밀회를 즐기기 위해 그녀의 남편을
멀리 쫓았다고 수군거렸다. 체사레의 농간이었는지 아니면 밀라노라는
카드를 버리기로 결심한 교황 때문이었는지는 모르겠지만 어쨌든 루크
레치아는 홀로 가족 곁에 남았다.

1497년 6월 후안의 시체가 티베르 강에서 떠올랐을 때 체사레 보르자
는 유력한 용의자로 지목되었다. 아버지의 신임을 독차지하기 위해, 혹

후안 보르자

은 빼앗긴 산차의 사랑에 대한 증오심 때문이라는 것이었다. 한걸음 더 나아가 루크레치아를 사이에 둔 후안과의 대립이 살인을 불러왔다는 이야기도 들렸다. 어쨌든 후안의 몫이었던 교황군의 기수이자 총사령관이라는 직책은 후일 그에게 돌아갔다. 체사레 보르자의 짧은 삶 속의 다른 사건들처럼 이 일도 온갖 무성한 소문 속에 진실을 감춰버렸다. 이탈리아에서 가장 위험한 남자가 된 체사레 보르자의 전설이 시작된 것이다.

1497년 연말 교황은 조반니 스포르차와 루크레치아의 이혼을 발표했다. 이혼사유는 조반니가 성불구라는 것이었다. 남편이 불구였기 때문에 루크레치아가 아직 처녀라는 교황의 발표에 로마 시민들은 웃음을 참지 못했다. 더군다나 이때 루크레치아는 임신한 상태였다. 배불뚝이 처녀라니! 설상가상 루크레치아는 이혼소송을 벌이는 와중에 스페인 출신의 시종 페드로 칼데론과 염문을 뿌렸다.

교황의 삼중관이 이 모든 험담들을 잠재웠다. 교황과 체사레 보르자는 서둘러 그녀를 산 시스토 수녀원으로 쫓았다. 그녀와 그녀가 낳았을지도 모를 아이는 살아남았지만, 그녀의 애인은 살아남지 못했다. 종적을 감췄던 페드로 칼데론은 1498년 2월 후안처럼 티베르 강에서 시신으

루크레치아 보르자

로 발견되었다. 다음 달 정체불명의 아기 인판테 로마노(로마의 아기)가 태어났다. 교황과 줄리아 파르네세의 아이일 수도 있고, 루크레치아와 페드로 칼데론 사이에서 태어난 아이일 수도 있다. 어쩌면 체사레 보르자와 루크레치아 사이에서 태어난 아이였을 수도 있고.

사람들은 술렁거렸지만 정작 중요한 문제는 서서히 표면에 떠오르는

체사레 보르자

중이었다. 체사레 보르자가 추기경을 사임하기로 결심한 건 후안의 죽음 때문이었다. 보르자 가문의 영속을 위해 후손을 낳고 세속의 권력을 거머쥐어야 할 중대한 임무가 주어진 것이다. 막대한 연금이 보장된 추기경이라는 직책을 스스로 사임한 건 그가 유일했다.

1498년 7월 루크레치아는 나폴리의 귀족 알폰소와 두 번째 결혼식을 올린다. 밀라노를 버린 교황이 나폴리와 그 배후에 있던 스페인을 선택한 것이다. 하지만 이탈리아를 짓밟았던 샤를 8세가 사망하고 루이 12세가 새로이 프랑스 왕으로 즉위하면서 사정이 달라졌다. 루이 12세는 아내와 이혼하고 죽은 샤를 8세의 미망인과 결혼하기 위해서 교황의 도움이 절대적으로 필요한 상황이었다.

교황은 넝쿨째 굴러온 호박을 냉큼 집어 들었다. 교황은 루이 12세의 이혼동의를 통해 체사레의 작위와 영지의 하사, 왕족인 카를로타와의 결혼을 약속받은 것이다. 스페인과의 동맹관계를 단절하고 새로 즉위한 프랑스의 루이 12세와 손을 잡은 교황은 환속한 체사레 보르자를 프랑스로 보냈다. 불과 몇 년 전까지 서로 으르렁거리던 교황과 프랑스가 손을 잡았다. 온갖 낯 뜨거운 스캔들 속에서도 체사레 보르자와 교황은 이인삼각 달리기 선수처럼 손발을 맞춰가면서 뛰었다.

결국 교황과 나폴리의 동맹을 상징했던 알폰소는 찬밥신세가 되어버렸다. 생명의 위협을 느낀 그는 어느 날 쥐도 새도 모르게 로마를 빠져나가 나폴리로 돌아갔다. 당시 임신 중이었던 루크레치아는 당연하다는 듯 로마에 남았다.

체사레 보르자는 이제 '일 발렌티노', 즉 발렌티노 공작이라고 불렀다. 1498년 융숭한 대접을 받으며 프랑스에 도착한 체사레 보르자는 그

카테리나 스포르차

다음해 카를로타 대신 나바라 공주인 샤를로트 달브레와 결혼식을 올렸다. 성공을 향한 첫 번째 날갯짓은 지극히 성공적이었다. 물론 근친상간과 형제를 살해했다는 추문, 여동생이 은밀히 낳은 아이의 아버지라는 악명도 함께 따라왔지만.

1499년 또다시 이탈리아를 침입한 프랑스군과 함께 돌아온 체사레 보르자는 반항적인 영주들이 지배하고 있던 로마냐 지방의 교황령을 차례차례 수복해나간다. 프랑스군이라는 무력과 교황이라는 신권 앞에 영주들은 차례대로 쓰러졌다. 전투다운 전투도 없이 진군하던 체사레 보르자 앞에 첫 번째 적수가 나타났다. 여장부라는 이름이 전혀 아깝지 않은 포를리와 이몰라의 지배자 카테리나 스포르차였다.

별다른 전투 없이 포를리의 성문 앞까지 도달한 체사레 보르자는 처음으로 자신을 향해 날아오는 대포의 포성을 들었다. 한 달 가까운 전투 끝에 결국 이몰라 성이 함락되었다. 당시 이탈리아의 전쟁에서는 드물게 포격으로 무너진 성벽 안으로 돌진한 프랑스군과 방어군 사이에서 백병전을 벌인 끝에 얻어낸 승리였다. 끝까지 저항하던 카테리나 스포르차는 결국 포로로 잡히고 말았다.

화약과 죽음의 냄새가 가시기도 전에 체사레 보르자는 카테리나 스포르차와 염문을 뿌렸다. 상금과 몸값이라는 저울추가 만만치 않게 저항했지만, 역시 스캔들의 무게가 압도적이었다. 체사레 보르자는 그런 따가운 시선들을 마치 즐기기라도 하는 것처럼 그녀와 단둘이 시간을 보냈다. 겁탈을 했다는 소문과 함께 되려 카테리나 스포르차가 더 즐거워했다는 이야기가 돌았다. 호색한이라는 타이틀까지 덤으로 얻어낸 체사레 보르자의 첫 번째 원정은 비록 중간에 프랑스군이 밀라노로 철군하면서 원하는 목적을 다 이루지는 못했지만 비교적 성공적으로 끝났다.

1500년 2월, 당당하게 로마로 개선한 체사레 보르자에게 아버지이자 교황인 알렉산데르 6세는 교황군의 총수라는 직책을 내린다. 이제 일흔이 된 교황은 40여 년 전 외삼촌이었던 갈리스토 3세가 사망하면서 모든 권력을 한순간에 잃을 뻔했던 경험을 절대 잊지 않았다. 종교의 힘을 빌려 속세에 보르자 가문의 뿌리를 단단히 내리겠다는 명백한 의도를 드러낸 교황과 그의 아들에게는 온갖 비난이 쏟아졌지만, 두 사람 모두 세간의 평 따위는 신경 쓰지 않겠다는 자세를 보였다.

그해 7월, 임신한 루크레치아를 버려두고 나폴리로 도망쳤다가 돌아온 두 번째 남편 알폰소가 산 피에트로 대성당의 계단 앞에서 정체불명의 괴한들에게 습격을 당했다. 심각한 부상을 당한 알폰소를 두고 로마 시민들은 당연하다는 듯 체사레 보르자를 의심했다. 루크레치아가 체사레의 아이를 낳았다는 소문이 돌 정도였으니 어쩌면 당연한 일이었는지 모르겠다.

그리고 한 달 후에 벌어진 일은 그 소문에 쐐기를 박았다. 한낮에 대뜸 알폰소의 집에 들이닥친 체사레 보르자의 부하들이 부인 루크레치아와 그의 누나가 보는 앞에서 알폰소의 목을 졸라 죽인 사건이 벌어진 것이다. 은밀한 습격이 실패로 돌아가자 대놓고 살인을 저질렀던 것일까? 아니면 여동생 루크레치아를 차지한 알폰소에 대한 질투심이었을까? 그것도 아니면 교황을 둘러싼 자신의 반대세력에게 강력한 경고를 주기 위해 알폰소를 희생양으로 삼았던 것일까? 이도저도 아니면 그가 주장한 대로 자신을 살해하려는 알폰소의 음모를 눈치 채고 선수를 친 것일까?

무성한 소문들이 따라붙었지만 적어도 한 가지는 명백했다. 체사레 보르자, 발렌티노 공작은 사람들의 눈 따위는 의식하지 않고 살인을 저지를만한 배짱을 가졌다는 것이다. 역사에 길이 남을 잔인하고 음탕한 체사레 보르자의 전설이 정점에 달한 것이다.

체사레 보르자는 왜 소문처럼 반지에 넣고 다니는 '칸타렐라'(보르자의 독약이라고 불리는 칸타렐라는 보르자 가문이 정적을 암살하는 데 사용했다고

체사레 보르자

바티칸을 떠나는 체사레

주장된다. 그러나 독약의 실제 존재는 밝혀지지 않았다)라는 독약으로 흔적도 없이 죽이거나 첫 번째 습격처럼 눈에 띄지 않는 방법을 놔두고 이런 극단적인 방식을 취했을까? 의도는 해답을 찾기 어렵지만, 어떤 결과를 바랐을지는 손쉽게 유추해볼 수 있다. 체사레 보르자는 교황에게 이제 시간이 얼마 남지 않았다는 사실, 따라서 그동안 어떻게든 자신의 왕국을 건설해놓지 않으면 안 된다는 사실을 뼈저리게 느꼈다. 남의 이목이나 평판을 두려워하지 않았던 것이 아니라 그런 것들을 받아들일 시간이 없었던 것이다.

다급함이 만들어낸 체사레 보르자의 전설은 이제 시작이었다. 보르자 부자는 이제 세상의 시선 따위는 두렵지 않다는 듯 곧 재개될 원정에 필요한 돈을 긁어모으기 위해 추기경직을 팔아치웠다.

1500년 10월 1일, 체사레 보르자는 프랑스군과 용병들을 이끌고 당당하게 출정했다. 여동생 루크레치아의 첫 번째 남편이었던 조반니 스포르차가 지배하던 페사로를 시작으로 리미니가 체사레의 손에 떨어졌다. 비록 파엔차가 이몰라처럼 저항하면서 그의 기세를 누그러뜨리기는 했지만 파죽지세 같은 그의 기세는 한겨울의 추위에도 누그러지지 않았다. 그리고 작년의 원정 때에 못지않게 세상을 경악시킬 스캔들도 터트렸다.

와인 잔을 든 체사레

1501년 2월, 남편을 만나기 위해 여행 중이던 베네치아의 도로테아 말라테스타라는 귀부인이 체사레 보르자가 지배하던 영토를 지나던 중 납치를 당했다. 여성편력으로 악명 높던 체사레 보르자가 범인으로 지목당한 것은 어쩌면 당연한 일이었다. 베네치아 사절의 강경한 항의에 체사레 보르자는 휘하의 스페인 장교 디에고 라미레즈가 벌인 짓이라고 둘러댔다. 그리고는 사방에서 쏟아지는 비난과 불평 속에서도 체사레 보르자는 꿋꿋하게 자신은 아무것도 모르는 일이라고 버텼다.

운명의 한계를 시험하고 싶었던 것일까? 아니면 우연히 지나가던 아리따운 여인을 보고 한눈에 반해 납치극을 벌였던 것일까? 어쩌면 그녀의 남편을 고용했던 베네치아의 심기를 건드려보고 싶은 순간적인 충동

체사레 보르자

때문이었을지도 모르겠다. 어쨌든 이 어처구니없는 소동은 절정에 달해 있던 그의 권력에 가려져 흐지부지 잊히고 말았다. 물론 훗날 그에 따른 처절한 대가를 치러야 했지만 말이다.

그해 4월 오랫동안 저항했던 파엔차가 드디어 그의 앞에 성문을 열었다. 그달이 가기 전에는 볼로뉴에게서 볼로네세 성을 빼앗았다. 다음번 먹잇감이 자신이라고 확신한 피렌체는 서둘러 항복을 했다. 그러나 그의 야심을 탐탁지 않게 여긴 프랑스의 루이 12세의 제지를 받고서는 돌아서야 했다.

그해 여름 프랑스 왕의 나폴리 원정에 동행한 체사레 보르자는 온갖 추문과 악평에도 불구하고 높이 비상했다. 더불어 태양처럼 강렬한 그의 야심에 저항하는 그늘이 곳곳에서 생겨났다.

로마로 돌아온 체사레 보르자는 두 차례의 결혼을 억지 이혼과 죽음으로 끝낸 루크레치아에게 세 번째 혼처를 찾아주었다. 이번에는 페라라 공작의 아들 알폰소 데스테였다. 교황의 서출이라는 차마 입에 담지 못할 신분의 여인이 이탈리아 최고 가문의 후계자를 남편으로 점찍은 것이다. 그것도 온 이탈리아에서 가장 헤픈 여인이라는 소문을 가지고 말이다. 페라라의 데스테 가문에서는 펄쩍 뛰었지만, 교황과 루이 12세의 압력을 막아낼 수는 없었다. 승리감에 도취한 보르자 가문은 세간의 시선 따위는 아랑곳하지 않았다.

오랜만에 보르자의 일족들이 다시 모이자 또다시 추문이 고개를 들었다. 1501년 10월 30일 보르자 가문의 음란함에 정점을 찍는 파티에 대한 소문이 흘러나왔다. 교황인 알렉산데르 6세까지 참여한 파티는 매춘부들과 난교와 나체 춤으로 어우러졌다. 요즘 세상에서도 떳떳하게 얘기하기 힘든 일이 500년 전 세상에서 가장 엄숙해야 하는 교황이 참석한 파티에서 벌어진 것이다. 바닥에 촛대를 세워놓고 그 사이에 굴러다니는 밤을 매춘부들이 집는 게임을 했다는 이야기도 있다. 기록으로 남은 파티의 분위기로 유추해보건대, 분명 손을 쓰지 않았을 것 같다. 난교로 이어진 파티에서는 가장 많은 횟수를 기록한 남녀에게 교황이 직접 선물을 주었다고 한다.

알렉산데르 6세 이전의 교황들이 엄숙하거나 엄격한 금욕생활만을 했던 것은 아니었다. 파티에 매춘부들이 참석하는 것 역시 낯선 일은 아니었지만, 당사자가 교황과 체사레 보르자였기 때문에 난잡하고 음란한 소문은 끝도 없이 퍼져 나갔다.

이 시기에 발표된 보르자에 대한 교황의 교서는 묘한 흥미를 끈다. 한 장은 몇 년 전 태어난 로마의 아기라는 별명이 붙은 아이가 체사레와 어떤 여인에게서 낳은 아들이라고 밝혔지만, 비밀리에 발표한 또 다른 교서는 그 아이가 교황 자신의 소생이라고 쓰여 있었다. 교황과 그의 정부였던 줄리아 파르네세 사이의 혈육이라는 의견이 대세지만, 당시의 비난처럼 체사레와 루크레치아 사이에서 낳은 아이였을 가능성도 전혀 없지는 않다. 그리고 이런 추악한 근친상간들이 사람들의 입에 오르내리고 믿을만한 기록으로 남은 것은 상당 부분 교황과 체사레 보르자에게 그 책임이 있다.

이 시기 방탕했던 그의 본성이 어김없이 드러난 건 혹시 세 번째 결혼으로 떠나보내야 했던 루크레치아에 대한 사랑을 지우기 위한 몸부림이 아니었을까? 어쨌든 루크레치아는 1502년 1월 세 번째 남편이 있는 페라라로 향했다.

두 번째 스캔들 - 비상과 추락

온갖 무성한 추문들을 뒤로 한 체사레 보르자는 다음해인 1502년 6월 두 번째 원정을 단행한다. 두 번째 원정의 백미는 우르비노를 번개같이 점령한 것이다. 속임수와 미끼의 절묘한 조합으로 힘들이지 않고 우르비노를 낚아챈 체사레 보르자의 명성은 관찰자들의 눈에는 그 위험수위를 한참 넘긴 것이었다.

우르비노가 점령당했다는 소식에 놀란 피렌체는 사절을 보내 그의 의중을 파악하려고 애를 썼다. 사절단 중 한 명이었던 마키아벨리는 체사레에게서 강렬한 인상을 받고 몇 년 후 쓴 《군주론》에서 그를 모델로 삼았다. 체사레 보르자는 전매특허인 협박과 감언이설로 사절들을 구워삶았다. 르네상스를 상징하는 천재 레오나르도 다 빈치가 그의 밑에서 성의 축조와 지도 제작을 맡은 것도 이 시기였다.

하지만 이제 서서히 이카로스 날개의 깃털을 고정시켰던 밀랍이 녹아내릴 조짐들이 보였다. 너무 빨리 집어삼키는 바람에 소화기관들이 배탈을 일으킨 것이다.

체사레 보르자 휘하의 용병대장들 중 상당수는 한 가문의 당주나 소국의 영주들이었다. 상관의 눈부신 성공이 자신들의 기반을 잡아먹을 것이라는 두려움에 그들은 하나로 뭉쳐 반란을 일으킨다. 모든 증오들 중 가장 강력하다는 배신이었지만, 질풍노도 같은 기습이나 암살은 없었다. 오직 주군에 대한 두려움으로 시작된 반란은 두려움 때문에 지리멸렬했다.

반면 체사레 보르자의 반격은 곁에서 지켜보던 마키아벨리가 감탄할

정도로 눈부셨다. 반란을 일으
킨 용병대장들을 하나씩 자신
의 편으로 구워삶은 체사레는
결국 그들과 화해를 하는 데 성
공했다. 아니 성공했다고 상대
방을 믿게끔 만들었다. 1502년
의 마지막 날, 세니갈리아에서
옛 주인과 화해하기 위해 왔던
용병대장들은 함정에 빠졌다.

이 민감한 시기에 체사레 보
르자를 곁에서 지켜보던 마키
아벨리는 분열을 종식시키고
외세를 격퇴할만한 이상적인

마키아벨리는 훗날 체사레 보르자를 모델로 《군주
론》을 완성했다.

군주의 모델을 찾아냈다. 온 이탈리아가 그의 과감한 결단과 침착함에
두려움 섞인 찬사를 보냈다. 하지만 용병대장들의 반란과 처형은 그의
권력 기반이 얼마나 허약하고 한순간에 무너질 수 있는지 보여주는 예
고편이었다. 체사레 보르자는 이 불길한 승리 뒤편에 드리워진 그림자
를 봤을까?

당시 군주들은 서로 얽히고설킨 동맹을 맺었고, 그 동맹에 대한 보증
으로 자식들을 주고받았다. 그런 식으로 생긴 혈연들은 이탈리아 북부
의 밀라노에서부터 남쪽 끝 나폴리까지 이어졌고, 장인이나 사위, 매형
과 매제가 싸우는 일이 드물지 않았다. 하지만 모래알처럼 보이던 그들
은 바다 건너편에서 온 보르자라는 괴물 앞에 하나로 똘똘 뭉쳤다. 단순

한 미움이나 질투보다 자기들 몫인 권력을 빼앗아간다는 두려움은 교황과 보르자의 성공이 거대해질수록 더 커져만 갔다.

용병대장들의 반란은 그들의 질시와 반발이 한계에 도달했다는 증거였다. 콘도티에리라고 불린 용병대장들은 체사레 보르자의 부하들이기 이전에 발리오니나 오르시니 같은 가문의 일원이자 영지를 지배하는 영주들이었다. 교황의 아들을 목전에서 본 그들은 주군의 성공이 자신의 기반을 집어삼킬 것이라는 사실을, 냉혹하고 잔인한 군주가 자기들이 방해물이라고 생각하면 한순간에 제거할 것이라는 사실을 누구보다도 뼈저리게 느꼈다.

어쨌든 배신자들을 처단한 그의 과감함 앞에 페루자와 시에나가 무릎을 꿇었다. 점점 거대해진 체사레의 성공에 그의 뒤를 봐주던 프랑스는 점점 의심의 눈초리로 쳐다봤다. 이탈리아를 둘러싼 프랑스와 스페인 사이에서 줄타기를 하던 교황과 체사레 보르자는 더 큰 판에 뛰어들었다. 그러기 위해선 판돈이 필요했다. 교황은 팔을 걷고 성직을 팔아서 돈을 마련하고, 죽은 추기경들의 재산을 몰수했다. 위험이 커진 만큼 성공을 거두게 되면 얻게 될 이익도 어마어마했다.

1503년 8월, 초조하게 타이밍을 재던 체사레 보르자에게 갑작스럽게 몰락이 찾아왔다. 너무나 갑작스럽고 자연스러워서 마치 모든 게 예정되어 있는 것처럼 보였다. 무더운 로마에 퍼진 전염병에 걸린 교황 알렉산데르 6세가 쓰러지고, 뒤따라 체사레 보르자도 앓아눕고 말았다. 일흔셋의 늙은 교황은 며칠간 힘겹게 버티다가 8월 18일 눈을 감았다. 체사레 보르자의 힘을 만들어주던 원천이 흔적도 없이 사라진 것이다. 아버지가 죽은 시각 힘겹게 몸을 일으킨 체사레 보르자는 텅 빈 권력의 공백 한가운데 내팽개쳐졌다. 보르자 부자가 한 추기경의 재산을 노리고 그를 독살시키려고 하다가 오히려 독이 든 음식을 먹고 쓰러졌다는 소문이 당연하다는 듯 뒤따랐다. 거침없이 날았던 만큼이나 빛나는 추락이었다. 이카로스처럼.

이제 체사레 보르자는 추문과 공포 속에 버려졌다. 물론 그 역시 바보가 아니었기 때문에 노령의 아버지가 쓰러지는 것에 대한 대비책은 세워뒀을 것이다. 하지만 같은 시기 그 역시 사경을 헤맬 것이라는 사실은 염두에 두지 않았을 것이다. 대책을 세워야 할 체사레가 가장 중요한 시기에 쓰러지면서 하늘 높이 떠 있던 그의 운도 끝이 났다.

그가 가장 중요한 시기를 병과 싸우면서 허비하는 사이 그에게 도시와 영토를 빼앗기고 쫓겨났던 적들은 하나둘씩 모습을 드러냈다. 한때 적들을 두려움에 떨게 하고 통제했던 악명들이 그의 목을 조른 것이다. 겨우 병을 털고 일어난 체사레 보르자는 유일한 돌파구인 콘클라베에 기대를 걸었다. 그에게 우호적인 신임 교황을 뽑을 수만 있다면 반세기 전 그의 아버지가 그랬던 것처럼 위기에서 벗어날 수 있을 것만 같았다.

첫 번째 위기는 그에게 우호적인 비오 3세가 새로운 교황으로 선출되면서 사라졌다. 하지만 위기를 넘겼다고 생각한 순간 두 번째 위기가 소리 없이 다가왔다. 늙고 병약한 교황은 선출된 지 불과 한 달도 못 되어서 숨을 거두었다. 체사레 보르자는 적들에게 포위되고 말았다. 엎친 데 덮친 격으로 비오 3세의 후임을 뽑는 콘클라베에서는 보르자 부자와 적대적이었던 줄리아노 델라 로베레가 신임 교황으로 유력해진 것이다.

궁지에 몰린 체사레 보르자는 그가 교황으로 선출되도록 교섭을 했고 그의 숙적 줄리아노 델라 로베레는 마침내 교황 율리오 2세가 되었다.

     체사레 보르자

평생 남을 속이고, 약속을 어기는 일을 밥 먹듯이 하던 잔혹함의 대명사였던 그가 이제는 다른 사람의 약속에 기대야만 하는 처지가 된 것이다. 그리고 그가 남에게 그랬던 것처럼 배신이 그의 방문을 두드렸다.

1503년 11월 칼을 갈고 기다리는 적들을 피해 배를 타고 로마냐로 가려던 체사레 보르자는 율리오 2세에게 체포되었다. 드디어 몰락이라는 늪에 빠진 것이다. 엄중하게 구금되었던 체사레 보르자는 로마냐 지역의 성들을 넘겨주는 조건으로 풀려난다. 스페인이 지배하고 있던 나폴리로 향한 그는 재기의 꿈에 부풀었지만, 스페인군 지휘관 곤살보 데 코르도바에게 배신을 당한 채 감금당한다. 스페인 역시 그를 위험인물로 간주한 것이다. 동생인 후안 보르자의 살인자라는 죄인의 신분으로 스페인으로 끌려간 그는 친칠라 요새에 감금당하고 만다.

율리오 2세를 비롯한 반대파는 어떻게든 그를 죽이고 싶었겠지만, 권력의 세계에서는 한순간 바람의 방향이 바뀌는 일은 드물지 않았기 때문에 그는 처형을 면한다.

또다시 권력을 두고 벌이는 게임이 그의 주위에 휘몰아쳤다. 메디나 델 캄포에 있는 라 모타로 이송된 체사레 보르자는 작위와 영지, 재산을 모두 잃었지만 유일하게 남은 자신의 전설을 밑천 삼아 게임에 뛰어들었다.

1504년 11월 카스티야의 군주이자 페르난도의 아내였던 이사벨라 여왕이 숨을 거두면서 그에게 유리한 패들이 돌기 시작했다. 카스티야와 나폴리를 둔 거대한 권력 투쟁의 와중에 틈이 생겼다. 이사벨라의 사망과 함께 카스티야의 통치권이 그녀의 유일한 딸 후아나에게 넘어갔다. 하지만 정신이 온전치 못해 '광녀'라는 별명이 붙은 그녀가 제대로 통치를 할 리 만무했다. 결국 주도권은 그녀의 남편 펠리페와 그녀의 아버지 페르난도 손에 넘어갔다.

얽히고설킨 왕족들의 결혼은 카스티야를 펠리페의 아버지인 신성로마 제국의 막시밀리안 황제에게 닿게 만들었다. 페르난도는 아내의 왕국 카스티야가 막시밀리안 황제 손에 넘어가는 걸 방관하지 않을 작정이었고, 합스부르크 가 역시 카스티야를 포기할 생각이 없었다. 체사레는 합스부르크 가의 막시밀리안 황제에게 충성을 맹세하면서 재기의 발판을 만든다. 거대한 세력의 권력 다툼은 그에게 기회인 동시에 위기였다. 페르난도가 합스부르크 가에 기울어진 자신을 가만 놔둘 리 없다는 사실이 그를 움직이게 만들었다. 후아나의 남편 펠리페의 갑작스러운 죽음이 변수로 발생했지만, 그의 아들이라는 더 큰 패가 나타났다.

1506년 10월 어둠을 틈타 밧줄을 타고 감옥을 빠져나온 체사레 보르자는 꿈에도 그리던 자유를 찾았다. 추격의 손길을 피한 그는 그해 12월 그의 처남이 다스리던 나바라 왕국의 수도 팜플로나에 도착한다. 남은 것이라고는 탈출 과정에서 얻은 부상으로 쇠약해진 몸뿐이었지만, 아직도 그를 기억하는 사람들은 알몸뚱이의 체사레 보르자조차 두려워했다.

체사레 보르자는 다시 훨훨 날 준비를 했다. 이번에야말로 실패하지 않을 것이라는 그의 맹세는 이탈리아까지 메아리쳤다. 하지만 이번에도 뜻하지 않은 일이 그의 발목을 잡는다. 나바라 왕국 내의 친페르난도파인 드 뷰몽 백작이 반란을 일으킨 것이다. 평소라면 시골 무지렁이들끼리의 패싸움이라고 코웃음을 쳤겠지만, 펠리페의 아들을 카스티야까지 호송하려면 중간 기착지인 나바라 왕국의 안정은 필수조건이었다.

1507년 체사레 보르자는 처남인 나바라 왕 장 달브레와 함께 반란군을 토벌하기로 결심한다. 반란군들의 본거지인 비아나 성을 포위했던 체사레 보르자는 외곽의 반란군들이 나쁜 날씨를 틈타 성내로 식량을 보급했다는 사실을 눈치 채고는 불같이 분노한다. 너무 서두르는 바람에 홀로 추격에 나서던 그는 계곡에서 기다리던 백작의 부하들에게 순식간에 포위되고 만다.

그를 죽음에 이르게 한 과격하고 무모한 행동은 어쭙잖은 시골 촌뜨기들의 싸움이라는 자만심에서부터 오랜 병과 절망으로 인한 광기 어린 행동이었다는 해석들이 뒤따른다. 하지만 그는 전쟁터에서 잔뼈가 굵고, 음모와 배신을 밥 먹듯이 했다. 이탈리아와 다른 전쟁터였고, 중요한 임무를 앞두고 있다는 사실 앞에서 더 긴장하지 않았을까? 그를 서두르게 만들었던 건 자만심이나 자포자기가 아니라 다급함이었을 것이다. 하루빨리 임무를 완수하고 이탈리아로 돌아가서 잃어버렸던 영지를 되찾아야만 한다는.

마지막 스캔들 - 죽음

●

체사레 보르자에게는 뜻밖이자 분통 터지는 죽음이었을 것이다. 하지만 그의 명성이 지금까지 남아 있다는 사실, 그리고 그가 당당하게 주연으로 설 수 있다는 사실을 안다면 그렇게 실망하지는 않을 것이다. 체사레 보르자는 희대의 악당이자 냉혹한 살인마, 여동생과 제수와 관계한 패륜아라는 명찰을 겹겹이 달아야만 했다. 그를 곁에서 지켜본 마키아벨리는 종잡을 수 없는 그에게 경외심을 품었다. 그는 마키아벨리에게 이런 말을 했다.

"나는 폭군이 아니라 폭군들을 제거하는 사람이다."

이 말 속에 그의 치열했던 삶과 비난을 두려워하지 않았던 행적이 함축적으로 설명되어 있다.

그는 죄인의 신분으로 스페인 땅을 처음 밟았지만 이탈리아인들은 보르자 집안 전체를 스페인 사람으로 대했다. 그들의 집안에서 두 차례나 교황을 배출했지만 수백 년에 걸쳐 뿌리를 내린 토박이 귀족들과는 애당초 경쟁이 불가능했다. 당사자인 교황과 그의 아들인 체사레 보르자는 누구보다 그것을 잘 알고 있었다.

체사레 보르자의 눈부신 군사적 성공은 프랑스와 교황이라는 든든한 배경 때문이었다. 이몰라나 파엔차에서의 공성전을 제외하고는 목표가 되었던 도시나 성들이 별다른 저항을 하지 않았던 건 체사레 보르자의 군대가 두려웠기 때문만은 아니었다. 나이 든 아버지가 눈을 감기 전에, 혹은 프랑스가 등을 돌리기 전에 어떻게든 안정적인 기반을 구축해야만 한다는 다급함이 비판의 가지들을 쳐내게 만들었다.

권력은 하나뿐이고, 그것을 빼앗기 위해서는 누군가를 복종시켜야만 했다. 좌우를 둘러보고 차분하게 생각하기에는 시간이 너무나 부족했다. 짧은 시간 내에 적들을 복종시키기 위해 대낮에 매제를 목 졸라 죽이고, 측근들을 아무렇지도 않게 처형시켰다. 몽골군이 저항하는 도시들 중 하나를 본보기 삼아 잿더미로 만든 것처럼, 잔혹한 자신의 명성으로 적들이 굴복하기를 바랐다.

유독 가까웠던 가족들 간의 결속은 두려움과 겹쳐서 온갖 추악한 소문으로 번졌다. 그는 동생인 후안에 대한 살인혐의를 받았고, 여동생인 루크레치아의 두 번째 남편을 목 졸라 죽였으며, 여행 중인 귀부인을 납치하는 등 파렴치한의 표본처럼 보였다. 그가 받은 혐의들 중 10퍼센트만 진실이라고 하더라도 그는 비난을 면치 못할 것이다.

살인이나 납치 외에도 여동생과 염문을 뿌렸고 막냇동생인 호프레의 부인 산차와 부적절한 관계를 맺었다. 알렉산데르 6세와 그의 정부 줄리아 바르네세 사이에서 태어났다고 알려진 아이의 부모가 체사레와 루크레치아일 가능성도 배제할 수만은 없다. 정숙하지 못한 루크레치아의 행동이 그런 소문에 신빙성이라는 무게를 더해주었다. 페라라의 알폰소에게 세 번째로 시집을 간 이후에도 프란체스코 곤차가나 피에트로 뱀보 같은 애인들을 만났던 루크레치아였으니 근친상간이라는 장애물을 대수롭지 않게 여겼다고 해도 놀랄만한 일은 아니었다. 심지어는 후안을 살해한 이유 중 하나가 루크레치아를 독차지하기 위한 것이라는 소문도 존재했다.

당대의 온갖 비난과 악평에도 불구하고 그가 오늘날까지 불멸의 명성을 얻은 것은 성공을 향한 쉼 없는 도전과 세간의 비평 따위는 아랑곳하지 않겠다는 각오 때문이었다.

짧은 삶이 남긴 흔적들이 깨끗이 씻겨나가고 남은 것들 역시 그의 삶을 온전히 복원해주지 못한다. 알 수 있는 것이라고는 성공을 향한 그의 열망과 도전, 그리고 그것들을 눈앞에 두고 한없이 추락한 한 인간이 체사레 보르자라고 불렸다는 것뿐이다. 하지만 높이 날아올라서 태양에 다가갔기 때문에 목숨을 잃었던 이카로스처럼 날개를 만들어준 아버지 다이달로스를 기억으로 앞지를 수 있었다.

특별한 에필로그 - 루크레치아 보르자

체사레 보르자를 이야기하면서 루크레치아 보르자를 빼놓을 수는 없는 노릇이다. 체사레 보르자의 여동생은 단순한 시선으로 바라보기에는 너무나 다양한 스펙트럼을 가지고 있다. 혈육과 근친상간을 즐겼다는 끔찍한 시선에서부터 욕심 많은 오빠들의 희생양이었다는 시선 사이에는 정숙하지 못했다는 비난이 존재한다. 그렇다면 루크레치아는 과연 사악한 악녀였을까? 아니면 가련한 희생자였을까?

그녀의 삶은 가족들에게 종속되었다. 그녀의 세 차례 결혼은 모두 보르자 가문의 필요성에 의해 결정되었고, 종말을 맞이했다. 두 오빠인 체사레와 후안, 그리고 아버지 로드리고 보르자와 몸을 섞었다는 소문은 가문의 끔찍한 결속력을 엿보게 한다.

하지만 그녀는 1503년 8월 아버지의 죽음과 오빠 체사레의 몰락 이후 홀로 선다. 그녀는 보르자 가문을 증오하던 이들의 손가락질과 남편의 냉대를 견뎌냈다. 루크레치아는 오빠 체사레를 구하기 위해 백방으로 서신을 보냈다. 하지만 증오해 마지않던 교황 율리오 2세는 물론 한때 후원자였던 루이 12세로부터도 냉담하게 거절당했다. 로마냐 지방의 지배권을 포기하는 대가로 간신히 풀려난 체사레가 나폴리에서 다시 체포되었다는 소식이 그녀에게 전해졌다. 포기할 법도 했지만 그녀는 좌절하지 않았다.

그녀다운 행동도 멈추지 않았다. 서정시인 피에트로 뱀보와의 열정적인 사랑이 끝나자 새로운 상대를 찾아나섰다. 그녀의 시선에 들어온 것은 시누이 이사벨라 데스테의 남편 프란체스코 곤차가였다. 둘은 첫눈에 사랑에 빠졌다. 이 관계가 점점 표면 위로 떠올랐지만 상대방인 이사벨라와 알폰소는 침묵으로 일관했다. 사랑으로 위안을 삼던 그녀에게 기쁜 소식이 전해진다.

1506년 10월 스페인의 라모타 성에 갇혀 있던 체사레 보르자가 탈출한 것이다. 그해 연말 오빠가 나바라에 안전하게 도착했을 때 그녀의 기쁨은 절정에 달했다. 하지만 나바라 왕국의 내전에 휘말린 오빠의 죽음이라는 끔찍한 소식이 뒤따라왔다. 그녀는 의연하게 오빠의 죽음을 받아들인다. 어쩌면 오빠에게 죽음은 비극이 아니라 편안한 휴식이었다고 믿었기 때문일까? 그녀는 가족들의 잇따른 비극을 굳건하게 받아넘겼다. 사람들은 그녀의 강인함에 감탄했다.

루크레치아는 이후 조용한 삶을 이어간다. 남편인 알폰소의 품으로 돌아간 그녀는 남편의 아이를 낳고 기른다. 체사레가 낳은 서출 자식들도 거둬들였다. 온전하게 삶을 이어가던 그녀의 유일한 빈틈은 깊은 밤에 스며 나오는 흐느낌뿐이었다. 혹자는 그녀의 삶이 체사레의 죽음 이후 무의미해졌다고 말한다. 하지만 가족들의 소멸 이후 그녀의 홀로서기는 빛을 발한다. 어쩌면 그것이 그녀가 원하는 진정한 삶이었을지도 모르겠다. 폭풍 같던 세월의 뒤에 찾아온 평온함은 1519년 6월 끝을 맺는다. 여자 아이를 사산한 그녀는 산욕열에 시달리다가 숨을 거둔다. 그녀의 나이 서른아홉이었다.

보르자 가문의 몰락

　루크레치아 보르자를 제외한 나머지 보르자 가문은 금방 부스러졌다. 아내를 형들에게 빼앗겼던 조프레는 1516년 나폴리에서 조용히 눈을 감는다. 그 다음해에는 어머니 반노차 데카테나이가 뒤를 따른다. 1499년 체사레 보르자와 결혼을 한 이래 떨어져 살았던 부인 샤를로트 달브레는 남편의 사망소식을 듣고 수절을 하다가 1514년 서른둘의 나이로 세상을 떠난다. 체사레와 그녀 사이에는 루이사라는 딸이 하나 존재했다.

　1501년 체사레 보르자에게 납치당한 이래 행방이 알려지지 않았던 도로테아 말라테스타는 체사레 보르자 몰락 이후 아무렇지도 않게 남편에게 돌아갔다.

　카테리나 스포르차는 로마로 끌려가서 교황을 독살하려 했다는 죄목으로 감금생활을 해야만 했다. 다음해 체사레 보르자와 함께 이몰라 성을 함락시켰던 프랑스군 지휘관 이브 달레그레의 강력한 요청에 의해 석방되었다. 피렌체에 의탁한 그녀는 1509년 5월에 눈을 감는다. 생전에 그녀는 체사레 보르자와 어떤 일이 있었는지 한마디도 하지 않았다.

02
헨리 8세
LOVER
Henry VIII

푸른 수염

　어느 시골의 몰락한 귀족에게 세 명의 딸이 있었는데, 혼기가 찼으나 지참금이 없어 시집을 보내지 못하고 있었다. 어느 날 이 귀족 앞에 푸른 수염이 나타났다. 그리고는 신분상승에 대한 욕구만 남은 귀족 집안의 세 딸에게 지참금 없이 결혼할 아내를 구한다는 말을 남긴다. 지금까지 푸른 수염이 몇 번이고 결혼을 했지만 아내들이 말도 없이 사라졌다는 사실을 안 첫째와 둘째 딸은 고개를 저었다. 그러나 막내딸은 위험을 무릅쓰기로 결심했다.

　두 사람의 결혼은 푸른 수염의 성에서 화려하게 열렸다. 푸른 수염은 막내딸에게 원하는 것은 무엇이든 가질 수 있다며 그녀가 원하는 대로 살아도 된다고 말한다. 상상만 했던 사치를 부리며 호사스럽게 살던 막내딸에게 어느날 푸른 수염이 말한다.

　"외국과의 전쟁으로 당분간 집을 비워야겠소. 여기 이 열쇠꾸러미에 달린 열쇠로는 이 저택의 모든 방을 열어볼 수 있을 거요. 단 이것만은……."

　푸른 수염은 황금색 열쇠를 막내딸의 눈앞에서 흔들었다.

"이 열쇠로 열리는 방은 절대로, 절대로 들어가서는 안 되오."

그렇게 말하고는 푸른 수염은 말을 타고 떠났다. 호기심과 궁금증을 못 이긴 막내딸은 황금 열쇠로 열리는 방을 찾아 저택 안을 헤맸다. 결국 어두운 지하실에서 황금 열쇠로 열리는 문을 찾아냈다. 그리고 푸른 수염의 경고를 잊고 그만 황금 열쇠로 금지된 문을 열고 만다. 삐걱대며 열린 문 안에는 썩어가는 시신들이 대롱대롱 매달려 있었다.

막내딸은 그 시신들이 사라진 푸른 수염의 옛 아내들이라는 사실을 알아차리고는 미칠 듯한 두려움에 빠진다. 놀란 그녀가 황급히 문을 닫으려는 찰나 손에 들고 있던 황금 열쇠가 그만 피가 고여 있던 바닥에 떨어지고 만다.

황금 열쇠로 문을 닫은 막내딸은 최대한 태연하게 돌아오는 남편을 맞이한다. 하지만 눈치 빠른 푸른 수염은 황금 열쇠에 묻은 피 자국을 보고는 그녀가 자신의 말을 어겼다는 사실을 알아차린다. 눈물로 용서를 비는 아내에게 푸른 수염은 냉혹한 죽음의 판결을 내린다.

푸른 수염과 잉글랜드의 숙종 헨리 8세

17세기 프랑스의 동화작가 샤를 페로가 쓴 동화 《푸른 수염》의 주인 공 푸른 수염은 수차례나 아내들을 무자비하게 죽였다. 푸른 수염의 이 런 행각과 턱수염을 기른 외모는 헨리 8세와 묘하게 일치된다. 그는 무 려 여섯 번이나 아내를 갈아치우고, 그중 두 명을 처형했다.

일부일처제를 정의라고 여기고, 후손을 만드는 문제에 대해서 상대적 으로 자유로워진 현대인의 시선으로 보면 헨리 8세는 냉혹한 연쇄살인 마가 틀림없다. 더군다나 두 번째 아내 앤 불린과 결혼하기 위해 로마 교황청과의 관계를 끊고 종교개혁의 길을 걸어갔다는 점은 개인사가 한 국가의 정치사에 막대한 영향을 끼친 아이러니한 일로 비춰진다.

하지만 과연 그것만이 정답일까? 군주가 통치하는 국가에서는 후계 문제는 국가안보에 관한 일과 맞먹는다. 적법한 후계자를 얻기 위해 아 이를 낳지 못하는 아내를 내치는 행위를 과연 불합리하고 비이성적인 일로만 여겨야 할까? 물론 마음이 간다고 조강지처를 버리고 몸도 따라 간 헨리 8세의 행위는 비난받아 마땅하지만 말이다.

잔잔한 호수의 표면에 파장이 일어났다면 호수 밖에서 날아온 돌 때 문일 것이다. 하지만 그 파장이 얼마나 넓게 그리고 어디까지 뻗어갈지는 호수의 깊이나 온도에 따라 달라진다. 군주의 결혼과 혼외정사는 단순히 남녀 간의 애정문제로만 치부할 수 없다. 군주의 주변에서는 권력을 잡기 위해 암투를 벌이는 세력들이 자신의 목적을 위해 여인들을 앞세우는 경우는 드물지 않았다. 반대로 군주의 총애를 얻은 여인이 특정 세력과 손을 잡고 자신의 입지를 단단히 하는 경우도 힘들지 않게 찾을 수 있다.

헨리 8세의 난봉꾼 같은 행각의 표면 아래에는 전통적인 귀족세력과 상업을 통해 부를 축적한 신흥 귀족세력 간의 권력 다툼, 마르틴 루터가 주창한 종교개혁에 대한 찬반논란들이 숨어 있다. 헨리 8세의 복잡다단한 결혼과 이혼을 남녀 간의 애정과 변심이라는 단순한 공식에 권력과 종교라는 함수를 더해보면 흥미로운 답이 보일 것이다.

물론 헨리 8세에게만 국한된 일은 아니었다. 조선의 숙종 임금도 헨리 8세처럼 인현왕후와 희빈 장씨, 그리고 숙빈 최씨 사이를 오락가락했다. 여기서도 마찬가지로 국정의 주도권을 장악하려는 서인과 남인의 암투, 그리고 그들의 다툼을 발판 삼아 환국을 실시함으로써 자신의 권력을 공고하게 하려는 숙종의 속셈이 깃들어 있다.

군주가 냉혹해지는 건 자신의 입지가 불안해질 때다. 헨리 8세가 나름 총명하고 멋들어진 젊은 시절을 끝내고 고집불통에 변화무쌍한 성격으로 주변을 두려움에 떨게 만들었던 건 후계 구도가 불분명해진 것과 연관이 있다. 현대인의 심리로는 이해하기 어려운 그의 행보를 들여다보면 군주로서의 고뇌와 두려움이라는 흔적을 어렵지 않게 찾을 수 있다. 물론 모든 것을 누릴 수 있는 남자로서의 쾌락도 틈틈이 찾아볼 수 있다.

잉글랜드의 인현왕후 – 아라곤의 캐서린

●

헨리는 기나긴 전쟁의 그림자 끝자락에서 태어났다. 왕권을 둘러싼 랭커스터 가와 요크 가의 장미 전쟁은 1485년 8월 22일 헨리 튜더가 보스워스에서 리처드 3세의 군대를 무찌르면서 끝이 난다. 보스워스 전투가 벌어진 다음해에 형인 아서가 태어났고, 전쟁이 일어난 지 6년 후에는 동생인 헨리가 탄생했다.

사생아였던 헨리 7세는 드디어 장자에게 정상적으로 왕위를 상속해줄 수 있다는 사실에 뛸 듯이 기뻐했다. 헨리 7세는 장차 잉글랜드를 물려받을 아들에게 적당한 혼처를 찾아다녔다. 결론은 전광석화처럼 내려졌다. 아서가 세 살 때 헨리 7세는 카스티야와 아라곤의 공동군주인 페르난도와 이사벨라의 막내딸 캐서린(스페인식 이름은 카탈리나)과 혼인시키기로 결정했다. 아서와 캐서린의 정혼은 왕권의 안정을 최우선적으로 생각하는 헨리 7세와 숙적 프랑스와 함께 맞서 싸울 동맹을 구하던 페르난도의 이해가 맞아떨어진 결과였다.

1489년 3월 27일 메디나 델 캄포 협약으로 둘의 결혼이 결정되었다. 협약의 내용을 보면 결혼은 양국의 동맹을 보증하는 수표 역할처럼 느껴진다. 물론 당시로서는 특이하거나 이상한 일은 아니었다. 그게 바로 왕가의 혈통을 타고난 고귀한 자의 숙명이었으니까.

욕심쟁이 부모 덕에 일사천리로 약혼이 진행되었지만, 수표에 이서하는 데에는 무려 13년이나 걸렸다. 두 차례의 대리 결혼식을 올린 아라곤의 캐서린은 1501년 10월 우여곡절 끝에 드디어 플리머스 항에 도착했다. 환영인파가 기다리는 가운데 캐서린은 잉글랜드에 첫발을 내디뎠

다. 그녀는 떠들썩한 환영인파
속에서 자신이 겪게 될 일을 짐
작이나 했을까? 그녀가 도착했
다는 소식을 들은 헨리 7세가 아
들 아서를 데리고 한걸음에 달
려왔다. 13년간의 기나긴 약혼
기간 동안 귀에 못이 박히도록
정혼자에 대해서 듣던 캐서린과
아서도 첫 대면을 했다. 그리고
곧장 결혼식 준비가 한참인 런
던으로 출발했다.

헨리 7세

11월 14일 세인트폴 대성당에
서 화려한 결혼식이 열렸다. 런
던 시민들은 화려한 구경거리에 넋을 잃었다. 10대 중반의 어린 신랑 신
부는 달콤한 결혼생활을 이어갔다. 어린 시절부터 잉글랜드의 왕비가
되는 것이 최고의 행복이자 유일한 목표라고 교육받은 캐서린으로서는
행복에 한발 내디딘 셈이었다.

헨리 7세는 왕위를 이을 왕자에게 관례대로 웨일스 지방의 통치를 맡
겼다. 그런데 1502년 3월 웨일스 지방의 루드로 성에서 지내고 있던 아
서 왕자가 털컥 쓰러졌다. 전염병 탓도 있긴 했지만 함께 드러누웠던 캐
서린이 회복했던 것으로 봐서는 원래 병약했던 몸이 갑자기 바뀐 환경
을 못 이겨낸 탓도 있는 것 같다. 한 달 동안 시름시름 앓던 아서 왕자는
숨을 거두었다. 캐서린은 결혼한 지 반년 만에 남편을 잃었다. 믿었던

　　　　　　　　　　　　　　　　　　　　　　　헨리 8세

아서 튜더

수표가 부도난 셈이었다.

장례식을 치르기 위해 런던으로 돌아온 캐서린으로서는 한숨만 나는 상황이 벌어졌다. 멀리 스페인에 있는 아버지 페르난도는 과부가 된 딸을 아서의 남동생인 헨리와 짝지어줄 생각을 했고, 헨리 7세는 죽은 아들을 따라가듯 출산 중 사망한 왕비 엘리자베스의 자리에 캐서린을 들여앉힐 생각을 했다. 결국 탐스러운 먹잇감을 놓치고 싶지 않은 부모들은 캐서린과 헨리의 결혼에 동의했다. 시동생과 결혼을 해야만 하는 웃지 못할 상황이 벌어졌지만, 시아버지와 결혼하는 것에 비하면 그나마 나았다. 1503년 6월 25일 남편을 여읜 지 석 달도 되지 않은 캐서린은 시동생인 헨리와 약혼을 한다. 결혼식은 헨리가 열네 살이 되는 2년 후에 올리기로 했다.

정략적인 결정이었지만 헨리는 형수인 캐서린을 진심으로 사랑한 듯했다. 물론 다섯 살 연상의 캐서린에게 어머니의 향수를 느꼈기 때문이라거나 장차 유럽 최고의 군주가 되기 위한 행보라는 학자들의 의견이 있다. 하지만 더 정확한 건 이때 헨리가 어떤 생각을 가졌건 둘을 결혼시키기로 한 결정에 대해서 감히 반대를 할 수 없었다는 것이다. 아니면 죽은 형을 대신해 잉글랜드를 통치할 욕심에 기꺼이 받아들였던지.

캐서린으로서는 나름 한숨 돌릴만한 상황이었지만, 곧이어 일이 터졌다. 1504년 11월 26일 그녀의 어머니 이사벨라 여왕이 눈을 감은 것이다. 여왕의 죽음은 일을 복잡하게 만들었다. 당시 스페인은 이사벨라 여왕이 통치하는 카스티야 왕국과 페르난도가 지배하는 아라곤의 연합체로 구성되었다. 둘의 결혼으로 통합되었던 양국은 이사벨라 여왕의 사망으로 다시 갈라섰다. 여왕의 죽음은 스페인의 정치구도뿐만 아니라 멀리 잉글랜드에서 노심초사하고 있던 막내딸 캐서린에게도 막대한 영향을 미쳤다. 캐서린은 이제 스페인의 공주가 아니라 아라곤이라는 작은 왕국의 공주가 된 것이다. 헨리 7세는 조금의 고민도 없이 캐서린과 헨리에 대한 결혼을 취소시키기로 결심했고, 캐서린에 대한 연금 지급도 중단했다. 수표가 이차부도를 낸 셈이었다.

헨리 왕자는 여전히 캐서린을 흠모했지만, 이 당시에 둘의 감정은 결혼에 있어서 중요하게 고려할만한 문제는 아니었다. 헨리 7세는 아들에게 더 좋은 혼처를 찾아주면서 이미 지급받은 캐서린의 지참금까지 꿀꺽할 욕심을 냈다. 그리고 그 욕심 덕분에 캐서린의 처지는 점점 더 나락으로 떨어졌다. 헨리 7세가 사망하는 1509년까지 아무런 결정이 내려지지 않았고, 그때까지 캐서린이 겪은 마음고생은 이루 말할 수 없었다. 하지만 고생 끝에 낙이 온 것일까? 헨리 7세의 사망으로 그녀에게는 또다시 빛이 찾아들었다. 죽는 순간에야 죄책감을 느꼈는지 헨리 7세는 유언으로 둘의 결혼을 승낙했다.

1509년 6월 11일 헨리와 캐서린은 그리니치 궁에서 결혼식을 올린다. 남편 아서의 죽음 이후 무려 6년 동안 고생했던 캐서린은 이제 더 이상 자신의 앞길에 어둠이 드리워지지 않을 것이라고 믿었다. 헨리 8세는 다섯 살 연상의 옛 형수를 애틋한 눈으로 쳐다봤다. 물론 이 무렵부터

헨리 왕자와 아라곤의 캐서린

형수와 결혼하는 문제에 대한 성경 레위기의 불길한 언급이 사람들 입에 오르내렸지만, 권력의 정점에 선 두 사람에게 아무도 이 문제를 언급하지 못했다. 어딘지 음울하고 음침해 보이는 헨리 7세와는 달리 헨리 8세는 장대한 체격에 어두운 구석이라고는 티끌 한 점 찾아볼 수 없었다. 오랜 고난에 빠져 있던 여인을 구했다는 자부심까지 겹친 헨리 8세는 뿌듯한 자부심과 함께 백성들의 인기를 만끽했다. 조촐한 결혼식을 올린 지 2주 후인 6월 24일 웨스트민스터 사원에서 헨리의 즉위식이 열렸다. 젊고 새로 시작한다는 것 앞에는 아무런 장애물도 없어보였다.

최초의 삐걱거림이 느껴지기까지 걸린 시간은 불과 1년이었다. 그해 첫 임신을 한 캐서린은 다음해 1월 31일에 유산을 하고 말았다. 그녀가 느낀 절망감의 무게를 짐작이나 할 수 있을까? 이제 한 고비만 넘기면

된다고 생각했던 캐서린으로서는 그저 '신의 뜻'이라고 위안을 삼을 수밖에 없었다. 하지만 두 번째 임신으로 불길함은 덮어졌고, 1511년 새해 캐서린은 드디어 아들을 낳았다.

진통 끝에 아들을 낳은 캐서린은 안도의 한숨을 쉬었지만, 헨리라는 이름이 붙여진 아들은 태어난 지 두 달이 채 안 돼서 숨을 거두고 말았다. 헨리 8세는 번번이 유산을 하는 아내에게 짜증을 내기 시작했다. 권력을 쥔 왕에게 여자만큼 흔한 건 없었으니까.

헨리는 캐서린의 두 번째 임신 때부터 다른 여자에게 한눈을 팔기 시작했다. 남편이 바람을 피운다는 소식을 전해 들은 캐서린은 점잖게 넘어가는 대신 남편에게 타박을 줬다. 방귀 낀 놈이 성을 낸다고 바람을 피운 건 헨리 8세였지만 더 심하게 버럭 한 것도 그였다. 달콤한 허니문이 끝난 것이다.

'칼로 물 베기'라는 부부싸움은 잉글랜드에 불어닥친 전쟁 덕분에 잠깐 동안 휴전을 했다. 왕위에 오른 직후부터 잃어버린 대륙의 영토를 되찾겠다는 야심을 공공연하게 드러낸 헨리 8세는 장인인 페르난도의 충동질에 넘어가 프랑스와 전쟁을 벌이기로 결심했다.

1512년의 첫 번째 원정은 재앙으로 끝났지만 헨리 8세는 포기하지 않았다. 다음해인 1513년 2차 원정군을 직접 이끌고 프랑스로 건너간 헨리 8세는 8월 16일 스퍼스에서 프랑스군을 격파한다. 하지만 정작 잉글랜드의 운명을 좌우할 중대한 전투는 그가 없는 자리에서 벌어졌다. 헨리 8세가 군대를 이끌고 프랑스로 간 사이 프랑스 왕 루이 12세의 제안을 받아들인 스코틀랜드의 제임스 4세가 대군을 이끌고 남하한 것이다. 홀로 남아서 대리섭정을 하고 있던 캐서린으로서는 간담이 서늘한 일이었다. 서리 백작 토머스 하워드가 이끄는 잉글랜드군이 노도와 같은 기세로 진격하는 스코틀랜드군을 막기 위해 북상했다.

9월 9일 플로든에서 벌어진 전투에서 잉글랜드의 장궁이 여전히 위력적이라는 사실이 입증되었다. 병사들이 흘린 피바다 속에는 제임스 4세를 비롯한 스코틀랜드 귀족들의 시신이 남겨졌다. 오후 늦게 시작된 전투는 칠흑 같은 어둠이 내린 직후 끝났기 때문에 후일 사람들은 이날을 '검은 금요일'이라고 불렀다. 이 전투로 인해 잉글랜드와 스코틀랜드의 세력균형은 확실히 기울어졌다. 죽음이 만들어낸 무수한 비극들 중 제임스 4세의 아내가 다름 아닌 헨리 8세의 누이인 마거릿이라는 사실은 아무도 기억하지 못했다.

프랑스와 스코틀랜드에서의 승리와 더불어 캐서린의 세 번째 임신소식을 들은 헨리 8세는 뛸 듯이 기뻐하며 잉글랜드로 돌아왔다. 하지만 10월 궁으로 돌아오던 헨리 8세는 그녀가 또 사산을 하고 말았다는 소식을 들어야만 했다. 이제 헨리 8세는 슬슬 의구심이 들기 시작했고, 캐서린은 더욱 조바심을 냈다. 아직 애정이 완전히 식지 않은 두 사람은 곧 임신에 성공했지만, 폭풍이 몰아닥쳤다.

프랑스에서의 성과 없는 전쟁에 지쳐 있던 헨리 8세는 자신을 충동질했던 장인 페르난도가 그를 이용하기만 했다는 사실을 눈치 챘다. 불 같은 분노는 곧 캐서린에게 옮겨갔고, 은총 대신 왕의 진노를 뒤집어쓴 캐서린은 1514년 11월 왕자를 낳았지만 몇 시간 만에 잃고 말았다. 다급해진 캐서린으로서는 천만다행으로 다음해인 1515년 다시 임신에 성공했고, 다음해 2월 18일에 딸 메리를 낳았다. 다섯 번째 임신 만에 겨우 태어난 딸은 앞서 떠나보낸 다른 자식들과는 달리 무럭무럭 잘 자랐다.

"다음번에는 반드시 아들이 태어날 거요."

헨리 8세는 불안한 확신을 내뱉었다.

이즈음 그는 확실하게 변했다. 낭만과 기사도, 신의와 용맹의 화신을 자처하던 그는 배신과 암투가 미덕인 통치자로 탈바꿈했다. 토머스 울지 추기경이 국정 운영의 주도권을 장악했고, 한때 왕에게 스페인과의 동맹을 주장했던 캐서린은 정치적인 영향력이 거의 소멸한 상태였다. 이제 캐서린에게 후계자를 낳는 문제는 왕국의 안위

헨리 8세

를 논하는 거창한 문제가 아니라 자신의 존재를 입증해야만 하는 절박함이 되었다.

1517년 여섯 번째 임신에 성공한 캐서린은 그해 11월 10일 또다시 딸을 낳고 말았다. 끔찍한 진통 끝에 태어난 딸을 본 캐서린은 아마 절망감에 눈을 감고 싶었을 것이다. 태어난 딸이 세례를 받기 전에 죽은 건 아무 문제도 아니었다. 여섯 번의 임신 끝에 겨우 딸 아이 하나만이 남았다는 사실이 헨리 8세의 가슴을 무겁게 짓눌렀다. 기나긴 내전 끝에 쟁취한 왕권이 다시 위험에 빠질 것이라는 두려움으로 잊어버렸던 기억

61

들이 새록새록 되살아났다.

　헨리 8세가 캐서린과 결혼할 당시에도 형의 아내를 취하면 자식을 얻지 못할 것이라는 레위기의 구절을 언급하며 결혼을 반대하는 움직임이 있었다. 당시 사랑에 푹 빠져 있던 헨리 8세는 교황의 관면을 앞세워 반대 의견을 물리쳤다. 하지만 캐서린이 왕비로서 가장 중요한 임무를 저버린 지금 그의 머릿속에서는 레위기의 구절이 떠나지 않았다. 뒤늦은 죄책감이었을까? 평생 자신의 행동을 정당하다고 스스로를 세뇌했던 헨리 8세가 뒤늦게 자신의 실책을 깨달았다는 건 어불성설이다. 다만 캐서린과 이혼할 속셈으로 묻어두었던 케케묵은 구절을 꺼내든 것뿐이었다.

　헨리 8세가 캐서린과의 이혼을 결심한 것은 1519년 정부였던 엘리자베스 블런트가 아들을 낳으며 공고해졌다. 헨리 8세는 기쁨과 아쉬움을 동시에 느꼈다. 캐서린이 거듭 사산을 하고 아들을 낳지 못한 것에 대한 책임에서 벗어났다는 기쁨과 힘들게 태어난 아들이 사생아라는 사실이 안타까웠기 때문이다. 캐서린은 여섯 번의 임신과 유산으로 여성으로서의 아름다움을 잃어버렸다. 헨리 8세는 이제 대놓고 정부들과 밀회를 즐겼고, 캐서린은 꾹 참는 수밖에 없었다. 그리고 아들을 낳지 못한 왕비 캐서린은 서서히 뒤로 밀려났다.

　170년 뒤 지구 반대편 조선에서도 비슷한 일이 벌어진다. 숙종의 정실부인이었던 인현왕후 민씨는 후궁인 희빈 장씨가 낳은 아들을 세자로 책봉하는 문제를 두고 벌어진 기사환국의 여파로 폐위된다. 인현왕후가 캐서린보다 나았던 점은 폐위된 지 6년 만인 1694년 갑술옥사가 벌어지면서 다시 복위되었다는 점이었다. 물론 그 6년도 끔찍했겠지만 생명의

위협까지 받아야 했던 캐서린보
다는 나았다. 캐서린이 위안을 삼
을 수 있었던 건 비록 눈을 감은
이후였긴 했지만 자신의 소생이
었던 메리가 왕위에 올랐다는 것
이다.

캐서린은 앞으로도 27년을 더
살아가지만 다시는 주인공이 되
지 못한다. 그녀를 무대에서 퇴장
시킨 원인이 아들을 낳지 못한 것
이었다면, 쐐기를 박은 것은 한때
그녀의 시녀였던 앤 불린이었다.

메리 1세

잉글랜드의 장 희빈 - 앤 불린

헨리 8세의 두 번째 부인인 앤 불린이 언제 정확하게 태어났는지는
아직도 논란이 계속되고 있다. 앤 불린의 집안은 전통적인 귀족 집안은
아니었다. 그야말로 밑바닥부터 시작해서 악착같이 부를 모으고, 그 재
산을 바탕으로 명망 있는 집안과 결혼을 하면서 서서히 신분을 상승시
켰다. 앤 불린의 아버지 토머스 불린은 자신의 아버지와 할아버지가 그
랬던 것처럼 딸을 이용해 가문의 위상을 더 상승시킬 욕심을 냈다. 그의
욕망을 실현할 수단이었던 앤은 1513년 오스트리아의 마거릿 여왕의 시

헨리 8세

앤 불린

종으로 성공을 향한 첫 걸음을 내디뎠다.

재기발랄하고 영악했던 앤 불린은 1514년 프랑스의 루이 12세와 결혼하는 헨리 8세의 누이 메리 튜더의 시녀가 되었다. 고귀한 부인을 모시는 것은 좋은 혼처를 얻기 위한 필수 코스로 그 자리를 차지하기 위해, 치열한 경쟁이 펼쳐졌다. 왕의 신임을 얻기 시작한 아버지의 입김으로 언니인 메리 불린과 함께 메리 튜더를 섬기게 된 앤 불린은 루이 12세가 죽고 메리 튜더가 잉글랜드로 돌아간 이후에도 프랑스에 남았다. 프랑수아 1세의 부인 클로드를 모시게 된 두 명의 불린은 이때부터 상반된 길을 걷는다. 언니인 메리 불린이 방탕한 연애를 즐기는 동안 앤 불린은 몸가짐을 조심했다. 앤의 신중한 행보는 더 높은 목표를 향한 발판이었다.

프랑스와 잉글랜드의 긴장이 높아지면서 프랑스 궁정에서 일하던 잉글랜드인들은 고국으로 돌아와야만 했다. 눈부시게 아름다운 여인으로 성장한 앤 불린은 곧 캐서린 왕비의 시녀로 일하게 되었다. 아마 이 무렵 헨리 8세와 첫 대면을 했겠지만, 아직 그녀의 순서는 아니었다. 1519년 첫 아들을 낳아준 엘리자베스 블런트를 차 버린 헨리 8세는 앤 불린의 언니 메리 불린에 푹 빠졌다.

　그러나 얼마 지나지 않아 메리 불린에 대한 애정이 식은 헨리 8세는 다음 목표로 평소에 눈여겨 보았던 앤 불린을 찍었다. 왕은 평소대로 구애를 했지만 놀랍게도 차갑게 거절당하고 말았다. 평소 자신을 세상에서 가장 멋진 남자라고 믿고 있던 헨리 8세로서는 망치로 뒤통수를 얻어맞은 기분이었을 것이다. 이때부터 앤 불린의 능수능란한 게임이 펼쳐진다.

메리 불린

　사실 앤 불린이 왕의 구애를 거절했던 건 일종의 작전이었다. 쉽사리 왕의 요구를 받아들이면 당분간은 왕의 정부로 지낼 수 있겠지만, 그걸로 끝이었다. 아이를 낳아도 적법한 상속권을 주장할 수 없었고, 왕이 다른 여인에게 눈을 돌리는 순간 모든 게 끝나는 것이었다. 앤은 타짜처럼 패를 감추고 빙빙 돌리면서 상대방을 애타게 만들었다. 작전은 대성공이었다. 거절당하는 순간 사랑에 빠진 헨리 8세에게 앤 불린은 결혼이라는 카드를 은근슬쩍 꺼내 들었다.

　남자의 심리엔 묘한 구석이 있어서 당연히 손에 넣을 것이라고 생각했던 것을 놓치게 되면 눈에 불을 켜고 달려든다. 헨리 8세 역시 앤 불린이라는 목표를 얻기 위해 쉼 없이 질주하기로 결심했다. 문제는 그냥 뛰기에도 벅찬데 중간에 장애물이 도사리고 있다는 것이었다.

　첫 번째 장애물은 캐서린 왕비였다. 이즈음에는 껍데기만 남은 형식

65

상의 부부였지만 엄연히 혼인 서약을 하고 자식까지 있는 왕비였다. 왕가의 이혼은 교황의 승낙을 받아야만 하는 사안이었다. 헨리 8세는 묻어놓았던 양심을 꺼내들었다. 왕위를 이을 아들을 낳지 못했다는 이유와 함께 형수와의 결혼은 교회법에서도 무효라고 주장한 것이다. 감정은 브레이크가 고장 난 기차처럼 가파르게 질주했다. 처음에는 손에 넣지 못하는 것을 얻기 위한 수단에 불과했지만, 갖가지 장애물이 나타나자 특유의 승부기질과 고집이 드러난 것이다. 이혼을 향한 질주는 1527년 시작되어 무려 6년간이나 계속되었다. 단순히 한 여인을 차지하기 위한 것치고 지나치게 장황해진 것은 왕의 질주에 온갖 돌발 변수들이 생겼기 때문이었다.

자신의 결혼이 적법한지 판결을 내려달라는 왕의 요청에 재판관들은 결론을 낼 수 없다고 한발 물러났다. 왕의 측근들로 구성된 자문기관인 추밀원 역시 교황에게 판결을 요청하라며 발뺌했다. 결국 왕은 측근인 토머스 울지 추기경을 로마 교황청으로 파견했다. 하지만 교황은 쉽사리 결정을 내리지 않았다. 교황 클레멘스 7세는 전임 교황의 결정을 뒤집을 수 없다며 버텼다. 사실 가장 큰 이유는 캐서린 왕비의 조카인 신성로마 제국의 카를 5세가 이혼결정을 내리지 말라며 압력을 행사했기 때문이었다.

팽팽한 신경전은 해를 넘겼고, 결론은 항상 제자리에서 맴돌았다. 잉글랜드에서 헨리 8세와 캐서린의 결혼이 형수와 결혼을 한 것이므로 교회법에 따라 무효라고 주장하면, 교황은 전임 교황의 관면을 받았기 때문에 결혼이 성사된 것이라고 대꾸했다. 몇 차례 특사들이 교황청과 헨리 8세의 왕궁을 뻔질나게 드나들었지만 늘 얘기는 원점을 맴돌았다.

엎친 데 덮친 격으로 순순히 물러날 줄 알았던 캐서린 왕비 역시 악착같이 버텼다. 헨리 8세는 캐서린의 시종들을 쫓아내고 궁벽한 시골의 낡은 저택으로 쫓아내면서 압박을 가했지만, 이미 젊은 시절 어려움을 겪은 경험이 있던 캐서린은 끈질기게 버텼다.

왕이 캐서린과 이혼하고 앤과 결혼하는 문제는 이제 단순한 애정공세나 지저분한 이혼문제로만 끝나지 않았다. 왕권이 강화되면서 차츰 뒤로 밀려난 전통적인 귀족세력들은 새롭게 떠오른 앤 불린을 후원하면서 왕의 측근이었던 토머스 울지 추기경을 견제하려고 들었다. 캐서린과의 이혼문제를 해결하라는 압박을 받고 있던 울지는 사면초가에 빠졌다. 수녀원에 은거하고 남편의 재혼을 무시하라는 교황의 특사가 내놓은 조용한 해결책은 캐서린의 거센 반대에 부딪혀 실패로 돌아갔다. 상황이 꼬여가면서 헨리 8세는 이제 왕의 체면과 권위를 위해서라도 물러설 수 없게 되었다.

헨리 8세는 캐서린의 반발을 이해할 수 없었다. 왕비라면 응당 짊어져야 할 후계자를 낳을 의무는 저버리고 왕의 앞길을 방해하고 있지 않은가. 그러나 캐서린으로서도 물러설 수 없었다. 자칫 왕의 뜻을 따라 결혼이 무효라는 사실을 인정한다면, 지난 20여 년간의 삶이 송두리째 거짓이 되는 것이기 때문이다. 둘의 팽팽한 대립은 복잡다단한 재판이라는 거미줄에 걸리면서 서로에 대한 지독한 증오가 되었다. 왕은 교황의 특사에게 자신의 뜻을 명확하게 전하는 한편, 캐서린에게 자신의 뜻을 거스르면 끔찍한 대가를 치를 것이라고 경고했다. 하지만 캐서린은 요지부동이었고, 교황 역시 신성로마 제국 황제의 뜻을 거스르면서까지 헨리 8세의 손을 들어줄 각오가 되어 있지 않았다.

이혼소동은 1529년 블랙프라이어 수도원의 대형 홀에서 로마 교황청의 특사가 연 재판에서 절정에 달했다. 역사상 처음으로 재판정에 소환된 헨리 8세와 캐서린은 자신의 입장을 변호했지만, 이런 경우 보통 민심은 약자 편으로 쏠리게 마련이었다. 헨리 8세가 자신이 옳다고 스스로 세뇌했다면, 캐서린은 신이 자신의 편이라는 확고한 믿음을 가지고 있었다. 숨죽이며 지켜보는 사람들 앞에서 당당하게 연설을 마친 캐서린은 재판정을 빠져나갔다. 기원전 188년 열린 자신의 탄핵재판에서의 스키피오 아프리카누스처럼 캐서린은 그날의 연설로 자신의 승리를 굳게 믿었다.

민심 역시 그녀의 편이었지만 헨리 8세는 절대 포기할 생각을 하지 않았다. 이혼재판이 계속 지지부진해지자 고심하던 헨리 8세에게 새로운 해결방법이 나타났다. 교황이 주재하는 재판에서 이길 수 없다면 잉글랜드 왕인 자신의 입맛에 맞는 재판을 하면 되지 않는가?

한때 루터의 종교개혁운동에 반대해서 직접 라틴어로 《마르틴 루터에 대한 7성사의 옹호》라는 문집을 펴내 교황으로부터 '신앙의 옹호자'라는 칭호까지 받을 정도로 열성적인 가톨릭 신자였던 헨리 8세의 믿기지 않는 변신이었다. 물론 캐서린과의 이혼문제만으로 로마 교황청과의 단절을 결심했던 것은 아니었다. 교회와 수도원의 막대한 토지는 텅 빈 국고를 채울 보물창고였고, 오랜 재판을 겪으면서 교황에 대한 권위에 의문을 품게 된 것 또한 기폭제가 되었다.

만족스러운 답을 찾아낸 헨리 8세는 속도전을 펼쳤다. 지루한 밀고당기기를 거듭하면서 왕비가 죽거나 앤에 대한 왕의 애정이 식기를 기대했던 사람들에게는 가히 핵폭탄 급의 충격이었지만 왕은 뚝심 있게 밀어붙였다. 무엇보다도 시간이 없었다. 헨리 8세는 '꽃미남 얼짱'이었던 시절이 가고 머리털이 낙엽처럼 떨어지는 배불뚝이 40대 아저씨를 눈앞에 두었고, 앤 불린 역시 당시로서는 임신 적령기를 한참 넘긴 30대였다.

주변의 잔소리를 들으면 의지가 꺾이는 보통 사람들과는 달리 헨리 8세는 서서히 후대 사람들에게 기억될 자신의 기질을 드러냈다. 교황과의 교섭에 실패해서 빈손으로 돌아온 토머스 울지 추기경을 숙청한 것이 시작이었다. 굶주린 코뿔소처럼 방해물들을 거침없이 들이받은 헨리 8세는 결국 원하는 것을 손에 넣었다.

1531년 드디어 영국 국교회는 로마 교황청과의 결별을 선언한다. 물론 당시 들불처럼 번져나가는 프로테스탄트처럼 교리에서 확고한 차이를 보이지는 않았지만 로마 교황청의 예속을 거부하는 것만으로도 놀랄만한 일이었다. 헨리 8세가 신앙의 옹호자라는 명칭을 받은 지 10년 만이었다. 몇 년 동안 지체되었던 결혼 준비에도 가속도가 붙었다.

마침내 1533년 1월 25일 헨리 8세는 앤 불린과 비밀리에 결혼식을 올렸다. 연이어 5월 23일과 28일에 헨리 8세와 캐서린의 혼인이 무효라는 판결과 헨리 8세와 앤 불린의 결혼이 적법하다는 판결이 내려졌다. 물론 로마 교황청이 아니라 잉글랜드 종교 재판소의 판결이었다. 헨리 8세는 홀가분한 마음으로 최근 임신을 한 앤 불린의 대관식을 치렀다. 모든 것이 두 사람, 더 정확하게는 앤 불린의 뜻대로 되었다. 그녀는 부풀어 오른 배를 쓰다듬으며 이렇게 중얼거렸을지도 모른다.

"이제 아들만 낳으면 돼. 아들만……."

하지만 이번에도 신은 마지막 한걸음을 옮기도록 허락하지 않았다.

그해 9월 7일 앤 불린은 모두의 희망과는 달리 딸을 낳았다. 아들의 탄생을 기대했던 헨리 8세의 마음은 산산조각이 났다. 아마 이 시점에서 자신의 기나긴 질주를 처음 뒤돌아봤을 것이다.

'대체 내가 여기 왜 있는 거지? 뭣 때문에 여기까지 온 거야?'

마음속의 실망감이 어찌 되었건, 헨리 8세는 한동안 좋은 아버지와 남편 노릇을 했다. 자신의 탄생이 얼마나 많은 사람들을 실망시켰는지 알 도리가 없던 딸에게는 엘리자베스라는 할머니의 이름을 물려주었다. 그리고는 눈꺼풀에 씌워졌던 콩깍지가 벗겨졌다. 딸을 낳았다는 실망에 이어, 결혼을 하고 나서 그녀가 순종적이기를 바랐던 기대가 여지없이 무너진 것도 원인 중 하나였다.

앤 불린은 결혼 후에도 자신이 가진 주도권을 놓치지 않으려고 했고, 관습대로 눈을 감아줘야 할 왕의 바람기도 그냥 넘기지 않았다. 그래도 앤이 아들을 낳을 수 있다는 희망이 있는 동안은 헨리 8세도 고분고분했다. 하지만 엘리자베스가 태어난 다음해인 1534년 여름 앤 불린은 유산을 했고, 1536년 1월에도 유산을 하고 말았다. 몇 차례의 유산을 겪는 동안 앤의 미모는 급속히 시들어갔고, 헨리 8세는 점차 자신의 결정에 의구심을 가지게 되었다. 절대적이라고 믿었던 앤의 위치는 아들이 태어나지 않자 위태로워졌다.

독선적이거나 주변을 무시한다는 평은 성공으로 종착되면 과감하고 뚝심 있다는 말로 포장이 된다. 하지만 실패로 끝난다면 그 대가가 자신의 목을 죄어든다. 앤 불린 역시 헨리 8세와의 밀고 당기는 일로 스트레스를 받았을 것이다. 헨리 8세처럼 무작정 쫓아다니기만 하면 되는 것이 아니라 뒤쫓아 오는 사람과 거리를 조절해가면서 달려야만 했다. 너무 멀어져서도 안 되고, 그렇다고 덥석 잡힐 정도로 가까이 붙어도 안 되는 일이었다. 믿을 것이라고는 오직 왕의 총애뿐, 내일 어떻게 변할지 모르는 사람의 마음을 가지고 벌이는 승부는 야망에 찬 여인의 가슴에 단 한순간의 평온도 깃들지 못하게 했다.

결국 왕비 자리를 손에 넣었지만 정작 중요한 왕의 총애가 심지가 닳은 촛불처럼 희미해져 갔다. 앤 불린은 캐서린처럼 자신이 인정받지 못한다는 사실을 믿고 싶지 않았으리라. 그래서 왕의 총애가 사라진다는 사실에 발악을 하고 치를 떨었으리라. 왕이 한눈을 파는 것을 미워했던 것이 아니라 눈앞에서 성공을 놓치는 자신을 용서하지 못했으리라.

1536년 1월 7일 이혼을 당한 후에도 자신이 여전히 잉글랜드의 왕비라고 믿었던 캐서린이 쓸쓸하게 눈을 감았다. 그리고 그달 29일 앤 불린 역시 죽음이나 다름없는 유산을 하고 말았다. 신은 짓궂으면서도 공평했다.

그리고 그즈음 헨리 8세는 이미 다른 여인에게 완전히 빠져들었다. 상대는 제인 시모어로 한때 캐서린을 모셨던 앤 불린으로서는 가슴 뜨끔하게도 그녀를 모시던 시녀였다. 더더욱 불길했던 건 앤 불린으로부터 무시당하거나 홀대당한 세력들이 의도적으로 그녀를 왕에게 접근시킨 것이었다. 숙종의 마음을 사로잡으며 왕비의 자리에 올랐던 장 희빈이 총애를 잃으면서 나락으로 떨어진 것처럼 이제 그녀에게는 추락만이 남았다.

잉글랜드의 최 숙빈 – 제인 시모어

"신이 우리에게 사내 아이를 주지 않는군."

앤 불린의 유산소식을 들은 헨리 8세가 중얼거렸다. 앤 불린은 다시 임신을 하면 상황이 호전될 것이라고 믿었지만 왕의 마음은 이미 다른 여자에게 옮겨진 상태였다. 표독스러운 장 희빈에게서 멀어진 숙종처럼 헨리 8세는 좀 더 나긋나긋하고 순종적인 여자를 찾아냈다. 앤 불린의 거듭된 유산과 사그라지지 않는 질투심에 지친 헨리 8세에게 그녀의 정 적들이 기다렸다는듯 새로운 여자를 품에 밀어 넣은 것이다. 헨리 8세 는 캐서린의 조카인 신성로마 제국의 카를 5세는 물론 프랑스와 스페인 과의 틀어진 관계도 어떻게든 복원시켜야만 했다. 헨리 8세는 이번에는 금방 결심하고 실행에 옮겼다. 캐서린처럼 스페인과 신성로마 제국이라 는 든든한 배경이 없었던 앤 불린은 금방 나락으로 떨어졌다. 그렇지만 왕은 또다시 이혼이라는 진흙수렁에 빠지고 싶지도 않았다.

항상 자신이 옳다고 스스로를 세뇌시켰던 헨리 8세는 이번에도 그다 운 해결책을 찾았다. 앤 불린과 대척점에 서 있던 귀족들과 스페인 대사 차푸이스가 그런 왕을 부채질했다. 군주의 애정은 애정 그 자체인 적이 없었다. 복잡한 정치적 상황과 반대파들의 음모, 그리고 그 반대파의 반 대파들의 공작이 복잡한 소용돌이를 만들면서 한 폭의 그림을 완성하는 것이다. 그리고 이번 그림은 비교적 손쉽고 단호하게 그려졌다.

그즈음 제인 시모어는 왕과 결혼하기 전에는 몸을 허락하지 않겠다는 앤 불린의 수법을 리메이크했다. 40대 중반이 된 왕은 후계자를 낳을 시 간이 얼마 남지 않았다는 사실에 붓을 들어 앤 불린과의 애정사에 '처형'이라는 마지막 글씨를 새겨 넣었다.

추잡한 이혼소송을 피할 수 있다는 것 때문에 그랬을까? 진실은 아마 자신의 실책을 감추고 싶었던 헨리 8세의 복잡한 속마음이었을 것이다.

왕은 교황과의 관계까지 단절하면서 얻어낸 것이 명백한 실패였다는 사실을 보여주고 싶지 않았다. 아니 인정하고 싶지 않았다. 이 모든 것은 자신의 마음을 홀린 마녀 같은 여자, 아들도 낳지 못한 여자, 결혼을 하고도 복종할 줄 모르고 왕의 즐거움을 방해하는 여자, 앤 불린 때문이었다.

제인 시모어

새로 애인이 된 제인 시모어는 왕의 뜻에 순종하면서 캐서린 왕비에 대한 그리움을 드러냈다. 남을 깎아내리지 않는 새 애인의 모습 속에서 앤 불린의 모습은 빠르게 지워졌다. 왕의 결심이 칼날처럼 날카로워지자 그녀를 제거할 음모에 불이 밝혀졌다. 앤 불린의 오만함이 스스로의 목을 죄어든 것이다. 캐서린이 왕비의 자리에서 쫓겨나기까지 걸린 시간과 과정이 그대로 반복되었다.

토머스 울지 추기경의 자리를 차지한 토머스 크롬웰이 왕의 결심을 실행에 옮겼다. 왕이 듣고 싶어 했던 증언들과 증인들이 속속 만들어졌고, 왕은 이번에도 자신이 배신을 당했다는 세뇌에 들어갔다. 앤 불린을 제거할 죄목은 간통과 근친상간, 그리고 애인들과 공모해 왕을 제거할 음모를 꾸몄다는 것이었다. 물론 당시에도 그리고 후대에도 그 죄목이 진짜라고 믿는 경우는 드물었다. 그녀의 애인으로 지목된 남동생을 비롯한 다섯 명의 남자들이 잡혔고, 1536년 5월 2일에는 그녀 역시 악명 높은 런던탑에 갇혔다. 그녀는 자신이 여기까지 왔다는 사실이 믿겨졌을까? 불과 3년 전 헨리 8세의 총애를 듬뿍 받으며 왕비의 자리에 올랐던 기억들이 주마등처럼 스쳐 지나갔을 것이다.

같은 달에 열린 재판은 지극히 형식적이었다. 왕의 의중이 명백히 드러났기에 당사자인 앤 불린조차 자신이 살아남지 못할 것이라는 사실을 깨달았다. 유죄판결 후에는 헨리 8세와 앤 불린의 결혼을 무효로 하는 판결이 뒤따랐다. 5월 17일 앤 불린과 간통을 했다는 죄목을 뒤집어 쓴 남동생을 비롯한 다섯 명의 남자들이 처형당했다. 그리고 이틀 뒤 앤 불린 역시 뒤를 따랐다. 죽음 직전의 경건한 모습 덕분에 그녀에 대한 잉글랜드 국민들의 악감정은 다소 누그러들었다.

그나마 위안으로 삼을 수 있었던 것은 그녀의 딸인 엘리자베스가 군주의 자리에 올라 만백성의 사랑을 받았다는 점이다. 장 희빈의 소생인 경종은 5년의 재위기간 내내 당쟁에 시달리다가 이복동생인 영조에게 왕권을 넘기고 말았다. 명민한 딸과 극적인 성공과 추락 덕분에 앤 불린은 자신의 문장에 그려진 불사조처럼 사람들의 기억 속에 영원히 살아남았다.

이후 헨리 8세는 마치 기억상실증에 걸린 사람처럼 앤 불린을 잊었다. 타워그린에서 그녀가 처형당한 지 하루가 채 지나기도 전에 제인 시모어와 혼인을 한 것이다. 제인 시모어가 앤 불린의 처형에 어떤 역할을 했는지는 아직도 수수께끼다. 앤 불린을 제거하기 위한 세력들의 허수 아비라는 이야기도 들리지만, 어쨌든 헨리 8세는 그녀의 존재 덕분에 앤 불린을 제거할 결심을 굳혔다.

제인 시모어의 집안 역시 앤 불린처럼 부를 통해 지위를 상승시킨 신흥 귀족계층이었다. 존 시모어와 마거릿 웬트워스 사이에서 태어난 제인 시모어는 궁으로 들어와 캐서린의 시녀가 되었다. 캐서린이 축출되고, 두 번째 왕비, 앤 불린이 들어서는 과정을 똑똑히 지켜보았다. 보통 이럴 경우 여인들은 약한 쪽, 남자에게 버림받은 쪽의 편에 선다. 후일 앤 불린의 시녀가 되기는 했지만, 그녀는 캐서린을 역할 모델로 삼았다. 언제부터 왕이 그녀를 점찍었는지는 모르지만 앤의 추락에 가속도가 붙을수록 그녀의 존재는 두드러졌다.

헨리 8세는 캐서린의 온화함과 앤 불린의 매력을 더한 것 같은 세 번째 아내에게 더없이 흡족해했다. 제인 시모어는 캐서린 왕비처럼 왕에게 순종할 것이며, 그녀의 딸인 메리를 복권시키는 게 자신의 목표라고 맹세했다. 앞선 두 왕비의 최후가 그녀에게 어떻게 처신하는 게 좋은지 생생한 교과서가 된 셈이었다.

제인 시모어가 헨리 8세에게 반발한 것은 종교문제가 유일했다. 독실한 가톨릭 신자였던 제인은 교회와 수도원을 몰수하는 일을 재고해 달라고 요청했지만 왕의 대답은 싸늘했다.

"내 일에 간섭했다가 비참하게 최후를 마친 앤의 운명을 잊은 거요?"

당황한 제인 시모어는 다시는 헨리 8세 앞에서 종교문제를 언급하지 않았다. 캐서린과의 이혼문제에서 불거진 종교개혁문제는 이제 왕도 어쩔 수 없을 정도로 가속도가 붙었다.

1536년 10월 잉글랜드 북부 링컨셔에서 '은총의 순례'라는 이름이 붙은 반란이 일어났다. 교회와 수도원이 문을 닫고 신부와 수녀들이 길거리로 쫓겨나는 모습을 본 민중들이 반기를 든 것이다. 상대적으로 왕권이 미약했던 북부에서 일어난 반란은 로버트 아스크 같은 평민에서부터 존 네빌 경 등의 귀족들에게까지 폭넓은 지지를 받았다. 반란군의 기세가 심상치 않은 것을 본 헨리 8세는 그들과 타협을 해야만 했다. 반란군 역시 왕의 퇴임까지 원하는 것은 아니었기 때문에 반란군 지도자들을 사면하는 것으로 문제는 일단락되었다. 하지만 자부심 넘치던 헨리 8세에게 타협은 단지 시간을 벌기 위한 수단이었다. 군대를 동원하기 곤란한 겨울이 지나자마자 북부로 진격한 헨리 8세의 군대는 무자비하게 반란을 진압했다.

1537년 봄 드디어 기다리던 임신소식이 들려왔다. 헨리 8세는 이번에야말로 아들이라고 굳게 믿었다. 10월 12일 제인 시모어는 드디어 아들을 낳았다. 1509년 캐서린과 결혼한 이래 꿈꿔왔던 남자 후계자가 태어난 것이다. 신이 앞의 두 왕비와는 다르게 그녀에게는 은총을 베풀어준 것이다. 제인 시모어 역시 헨리 8세의 나이가 나이인지라 이번 임신이 마지막 기회였다는 사실을 누구보다도 잘 알고 있었을 것이다.

잉글랜드가 왕자의 탄생을 축하하는 가운데 제인 시모어가 쓰러지고 말았다. 그리고 그녀는 아들을 낳은 지 2주가 채 지나기도 전에 눈을 감고 말았다. 허무했을까? 아니면 이제부터 누릴 수 있는 것들을 잃어버린 것을 안타까워했을까? 쫓겨난 인형왕후에게 극진했던 숙빈 최씨처럼 착하게 굴었던 제인 시모어는 그렇게 아들 하나만 덩그러니 남겨놓고 떠나

갔다. 숙빈 최씨의 아들 영조가 조
선 후기를 주름잡았다면 제인 시
모어의 아들 에드워드 6세는 《왕
자와 거지》라는 동화 속 주인공의
모델 역할을 한 게 전부였다.

헨리 8세는 순종적이었으며 후
계자를 안겨준 아내의 죽음에 크
게 상심했다. 지금까지의 결혼 중
에서 가장 짧았지만 최고로 행복
했던 시기였으며, 그 당시에는 짐
작조차 못했겠지만 앞으로 남은

에드워드 6세

세 차례의 결혼생활 중에서도 가장 행복했던 시절이었을 것이다. 헨리 8
세는 성 조지 성당에 묻힌 제인 시모어의 곁에 자신을 묻어달라는 유언
을 남겼다. 제인 시모어는 6대 1의 경쟁률을 뚫고 남편을 곁에 두었다.
어쩌면 짧았기 때문에 누렸던 행복이었을지도 모르겠다.

그리고 진심으로 슬퍼하던 헨리 8세는 그해가 가기 전에 네 번째 결
혼을 꿈꾼다.

그 외의 부인들 — 클로비스의 앤, 캐서린 하워드, 캐서린 파

헨리 8세가 또다시 신붓감을 찾는다는 소문이 돌자 다들 한마디씩 했
을 것이다.

"셋으로는 부족한가?"

출산 후유증으로 사망한 제인 시모어를 제외한 다른 왕비들의 최후를 똑똑히 지켜본 유럽의 왕가들은 하나같이 고개를 저었다. 1순위로 꼽혔던 기즈 드 마리는 스코틀랜드의 제임스 5세와 결혼했다. 밀라노 공작과 결혼했다가 과부가 된 스웨덴의 크리스티나 공주도 헨리 8세의 청혼을 거절했다. 내일 모레 쉰을 바라보는 괴팍한 늙은이는 잉글랜드 왕이라는 타이틀로도 원하는 신붓감을 찾지 못했다.

이쯤 되면 여자를 탐하는 늙은 호색한이라는 비난을 받아도 마땅하지만 헨리 8세 입장에서 보면 새로운 신붓감을 찾는 건 당연한 일이었다. 유아 사망률이 어마어마하던 당시에 에드워드 왕자 하나만으로는 대단히 불안했다. 헨리 8세가 아무리 권력을 휘어잡고 신하들을 꼼짝 못하게 한다고 해도 세월을 이겨낼 수는 없었다. 만약 그에게 무슨 일이 일어난다면 간신히 기틀을 잡아놓은 왕국은 어린 아들을 두고 내전이 벌어질 게 뻔했다. 궁을 드나드는 여인들에게서 낳은 아이들은 적법한 후계자가 될 수 없었다. 격에 맞는 귀족이나 왕족들 중에서 적당한 혼처를 찾아서 후계자들을 더 낳아야만 했다.

헨리 8세의 다그침을 받은 토머스 크롬웰은 발바닥에 땀 나도록 뛰었지만, 후보로 올린 여인들은 하나같이 난색을 표했다. 사태를 짐작할 만도 했지만 헨리 8세는 포기하지 않았다. 눈을 낮춘 헨리 8세의 레이더에 머나먼 신성로마 제국의 공국들 중 하나인 클로비스가 들어왔다.

당시 영원한 앙숙이었던 스페인과 프랑스가 손을 잡았다. 스페인의 카를 5세는 1519년 이래 신성로마 제국의 황제도 겸한 상태였기 때문에 잉글랜드는 사실상 고립위기에 빠졌다. 프로테스탄트를 열렬하게 지지

했던 클로비스 공국의 공주와 결
혼한다면 포위망 한쪽에 구멍을
뚫을 수 있었다.

왕의 다급함과 대내외의 정치
적 문제가 거미줄처럼 얽혀들자
결혼은 기정사실이 되었다. 공국
의 수도 뒤셀도르프를 출발한 앤
은 1539년 12월 11일 드디어 잉글
랜드령 칼레에 도착했다. 목이 빠
져라 새 신부를 기다리던 헨리 8
세는 1540년 첫날 미래의 왕비를
만나기 위해 말을 달려 앤이 머물

클로비스의 앤

던 로체스터로 향했다. 그리고는 초상화로만 보아왔던 네 번째 왕비와
만났다. 헨리 8세는 아마 이렇게 외치지 않았을까?

"실물이 왜 이래?"

자기가 본 초상화와 실물이 달라도 한참 다르다는 사실을 안 왕은 얼
마 남지 않은 머리카락을 쥐어뜯었다. 물론 알려진 대로 얼굴을 보자마
자 말을 타고 곧장 왕궁으로 도망치지는 않았지만, 하루빨리 이 결혼을
마무리 지을 생각을 했던 것 같다. 결정적으로 클로비스의 앤에게는 앞
선 왕비들 같은 재치가 없었다. 더구나 라틴어나 영어를 하지 못해서 통
역을 대동하고 대화를 나눠야만 하는 처지였다.

이제는 끝이라고 안도의 한숨을 내쉬고 있던 왕의 측근과 추밀원은
갑작스러운 닦달에 결혼을 파투 낼 건수를 찾아 헤맸다. 헨리 8세의 투

덜거림은 날이 갈수록 심해졌고, 영어를 못 알아듣는 왕비조차도 낌새를 알아챌 지경이었다. 당사자는 물론 모든 사람들에게 지극히 다행스럽게도 이번에는 피를 보지 않았다. 이혼은 결혼만큼이나 일사천리로 진행되었다. 1540년 7월 의회에서는 그녀가 왕과 결혼 전 다른 귀족과 결혼협약한 것을 문제 삼아 결혼이 무효라고 선언했다. 헨리 8세의 그림자 역할을 하는 주교회의에서도 같은 결정을 내렸다.

앤은 자신과 같은 이름의 두 번째 왕비의 전철을 밟지 않은 것을 다행으로 여기면서 흔쾌히 이혼서류에 도장을 찍었다. 권력에 대한 야망을 가질 여력이 없던 그녀로서는 천만다행한 일이었을 것이다. 거기다 막대한 연금과 영지까지 품에 안았으니 여섯 명의 왕비들 중 가장 수지맞은 장사를 했다. 결혼이 공식적으로 무효로 선포되면서 헨리 8세는 다시 자유의 몸이 되었다. 물론 다시 결혼할 예정이었고, 이미 점찍어놓은 상태였다.

헨리 8세가 다섯 번째 왕비로 점찍은 캐서린 하워드는 에드워드 하워드 경의 딸로 명문가인 하워드 가의 일원이었으며 앤 불린의 외사촌이기도 했다. 그녀는 집안이 빈곤했기에 삼촌인 노퍽 공작에게 맡겨져 천덕꾸러기로 길러졌다. 앤 불린이나 제인 시모어처럼 정확히 언제 태어났는지 알려져 있지 않다. 1540년 무렵에는 아마 열다섯에서 스무 살 사이였겠지만 후일 본인의 행실에 대해서 변명을 했을 때 아무것도 모르던 어린 나이였다는 점을 거듭 강조한 것으로 봐서는 어린 나이 쪽으로 무게가 실린다.

1540년 봄 삼촌인 노퍽 공작의 주선으로 궁으로 들어간 캐서린은 단숨

에 왕의 시선을 휘어잡았다. 시들
시들하던 헨리 8세는 이제 막 피
어나는 한 떨기 꽃 같은 캐서린에
게 단숨에 꽂혔다. 이혼문제로 골
치를 앓던 왕은 자기보다 거의 서
른 살이나 어린 새 애인을 두고는
스무 살 꽃미남처럼 굴었다. 캐서
린은 물론 그녀를 궁으로 밀어 넣
은 노펙 공작이나 가톨릭세력들
은 흡족한 시선으로 뒤뚱대며 어
린 연인의 뒤를 쫓는 왕을 지켜보
았다.

캐서린 하워드

네 번째 결혼을 별다른 말썽
없이 마무리한 헨리 8세는 7월 28
일 홀가분한 마음으로 캐서린 하워드와 결혼했다. 같은 날 클로비스의
앤을 결혼 상대자로 추천했던 토머스 크롬웰이 런던탑의 타워힐에서 처
형당했다. 하워드 가와 가톨릭의 승리였다. 물론 아주 짧았지만.

헨리 8세는 한동안 어린 신부에게 푹 빠져 지냈다. 하지만 이제 옛날
의 빛나던 외모와 상쾌함을 잃어버린 왕은 비대해진 몸에서 쉴 새 없이
땀을 흘리며 신경질을 부리는 중년으로 변해 있었다. 더 큰 문제는 왕비
자신이었다. 너무나 손쉽게 성공을 거머쥐었지만 정작 그것을 유지해낼
역량이 부족했던 것이다. 권력을 놓고 게임을 벌이기에는 그녀는 너무
철이 없었고, 귀가 얇았다. 그래도 첫 해는 잘 지나갔다. 두 번째 해도

그럭저럭 지나갈 뻔했지만, 조심성이 없는 왕비의 처신은 곧 반격의 기회를 노리던 측에게 빌미를 제공했다.

결혼 전 그녀의 사생활이 문란했다는 증거들이 속속들이 드러났다. 이번에 칼을 든 것은 앤 불린의 결혼을 주도했던 토머스 크랜머 대주교였다. 프로테스탄트였던 대주교는 이 기회에 가톨릭을 신봉하던 캐서린을 제거하기로 결심했다. 어린 아내의 방탕한 과거에 대해서 들은 왕은 처음에는 그 사실을 믿지 않았다. 하지만 조사과정에서 과거 그녀의 애인으로 지목되었던 프랜시스 더햄을 시종으로 부리고 있다는 사실이 밝혀졌다.

과거의 인물이 현재 그녀의 곁에 있다는 사실은 더없이 불리하게 작용했다. 과거 그녀의 음악 교사였던 헨리 매덕스가 잡혀 들어오면서 서서히 앤 불린의 그림자가 드리워졌다. 캐서린은 자신의 결혼 전 문란한 행적에 대해서 사과하면서 결혼 후에는 어떠한 남자와도 간통하지 않았다고 해명했지만 이미 엎질러진 물이었다. 그녀가 왕비의 자리에 오른 후에도 간통을 저질렀는지는 아직도 의문이지만 적어도 의심을 받을만한 빌미를 제공한 것은 사실이었다.

헨리 8세는 남자로서의 자존심에 상처를 입었다. 앤 불린에게 덮어씌웠던 간통과 근친상간은 그야말로 죄목을 위한 죄였지만, 이번에는 젊고 어린 아내 하나 제대로 챙기지 못한 늙고 무능한 남편이 된 것이다. 처음에는 왕비의 간통에 대해서 믿지 않았거나 혹은 이혼 정도의 가벼운 처벌만을 생각했던 왕은 자존심에 상처를 입었다고 느끼자 맹수로 돌변했다. 측근들과 추밀원은 그런 왕의 기분을 맞춰주고자 캐서린의 죄목을 발굴하는 데 역량을 집중했다.

왕비와 간통했다고 지목된 죄인들과 간통을 방조한 시녀들이 차례로 끌려와 심문을 받았고 자백들을 토해냈다. 왕비의 서명이 적힌 연애편지가 발견되면서 그녀의 운명도 결정되었다. 왕비의 남자들로 지목된 프랜시스 더햄과 토머스 쿨피퍼는 1541년 12월 10일 처형당했다. 왕비역시 그들을 따라가야만 했다. 1542년 2월 13일 결혼생활을 채 2년도 채우지 못한 어린 왕비는 앤 불린이 최후를 맞이했던 바로 그 타워그린에서 차가운 도끼날에 목이 잘렸다. 헨리 8세는 배신당한 남자의 승리라고 믿었으며, 토머스 크랜머 대주교를 비롯한 프로테스탄트들은 가톨릭 세력에 대한 일격이라고 생각했다.

승리한 쪽이나 패배한 쪽 모두 이제 끝이라고 믿었을까? 의학이 발달하지 않아 배우자의 죽음은 흔했고, 두세 번 결혼을 반복하는 경우가 적지 않았다. 그렇지만 다섯 손가락을 다 채울 정도로 결혼을 거듭한 경우는 당시에도 무척이나 드문 일이었다. 더군다나 그중 두 명이나 처형시킨 경우는 없었다. 다들 이제 끝이라고 생각했지만 단 한 사람만 아니라고 외쳤다. 물론 용기나 배짱이 필요하지는 않았다. 모든 것을 소유할 수 있으며, 자신만이 옳다고 믿는 잉글랜드의 왕 헨리 8세였으니까.

보통 사람이라면 이 정도에서 자신이 부인 복이 없음을 탓하며 자숙했겠지만, 이번에도 왕은 결혼을 할 생각을 했다. 이 당시의 헨리 8세는 젊은 날의 멋진 풍채와 위엄은 찾아보기 힘들 정도로 형편없이 망가져 있었다. 고도 비만과 폭식증에 대머리, 거기다 육중한 체구 덕분에 관절염까지 가지고 있었을 것으로 추측된다. 생식 능력도 진작 사라졌을 왕이 다시 결혼을 염원한다는 말에 뒤치다꺼리에 지친 측근들이 이렇게

캐서린 파

외치지 않았을까?

"맙소사! 왕이 또 결혼한대."

헨리 8세가 여섯 번째 결혼 대상으로 찍은 여자는 앞의 타입과는 여러모로 달랐다. 이미 두 번이나 결혼을 했던 미망인이었다. 늘 예쁘고 아리따운 여인에 매료되었던 왕이 이미 두 번이나 결혼을 한 30대의 여인과 결혼을 할 생각을 했을까? 이 당시에는 측근들이나 왕 역시 더 이상 후계자를 낳을 수 없을 것이라는 사실을 인정했다. 더군다나 왕이 점찍은 여인은 두 번의 결혼생활 중에 아이를 낳은 적이 없었다.

헨리 8세에게는 동반자가 필요하지 않았을까? 아무리 호랑이 같은 남자라고 해도 자신이 홀로 늙어간다는 사실을 알면 두려움에 빠져드는 건 당연한 일이었다. 옆에서 자신을 지켜봐 줄 여자로는 젊고 어린 사람보다 이미 결혼 경험이 있는 중후한 여인이 적격이었다. 보는 기준이 달라진 왕의 시야에 잡힌 것은 10여 년 전부터 궁을 드나들던 래티머 경의 부인 캐서린 파였다.

헨리 8세가 여섯 번째 신붓감으로 점찍은 캐서린 파는 후덕하고 온화하다는 평을 들었다. 본심이라기보다는 나이 많은 남편들과 그들의 자식들과 어울려 지내다 보니 그렇게 되지 않았을까. 아무튼 불과 몇 년 전까지 어리고 예쁜 핏덩이들만 쫓아다니던 왕의 갑작스러운 변덕에 측근들은 어리둥절해했지만, 세월을 이겨내는 사람은 없는 법. 결국 나약해진 왕은 자신을 잘 돌봐줄 여인을 왕비로 간택했다.

훗날 캐서린 파가 헨리 8세가 죽자마자 에드워드 6세의 외삼촌이었던 토머스 시모어와 결혼했던 것으로 봐서는 그녀가 왕을 진심으로 사랑했던 것 같지는 않다. 하지만 당시의 결혼, 특히 헨리 8세의 결혼은 상대방의 의중 따위는 고려 대상이 아니었다.

결국 1543년 7월 12일 햄프턴 궁에서 헨리 8세와 캐서린 파는 조용히 결혼식을 올렸다. 왕이 더 이상 아이를 낳지 못할 것이라는 게 확실해진 이상 정치적인 파장은 없었다. 캐서린은 남편에게는 헌신적인 아내 역할을, 그리고 남편의 전처 자식들에게는 보모 역할을 충실히 했다. 첫 번째 부인이었던 캐서린의 딸 메리와 앤 불린의 딸 엘리자베스는 물론 왕국의 후계자가 될 에드워드, 그리고 훗날 비극의 주인공이 된 왕의 조카뻘인 제인 그레이까지 떠맡은 그녀는 아이들에게 최고의 학자들을 붙여주었다. 그녀 자체도 학식이 풍부해서 학자들을 후원하고 토론을 즐겼던 것으로 알려진다.

새로운 왕비 덕분에 회춘을 했던 것일까? 헨리 8세는 1544년 스코틀랜드에서 불온한 움직임이 보이자 전광석화처럼 움직였다. 명목은 자신의 아들 에드워드와 스코틀랜드 왕 제임스 5세의 딸 메리와의 결혼을 약정한 그리니치 조약을 일방적으로 파기한 것에 따른 보복이었다. '난폭한 구혼'이라는 다소곳한 이름과는 달리 잉글랜드군은 스코틀랜드를 철저하게 짓밟았고, 어린 메리 스튜어트는 스털링 성을 떠나 인치마혼 수도원에 몸을 숨겨야만 했다. 스코틀랜드에게 본때를 보여준 헨리 8세는 30년 만에 다시 프랑스로 건너갔다.

젊음을 되찾은 왕이 좌충우돌하는 사이 캐서린은 전처들의 자식들과
정을 쌓았다. 어머니의 죽음 이후 방치되다시피 했던 메리와 엘리자베
스는 그녀를 의지했다. 메리와 엘리자베스는 경쟁적으로 새어머니의 총
애를 받으려 했고, 무서운 아버지에게 자신의 처지를 잘 설명해 달라고
간청했다. 생애 마지막 에너지를 쏟아 부은 탓일까? 헨리 8세는 프랑스
원정에서 돌아오자마자 다시 늙고 병든 노인으로 변했다. 캐서린은 그
런 왕을 잘 돌봐주었고, 모든 것이 순탄하고 평온한 것처럼 보였다.

그러나 이번에도 종교가 문제였다. 캐서린 하워드의 처형으로 일격을
당했던 가톨릭세력은 새로운 캐서린이 프로테스탄트를 신봉한다는 사
실을 입수하자마자 발 빠르게 움직였다. 토머스 크롬웰이 앤 불린에게,
토머스 크랜머가 캐서린 하워드에게 했던 것처럼 고문과 자백을 통해
왕비가 프로테스탄트에 물들어 있다는 증거를 찾아낸 가톨릭세력들은
의기양양하게 왕에게 그 사실을 알렸다.

헨리 8세는 비록 정치적인 이유로 로마 교황청과 결별을 하긴 했지만
가톨릭 신앙만큼은 굳건하게 고수했다. 평소에 신학적인 논쟁을 즐겼던
왕비를 미심쩍어하던 헨리 8세는 천성인 의심병이 도지고 말았다. 예전
에 그랬던 것처럼 왕비의 시녀들이 체포되었다. 자신의 처지를 뒤늦게
눈치 챈 캐서린은 앞선 두 명의 왕비처럼 단두대에 올라설까 두려움에
떨어야만 했다. 이번에도 헨리 8세는 푸른 수염처럼 아내에게 무자비한
죽음을 들이댈까?

마지막 순간, 운명이 다른 곳으로 틀어졌다. 필사적인 왕비의 읍소작
전에 헨리 8세의 마음이 약해진 것이다. 역시 나이는 사람을 약하게 만
드는 법이다. 다시 다정해진 두 사람을 본 가톨릭세력들은 칼날을 거둬

들여야만 했다. 한 차례 풍파가 지나간 후 왕의 상태는 급격히 악화되었다. 비대해진 체중 탓에 제대로 걷지 못하게 된 왕은 가마에 실려서 움직이는 처지가 되었다. 죽음이 코앞에 닥쳐왔다는 사실을 인정한 왕은 아직 어린 아들 에드워드를 보좌할 섭정들을 지목했다. 필연적으로 에드워드의 외가인 시모어 가의 입김이 거세졌다.

평생 프랑스와 스코틀랜드, 신성로마 제국, 교황, 말 안 듣는 의심스러운 귀족들, 아들을 낳지 못한 아내들과 싸웠던 헨리 8세는 결국 세월과의 싸움에서는 패배하고 말았다. 1547년 1월 28일 헨리 8세는 눈을 감았다. 적들에게는 더없이 가혹했지만 백성들은 그런 왕의 카리스마와 결단을 사랑했다. 아니면 남자로서 누리거나 겪어야 할 것들을 마음껏 받아들인 그를 부러워했거나.

머나먼 조선에서는 170년 후 그와 판박이였던 왕이 눈을 감았다. 우연의 일치인지 조선의 왕도 여섯 명의 부인을 두었고, 아들을 낳지 못한다는 이유로 정실부인을 내쳤다. 헨리 8세의 애정에 가톨릭과 프로테스탄트가 끼어들었다면, 조선의 왕과 부인들 사이에는 당쟁이라는 괴물이 끼어들었다. 그 와중에 부인이 죽었다는 점도 똑같았다. 물론 조선의 왕이 죽인 부인은 한 명뿐이었지만, 그가 죽고 나서 자식들이 왕위를 놓고 다투었고, 그 와중에 주변 사람들이 죽어나갔다는 점도 비슷했다. 조선의 왕이 눈을 감자 신하들은 숙종이라는 시호를 올렸다.

헨리 8세의 후손들

헨리 8세의 뒤를 이어 에드워드는 열 살이라는 어린 나이에 에드워드 6세로 즉위했다. 하지만 어린 왕은 섭정들의 권력 다툼 속에서 별다른 치적을 쌓지 못하고 1553년 7월 6일 열여섯의 나이로 눈을 감았다.

헨리 8세의 첫 번째 아내였던 캐서린이 낳은 딸 메리는 남동생 에드워드 6세의 죽음 이후 제인 그레이를 앞세운 노섬벌랜드 공의 방해를 물리치고 메리 1세로 즉위했다. 가톨릭 신자였던 메리 1세는 잉글랜드에 가톨릭세력을 확장시키기 위해 부단히 애를 썼지만, 남은 것은 '블러드 메리'라는 별명뿐이었다.

1558년 11월 17일 만백성의 증오를 한몸에 안은 메리 1세가 세상을 떠나자 죽은 듯이 납작 엎드려 있던 앤 불린의 딸 엘리자베스에게 왕위가 돌아갔다. 엘리자베스 여왕은 훗날 잉글랜드가 해가 지지 않는 제국이 되는 발판을 마련했다. 어쩌면 헨리 8세의 최대 업적은 엘리자베스를 낳았다는 것일지도 모르겠다.

　헨리 8세의 마지막 왕비였던 캐서린 파는 왕이 죽자마자 평소 흠모했던 토머스 시모어와 결혼했다. 그녀의 네 번째 결혼은 남편인 토머스가 앤 불린의 딸 엘리자베스에게 눈독을 들이다가 들통이 나기 전까지는 평탄했다. 남편과 엘리자베스의 관계를 눈치 챈 그녀는 크게 상심했지만, 어째든 자기 자리를 지켰다. 1548년 8월 30일 그녀는 아이를 낳고 며칠 후 산욕열로 눈을 감았다.

　헨리 8세의 아내들 중 가장 성공적으로 탈출했던 클로비스의 앤은 이혼의 대가로 받은 영지에서 유유자적하게 지냈다. 그녀는 전 남편의 죽음과 그의 아들 에드워드의 즉위와 죽음, 메리의 즉위까지 쭉 지켜보다가 1557년 7월 16일 세상을 떠났다.

　헨리 8세는 백성들로부터 '위대한 해리' 라는 별명으로 불렸다. 왕에 대한 당대의 평가도 그리 나쁘지 않았다. 물론 왕의 변덕에 목이 잘려진 귀족들과 부인들에게는 그렇지 않았을 것이다.

03
엘리자베스 1세
LOVER
Elizabeth I

여왕의 모습은 눈부셨다. 하얀색 우단 드레스에 반짝거리는 흉갑을 입은 여왕은 한 손에는 곤봉을 쥔 채 당당하게 병사들을 내려다보았다. 전날까지 불패의 명성을 자랑하던 스페인의 테르시오(화승총과 장창으로 무장한 보병들의 밀집 방진)와 마주칠까 겁을 먹던 병사들은 갑자기 나타난 여왕의 모습에 큰 용기를 얻었다. 능숙하게 말을 몰고 병사들 앞에 선 여왕은 우렁찬 목소리로 연설을 시작했다.

– 사랑하는 나의 병사들이여! 짐의 안위를 걱정한 몇몇 신하들은 무장한 병사들 앞에 나서지 말라고 간청했다. 하지만 짐은 충성스럽고 용맹한 내 병사들을 믿지 못하면서 구차하게 살고 싶지는 않다고 했다. 짐은 언제나 신의 뜻에 따르면서 신민들의 충성과 사랑을 받아왔다. 짐이 여기 온 것은 단순히 여가를 즐기기 위해서 온 것이 아니다. 짐은 이곳에서 병사들과 함께 생사고락을 함께 하기 위해서 온 것이다!

켄트에서 온 늙은 농부나 웨일스에서 끌려온 철부지 목동, 네덜란드의 전쟁터에서 잔뼈가 굵은 병사도 모두 눈물을 흘렸다. 여왕의 카랑카랑한 목소리는 병사들의 마음을 깊이 찔렀다.

　- 짐은 신이 짐에게 부여한 왕국과 신민들을 위해서라면 짐의 명예와 목숨을 티끌같이 여길 것이다. 짐은 비록 연약한 여인의 몸이지만 대신 왕의 심장과 용기가 있다.

　- 여왕 폐하 만세! 여왕 폐하 만세!

　서식스에서 온 한 제화공의 외침을 시작으로 병사들은 큰 함성을 질렀다. 연설을 마친 여왕은 붉게 상기된 얼굴에 만족감을 띠운 채 총사령관인 레스터 백작과 함께 천막으로 사라졌다. 병사들은 여왕의 모습이 완전히 보이지 않을 때까지 거듭 함성을 질렀다.

대영 제국의 기틀을 이룩한 여왕

여기 한 여인이 있다. 그녀가 두 살 때 아버지는 어머니에게 마녀라는 죄목을 씌워 처형했다. 한때 제국의 후계자로 대접받았던 그녀는 어머니의 처형 이후 하인들에게까지 천대를 받으며 궁핍하게 지내야만 했다. 아버지는 그녀의 어머니를 처형한 이후에도 네 번이나 더 결혼했고, 그중 한 명을 더 처형했다. 그녀는 열 살이 되기도 전에 가까운 벗에게 자신은 결혼을 하지 않겠다고 말했다. 그리고 그녀는 학문에 대한 왕성한 탐욕으로 가족을 잃은 허전함을 채웠다.

그녀가 스무 살 무렵 아버지가 죽고 배다른 어린 남동생이 왕위에 오르자 더욱 험난한 길을 걸어야 했다. 그녀는 늘 반역을 꾸민다는 의심을 받았다. 남동생이 죽고 배다른 언니가 왕위에 오르면서 그녀는 반역죄인들이 갇히는 악명 높은 런던탑에 갇혔다. 언제 사형이 집행될지 모르는 극한 상황을 견딘 그녀는 살아남기 위해서 왕위에 올라야만 했다.

천신만고 끝에 여왕의 자리에 올랐지만 상황은 별로 나아지지 않았다. 유럽의 변방이었던 그녀의 왕국은 늘 위태롭고 불안했다. 그녀의 구혼자들은 사랑보다는 그녀의 왕국을 탐냈다. 그러나 여왕은 불굴의 의지와 능력으로 어려움을 헤쳐나갔다. 아버지가 벌인 전쟁 때문에 엉망이 된 경제를 바로잡았고, 강대국들 사이에서 아슬아슬한 줄타기를 하면서 제국의 위신을 세웠다.

그녀는 평생 결혼을 하지 않았다. 그녀는 후계자가 필요하다는 신하들에게 자신은 왕국과 결혼했다고 단언했다. 젊은 신하들과 스캔들을 일으키긴 했지만 언제나 균형을 잃지 않았다. 어린 시절의 고난과 젊은 시절 죽음의 문턱까지 갔던 기억들이 안전핀 역할을 한 것이다. 그녀는 자신의 손으로 처형한 여인의 아들에게 왕국을 물려주었다.

그녀가 살아있을 때, 그리고 그녀가 죽은 지 한참이 지난 후에도 그녀의 왕국은 세계의 변방이었다. 하지만 후일 그녀의 왕국이 전 세계의 패권을 장악했을 때 후손들은 그녀를 잊지 않았다. 그녀는 죽고 나서 더 많은 사랑을 받았다.

운명의 신이 한 사람의 능력과 의지가 얼마나 많은 사람들의 운명을 바꿀 수 있을지 증명해야 한다면, 단 한순간의 주저함도 없이 이 여인의 이름을 말할 것이다. 그녀의 이름은 엘리자베스, 엘리자베스 1세였다.

엘리자베스 1세의 즉위

그녀의 어린 시절에는 '죽음'이 그림자처럼 따라다녔다. '천일의 앤'이라는 이름으로 더 잘 알려진 어머니인 앤 불린은 아버지인 헨리 8세의 손에 처형당했다. 거기다 헨리 8세의 다섯 번째 왕비가 되었던 그녀의 오촌 이모 캐서린 하워드 역시 간통죄로 처형당하고 말았다. 아버지의 손에 어머니를 잃고 서출의 신분으로 떨어진 일은 두고두고 그녀의 운명을 좌우했다. 왕위에 오른 그녀가 줄기차게 측근들과 스캔들을 일으키고, 알랑송 공작과 결혼 직전까지 갔으면서도 끝내 결혼을 하지 않았던 것은 정치적인 이유 외에도 어린 시절 그녀의 뇌리에 단단히 박힌 결혼에 대한 '공포' 때문이었다. 엘리자베스가 최초로 스캔들을 일으킨 당사자이자 진지하게 결혼을 생각했던 로버트 더들리는 그녀가 어린 시절부터 결혼을 하지 않겠다는 말을 되풀이했다고 했다.

왕위 계승권에도 멀어지고 애지중지 떠받들던 하인들도 모두 등을 돌렸지만 그녀는 결코 좌절하지 않았다. 아니 좌절할 틈이 없었다고 보는 게 더 정확할 것 같다. 극단적인 절망의 나락을 경험한 사람은 마음 한쪽에 여유를 감추어 두고 산다. 아무리 절망에 가득 찬 비명을 질러도 누구도 들은 척을 하지 않는다면 이미 자신은 쓸모없어진 것이다. 엘리자베스는 철이 들기 전 극한을 오가는 주변 상황을 본능적으로 삼켰고, 어떻게 대처해야 하는지, 어떻게 받아들이고 견뎌야 하는지 배웠다. 그녀는 똑똑한 학생이었고 덕분에 목숨을 건질 수 있었다. 그리고 그녀는 좀 더 실질적인 학문을 배울 수 있었다.

16세기 서구는 여성이 남성보다 불완전한 존재라는 편견으로 가득 찬

시기였다. 하지만 그녀가 자라
날 무렵 영국에서는 새로운 사
상이 싹텄다. 에라스무스의 영
향을 받은 토머스 모어는 귀족
층에 한정하기는 했지만 여성들
도 남성과 똑같은 교육을 받을
것을 주장했다. 그의 딸들을 비
롯해 튜더 왕조를 살았던 운 좋
은 여성들은 높은 수준의 교육
을 받을 수 있었다. 악몽 같은
주변 상황들을 잊기 위해서였을
까? 엘리자베스는 함께 교육을

엘리자베스

받던 배다른 남동생 에드워드보다 월등한 실력을 뽐냈다.

그녀는 1544년 불과 11세의 나이에 프랑스어 책을 번역했고, 이듬해
에는 헨리 8세의 여섯 번째 왕비였던 캐서린 파의 저서인 《기도 혹은 명
상》을 프랑스어, 이탈리아어, 라틴어로 번역했다. 그녀의 놀라운 학문
적 성취에 스승이었던 애스컴은 극찬을 아끼지 않았고, 교육을 관장했
던 캐서린 파 역시 기뻐했다. 언어뿐만 아니라 역사와 지리 등 다방면에
걸친 교육은 훗날 그녀가 왕위에 올랐을 때 유용하게 쓰였다. 하지만 당
시 엘리자베스 주변에 있던 그 누구도 그녀가 왕위에 오를 것이라고는
생각지 않았다. 아니 그녀가 제명대로 살 것이라고 예측한 사람도 드물
었다. 운명의 저울은 한 사람 몫의 목숨을 덜어내면서 그녀의 운명을 격
랑 속에 내던졌다.

엘리자베스 1세

1547년 1월 28일 파란만장한 삶을 살았던 헨리 8세가 숨을 거두었다. 평생 후계자를 얻기 위해 여섯 명의 왕비를 맞이했던 헨리 8세에게는 세 번째 부인이었던 제인 시모어가 낳은 에드워드가 유일하게 적법한 아들이었다. 제인 시모어가 산욕열로 죽고, 뒤를 이은 세 명의 왕비들은 아이를 낳지 못했다. 거침없는 풍운아이자 권력과 왕조의 영속을 위한 헨리 8세의 집착은 그의 죽음이 잊히기도 전에 어긋났다. 열 살의 나이에 왕위에 오른 에드워드 6세는 외삼촌이었던 에드워드 시모어의 허수아비 노릇을 했다. 서머싯 공을 자처한 에드워드 시모어가 실각한 후에는 노섬벌랜드 공 존 더들리가 그 자리를 차지했다. 폭동과 반란으로 얼룩졌던 에드워드 6세의 치세는 1553년 7월 6일 그가 불과 16세의 나이로 요절하면서 끝이 났다.

섭정이었던 존 더들리는 헨리 8세의 외증손녀, 제인 그레이를 내세워 권력을 장악하려 했다. 하지만 그의 시도는 헨리 8세의 첫 번째 왕비인 아라곤의 캐서린이 낳은 딸 메리가 런던에 입성하면서 불과 9일 만에 실패로 돌아갔다. 메리 1세의 즉위는 엘리자베스에게 절체절명의 위기였다. 과거에 앤 불린은 메리에게 엘리자베스의 시중을 들게 하는 것도 모자라 온갖 학대와 모욕을 주었고, 심지어는 캐서린과 메리가 입었던 유아 세례복조차 빼앗으려고 했다. 어린 시절의 고난을 감내했던 엘리자베스와는 달리 증오의 발판 위에서 살아갔던 메리는 엘리자베스에게 차가운 시선을 건넨다.

메리 여왕은 후일 붙여진 '블러드 메리'라는 별명에서 볼 수 있듯 당대의 영국인들의 미움을 한몸에 받았다. 헨리 8세 시절부터 진행되었던 종교개혁은 이미 뿌리를 내린 상태였지만, 메리 여왕은 자신의 신앙인 가톨릭을 강요했다. 에드워드 6세가 즉위한 1547년 이후의 법안들을 모두 무효로 만든 메리 여왕은 프로테스탄트들을 탄압했다. 라틴어 성경을 영어로 번역한 존 로저스를 시작으로 헨리 8세와 캐서린의 이혼을 주도했던 캔터베리 대주교 토머스 크랜머가 화형을 당했다. 불과 5년간의 치세 동안 300명에 달하는 주교와 신자들이 불길 속에서 목숨을 잃었다.

메리 1세

교황청과의 화해와 스페인의 펠리페 2세와의 혼인은 메리 여왕의 인기를 더더욱 떨어뜨렸다. 결국 토머스 와이어트를 지도자로 하는 반란이 일어난다. 반란은 실패로 돌아갔지만, 불똥은 엉뚱하게도 엘리자베스에게 튀었다. 헨리 8세에게 처형당했던 헨리 코트니의 아들인 에드워드 코트니와 공모하여 와이어트의 반란을 배후에서 조종했다는 의혹을 산 것이었다. 에드워드 6세 시절 국왕의 외삼촌이었던 토머스 시모어와의 관계 때문에 추밀원의 심문을 받아야만 했던 그녀에게 닥친 두 번째 위기였다.

첫 번째 위기가 추밀원의 엄중한 심문으로 끝이 났다면, 두 번째 위기는 좀 더 가혹했다. 1554년 3월 중죄인들만 수감되는 런던탑에 갇히고 만다. 어머니 앤 불린이 같은 곳에서 처형당한 지 19년 만이었고, 9일 동

엘리자베스 1세

엘리자베스의 대관식

안 왕위에 올랐던 제인 그레이가 열여섯의 나이로 처형당한 지 한 달 만이었다.

사형 집행장을 든 관리가 찾아와서 당장 내일 사형이 집행될 것이라고 알려줘도 이상할 것이 없는 상황이었다. 실제로 그녀가 갇힌 지 약 두 달 후인 1554년 5월 한 무리의 병사들이 런던탑에 나타났다. 메리 여왕에게서 허락받은 산책을 즐기던 엘리자베스는 공포에 질린 채 병사들을 인솔해 온 사람에게 물었다.

"제인을 처형했던 교수대는 그대로 남아 있나요?"

하지만 그는 추밀원의 명령을 받고 엘리자베스를 멀리 외딴곳에 보호, 사실상의 구금을 하기 위해 온 헨리 배딩필드였다. 병사들의 엄중한 호위 속에서 우드스톡으로 출발한 그녀는 멀어져가는 런던탑을 보면서 안도의 한숨을 쉬었다. 죽음은 한 발짝 뒤로 물러났다. 그리고 이번에도 또 다른 사람의 죽음이 그녀의 운명을 바꿔놓았다.

1558년 11월 17일 모든 잉글랜드인들의 증오를 한몸에 받았던 메리 1세가 눈을 감았다. 마지막 순간까지 엘리자베스를 미워했던 메리 여왕은 죽기 전날에야 마지못해 그녀를 후계자로 인정했다. 어린 시절에는 서출로, 스무 살 무렵부터 반란을 모의한다는 의혹을 받았던 엘리자베스는 드디어 잉글랜드의 여왕 엘리자베스 1세로 즉위했다.

우여곡절 끝에 왕위에 올랐지만 그것은 오히려 가시밭길의 시작에 불과했다. 국내의 종교적 갈등은 폭발 직전이었고, 대외적으로도 그녀의 즉위를 탐탁지않게 여기는 세력들로 가득했다. 후대의 학자들은 그런 위기 상황을 헤쳐 나가는 그녀의 능력을 설명하려고 애썼다. 마키아벨리나 플라톤의 사상을 받아들였다는 설명이 대세지만, 사실 그녀에게는 그런 것들이 필요 없었다. 그녀는 철이 들기 전부터 정치의 냉혹함을 뼛속 깊이 이해했다. 그녀에게 정치는 생존 본능이었고, 삶을 규정짓는 모든 것이었다. 메리 1세가 어린 시절의 극단적인 고통 속에서 편협해지고 종교에 의지한 것과는 결정적으로 달랐다. 그녀가 가야 할 길은 멀었고, 어떻게 가야 할 것인지 아무도 알지 못했다.

첫 번째 스캔들 - 로버트 더들리

●

그녀가 왕위에 오르고 나서 곧장 결혼에 관한 이야기가 나왔다. 하루빨리 결혼을 해서 후계자를 얻으라는 의원들의 청원에 엘리자베스 1세는 짧게 답변했다.

"짐에게는 이미 잉글랜드라는 남편이 있으며 그대들에게는 이것으로 충분할 것이오."

당시 군주의 결혼은 한 움큼의 애정도 파고들 여지가 없는 지극히 정치적인 일이었다. 엘리자베스 1세 역시 자신의 결혼을 두고 이런저런 고민과 생각에 빠졌을 것이다. 지극히 정치적인 판단에서 결혼을 하지

　　　　　　　　　　　　　　　엘리자베스 1세

로버트 더들리

않기로 결심했다면, 어린 시절의 트라우마는 그 결정을 더욱 더 견고하게 했다. 그녀는 평생 어린 시절의 맹세를 지켰다. 하지만 그녀는 대신 수없이 많은 스캔들을 일으켰다. 그녀의 첫 번째 스캔들 대상은 어린 시절부터 절친하게 지냈던 로버트 더들리였다. 과연 그녀는 그와의 결혼을 꿈꾸었을까?

엘리자베스의 첫 번째 애인으로 알려진 로버트 더들리는 1532년 혹은 1533년 노섬벌랜드 공존 더들리의 아들로 태어났다. 그의 아버지는 며느리인 제인 그레이를 옹립하려다가 실패로 돌아간 후 반역죄로 처형당했다. 형인 길포드 더들리 역시 처형당하고 그는 런던탑에 갇히고 만다. 비슷한 시기 엘리자베스 역시 런던탑에 갇혔고, 둘은 동병상련의 아픔을 함께 겪었다. 죽음의 고비를 넘긴 엘리자베스가 우드스톡으로 이송되고, 로버트 더들리 역시 풀려났다. 의혹의 눈길을 피하기 위해 전쟁터로 떠난 로버트 더들리는 조용히 메리의 죽음을 기다렸다.

어린 시절의 친분과 불우한 환경을 겪었다는 동질감 때문인지 왕위에 오른 엘리자베스는 로버트 더들리를 유별나게 총애했다. 동갑내기 내지는 한 살 터울의 젊은 여왕과 신하의 관계는 곧 고약한 추문으로 이어졌다. 옆에서 보기에도 엘리자베스는 더들리에게 넋이 빠져 있었다. 로버트 더들리가 에이미 롭사르트와 혼인을 한 유부남이라는 사실조차 잊은 것처럼 행동하는 바람에 주위의 눈살을 찌푸리게 만들었다.

후대의 학자들은 둘 사이에 특별한 애정이 있었다고 추정한다. 특히 1560년과 그 다음해에 엘리자베스가 로버트 더들리와의 결혼을 진지하게 고려했다는 주장도 나오고 있다. 1554년 둘이 함께 런던탑에 갇혀 있을 때 비밀 혼인을 치렀다는 자극적인 이야기도 나돈다. 또한 여왕의 잦은 지방순례가 더들리의 아이를 출산하기 위한 것이라는 해석도 있다. 과연 엘리자베스 1세는 로버트 더들리를 결혼 대상자로 낙점했을까?

엘리자베스는 생존을 위해서 왕위에 올랐다. 메리 1세 다음 순위의 왕위 계승자이긴 했지만 그건 동시에 바람 앞의 촛불이라는 뜻도 된다. 엘리자베스가 런던탑에 갇히고 그녀의 처리문제가 추밀원과 의회에서 논의되었을 때 가장 크게 고려되었던 것은 혹시 모를 메리 1세의 갑작스러운 죽음에 따른 그녀의 즉위였다.

뒤집어서 얘기하면 그때 만약 메리 1세가 펠리페 2세와의 사이에서 후계자를 얻었다면 엘리자베스는 틀림없이 죽었을 것이다. 그녀를 눈엣가시처럼 여기던 메리 1세는 눈치 빠른 측근의 엘리자베스가 반역을 도모했다는 날조된 증거를 믿는 척할 테고, 눈치 볼 일이 없어진 의회에서도 엘리자베스의 처형을 승인했을 것이다.

재위 초기 그녀의 지위는 지극히 위태로웠다. 자그마한 변수가 그녀를 어떻게 흔들어댈지 아무도 장담할 수 없는 상황에서 주변의 미움을 받는 측근과의 결혼은 모험 중의 모험이었다. 1559년 9월 로버트 더들리의 아내 에이미 롭사르트가 계단에서 굴러 떨어져 사망하면서 위험부담

103

이 더욱 커졌다. 엘리자베스가 더들리와 공모해서 결혼을 하는 데 방해가 되는 에이미를 죽였다는 소문이 날개 돋친 듯 퍼져 나간 것이다. 이때까지 둘이 연인관계였고, 엘리자베스가 진심으로 결혼을 꿈꾸었다고 해도 이 결혼은 포기해야만 했을 것이다. 지극히 정치적이었던 그녀는 더들리와의 결혼이 단지 인기와 평판이 떨어지는 정도로 끝나지 않을 것이라는 사실을 뼈저리게 느꼈다. 여왕은 시중을 들던 시녀들이 모두 물러간 침실에 홀로 앉아서 사랑하는 이와 맺어지지 못한다는 한탄을 했을까?

로버트 더들리는 아버지는 물론 할아버지까지 반역죄로 처형당한 특이한 이력을 가진 집안이다. 여왕조차도 그를 일컬어 '반역자의 집안'이라고 했다. 그런 그에게 기댈 곳이라고는 오직 여왕의 총애뿐이었다. 자신의 막대한 부와 권력이 모두 여왕에게서 나온다는 사실을 잘 알고 있던 그는 늘 여왕의 곁을 맴돌았다. 격무와 긴장에 시달리던 여왕은 어린 시절부터 친하게 지냈던 더들리와 농담을 주고받으며 여유를 만끽했다. 충실했지만 늘 딱딱했던 로버트 세실 같은 측근들은 선물해주지 못하는 기쁨이었다.

만약 여왕이 더들리를 침실로 끌어들였다면 이 미묘한 관계는 끝장났을 것이다. 확실히 로버트 더들리에게 여왕과의 결혼은 손해 보는 장사가 아니었다. 하지만 여왕에게는 손해 정도가 아니라 독약을 마시는 것과 다를 바가 없었다. 영리한 여왕은 불타오르는 사랑에 눈이 멀어 사랑에 자신을 맡기는 모험을 하지 않았다. 어린 시절의 트라우마를 제쳐놓고, 지극히 냉정한 정치적 계산으로도 더들리와의 결혼은 절대 이득이 되지 않았다.

로버트 더들리와 춤추는 엘리자베스

국정을 이끄는 귀족들로부터 미움을 받는 더들리와 혼인을 하게 되면 그들의 반발은 불을 보듯 뻔한 것이었다. 더 큰 문제는 여왕과 결혼한 더들리가 그녀의 왕권에 욕심을 낼 수도 있다는 것이었다. 멀리 갈 필요도 없이 스코틀랜드의 메리 스튜어트 여왕의 남편 단리 경이 그랬다. 자신의 무능력은 돌아보지 않은 채 여왕에게 권력을 나눠달라고 요구하던 단리 경은 비극적인 죽음을 맞이했다.

사랑의 폭풍이 지나간 다음에도 로버트 더들리를 향한 여왕의 신임은 여전했다. 여왕은 그에게 경제적인 특혜를 부여했고, 늘 곁에 두었다. 더들리 역시 그녀에게 늘 구혼하는 자세를 보였다. 당대의 사람들 눈에는 둘이 결혼하지 못해 몸이 단 연인들처럼 보였다. 하지만 둘은 규칙에 맞는 게임을 한 것뿐이었다.

그리고 얼마 후에 여왕은 세상 사람들을 아연실색하게 하는 제안을 내놓는다. 프랑스에서 돌아온 스코틀랜드의 메리 스튜어트 여왕의 남편 감으로 로버트 더들리를 추천한 것이다. 처음 그 얘기를 들은 메리의 신하는 이렇게 대답했다.

"여왕 폐하께서 먼저 그와 혼인을 하시고 후일 신의 부르심을 받게 되면 그때 우리 여왕님께서 잉글랜드와 여왕 폐하의 남편분을 함께 물려받으시면 안 되겠습니까?"

엘리자베스 1세는 왜 이런 말도 안 되는 제안을 했을까? 평생의 라이벌이자 앙숙이었던 메리 스튜어트에게 공개적인 모욕을 주기 위해서라는 설명과 로버트 더들리에게 귀족의 작위를 내려주기 위한 핑계였다는 학설이 있지만, 가장 중요한 부분을 빠트렸다. 이 시점에서 여왕은 더 이상 로버트 더들리를 결혼 상대자로 보지 않았다는 것이다. 늘 곁에 두고, 격에 맞지 않는 천박한 농담을 주고받으며, 주변을 지켜주는 대가로 적당한 특혜도 주었다. 둘의 스캔들은 아슬아슬하게 선을 넘나들었다. 본능적으로 모험을 싫어하는 여왕이 바라는 상황이었다. 그 후에도 둘 사이의 스캔들은 끊이지 않았고, 둘 사이에 아이들이 태어났다는 소문도 떠돌았다. 하지만 여왕은 결혼을 꿈꾸지 않았다. 아니 결혼을 꿈꾸지 못했다. 현실은 결혼이 여왕에게 너무 위험하다는 신호를 끊임없이 보냈기 때문이다.

여왕의 첫 번째 스캔들은 1578년 9월 레스터 백작이 된 로버트 더들리가 에식스 백작의 미망인이었던 레티스와 비밀리에 결혼을 하면서 막을 내렸다. 뒤늦게 그 소식을 전해들은 엘리자베스 여왕의 분노는 하늘을 찔렀다. 자기 애인을 빼앗겼다는 여인의 본능적인 분노였는지, 아니면 후계 구도에 영향을 줄 수 있는 결혼으로(레티스는 여왕의 조카뻘이었다) 여왕의 심기가 불편해진 탓인지는 알 수 없다. 다만 엘리자베스가 여왕으로 즉위한 후부터 20년간 계속된 첫 번째 스캔들이 끝났다는 점은 확실하다.

여왕의 진노가 가라앉고 난 후에도 더들리는 살아남았다. 그는 1585년 12월 스페인으로부터 독립을 선언한 네덜란드를 지원하기 위한 원정군의 사령관으로 임명되었다. 눈에 띄는 전과 없이 막대한 전비만 소모했다는 질책을 받았지만 파면되지는 않았다. 그리고 3년 후에는 스페인 아르마다(무적함대)의 침략을 막을 방위군의 총사령관으로도 임명되었다. 무능하고 뻔뻔하기는 했지만 여왕은 그를 곁에 두었다. 이제는 스캔들조차 가라앉았기 때문에 둘 다 가면을 벗어던지고 좀 더 편하게 대할 수 있지 않았을까?

둘의 끈끈한 관계는 1588년 9월 4일 요양을 하러 떠났던 더들리가 우드스톡 부근의 콘베리 파크에서 갑작스럽게 사망하면서 끝이 났다. 엘리자베스 1세는 아르마다의 침입을 물리쳤다는 기쁨보다는 오랫동안 호흡을 맞춰 온 조연배우의 퇴장을 진심으로 슬퍼했다.

두 번째 스캔들 - 월터 롤리

엘리자베스와 두 번째 스캔들을 일으킨 월터 롤리는 로버트 더들리와 여러모로 달랐다. 교활하고 약삭빨라서 정적들로부터 '마키아벨리스트'라는 비난을 받았던 더들리와는 달리 데번셔 출신의 월터 롤리는 전

월터 롤리

쟁터에서 잔뼈가 굵은 사람이었다. 까다로운 예의 규범이 있는 궁중보다는 말보다 주먹이 먼저 나가는 항구의 선술집에서 빛을 발하는 타입이었다. 나이가 들면서 출중했던 외모를 잃어버린 더들리가 권력과 재산에 집착해 비밀리에 결혼식을 올렸던 것에 실망했던 여왕은 곧 남자답고 늠름한 새로운 신하에게 푹 빠져든다. 주말 드라마에서 간혹 보이는 것처럼 정숙하고 예의 바른 여성이 거칠고 어두운 사내에게 푹 빠져버린 것으로 오해해서는 곤란하다.

나에게 침묵의 가리비조개와 의지할 수 있는 믿음의 지팡이와

기쁨의 성서와 불멸의 음식과 구원의 술병을 달라.

영광의 가운을 걸치고, 참된 도전을 희망하며 그렇게 나는 순례를 떠나리.

대부분 사라지고 약 30여 편이 남은 걸로 알려진 그의 시를 보면 그가 얼마나 자유분방하면서도 깊이 있는 지식을 갖추고 있는지 엿볼 수 있다. 또한 로맨티스트의 면모도 갖추고 있었다. 그 일례로 월터 롤리가 진흙탕 위에 자신의 값비싼 외투를 깔아 여왕을 지나가게 했다는 일화가 전해지기도 한다. 이처럼 롤리는 거칠고 무례하지만 시도 곧잘 지어내는 다정다감한 성격의 소유자였다. 단 자신이 좋아하는 사람과 싫어

하는 사람을 칼로 자르는 것처럼 딱 잘라 구분했다. 로버트 더들리와 월터 롤리의 유일한 공통점은 남들에게 미움을 받는다는 것뿐이었다.

여왕은 지금껏 만나봤던 사내들과는 다른 매력을 지닌 이 사내에게 한아름 선물을 안겼다. 작위와 선물을 내리는 데 인색했던 여왕이 월터 롤리에게는 기사 작위와 모직물 독점 수출권과 주류세를 받을 수 있는 특혜를 내린 것이다.

당시 평균 수명을 훌쩍 넘긴 50대 여왕과 20대 후반의 남성적인 매력을 물씬 풍기는 신하와의 스캔들은 호사가들의 입에 오르내렸다. 월터 롤리는 과연 어두운 밤 은밀하게 여왕의 침실로 들어가 늙은 여왕에게 여인의 기쁨을 선사했을까? 시들어가는 여왕의 육체는 난생 처음 겪는 희열과 쾌락 앞에 수줍게 알몸을 드러냈을까?

여왕이 로버트 더들리에게서 힘든 국정을 넘길 수 있는 여유와 편안함을 찾았다면, 월터 롤리에게서는 또 다른 매력을 만끽했을 것이다. 평생 엄격한 규범과 자기 뜻에 따르는 신하들에게만 둘러싸였던 그녀로서는 자유분방한 롤리에게서 일탈과 무시가 가져오는 쾌감을 받아들였다. 그리고 이 시기 여왕은 적당히 노련한 통치자가 되어 있었다.

로버트 더들리가 오랫동안 밀고 당기기를 거듭하며 레스터 백작이라는 작위를 받고 오랫동안 측근으로 활약했던 것과 달리 월터 롤리는 기사 작위만 받았을 뿐, 측근으로 중용되지는 않았다. 여왕은 월터 롤리에게 궁정의 지위를 내려준다면 필시 다른 귀족들이나 측근들과 갈등을 일으킬 것이라는 사실을 간파했다. 물론 로버트 더들리 역시 윌리엄 세실 주변인물과 갈등을 빚기는 했지만 어디까지나 여왕이 허용한 범위 안에서였다.

 엘리자베스 1세

하지만 월터 롤리에게는 그런 규칙 따위를 지킬만한 마음은 눈곱만큼도 없었고, 여왕도 그 사실을 잘 알고 있었다. 월터 롤리는 궁정 대신 신대륙 개척에 나섰다. 그가 눈길을 돌린 곳은 북아메리카였다. 1585년 사우스캐롤라이나 북부 로어노크 섬에 잉글랜드 국기가 꽂혔다. 시작은 거창했지만 결과는 참담했다. 첫 번째 원정대는 가혹한 환경을 못 이겨 1년도 채우지 못하고 철수했고, 2년 후에 보내진 2차 원정대 역시 후속 원정대가 도착했을 즈음 흔적도 없이 사라지고 말았다. 오늘날까지 그들의 행방에 대해서는 알려진 바가 없다.

잇따른 실패에도 월터 롤리는 원정을 포기하지 않았지만 스페인의 침략이 눈앞에 다가오자 자연스레 원정은 중단되고 말았다. 월터 롤리의 야심 찬 원정은 '버지니아'라는 지명과 감자와 담배를 최초로 들여왔다는 당시로써는 시답잖은 명예만을 남겨놓고 종지부를 찍었다. 재정이 낭비되는 걸 끔찍하게도 싫어했던 여왕이지만, 월터 롤리에 대한 신임을 거두지는 않았다.

하지만 이번에도 여왕은 예전과 같은 방식으로 배신을 당하고 말았다. 엘리자베스 1세를 자주 알현하던 월터 롤리가 여왕의 시녀인 베스스톡모턴과 사랑에 빠진 것이다. 1591년 가을 남몰래 결혼식을 올리고 아이까지 낳은 두 사람은 뒤늦게 그 사실을 전해 들은 여왕의 분노를 고스란히 뒤집어썼다. 부부가 함께 런던탑에 갇히고 만 것이다.

여왕은 월터 롤리를 진심으로 사랑했을까? 그렇기 때문에 또 다른 사랑을 찾아 떠난 그를 그토록 간절히 미워했던 것일까? 그것보다는 가까운 측근들이 자신도 모르게 일을 꾸몄다는 통치자 특유의 분노가 더 컸던 것 같다. 등 뒤에서 사랑을 속삭였다면 남 몰래 칼을 꽂을 수도 있을 테니 말이다. 월터 롤리 부부는 연말쯤 런던탑에서 풀려났지만 더 이상 여왕의 총애는 없었다. 물론 천성이 무골이었던 월터 롤리는 1596년 카디스 원정에 참여해서 전공을 세우고 용서를 받기는 했지만, 둘 사이는 사실상 끝이 났다. 월터 롤리의 빈자리는 금방 채워졌다. 앞의 전임자들과는 전혀 다른 형태의 무기인 '젊음'을 앞세워서 말이다.

세 번째 스캔들 - 로버트 데브루

●

엘리자베스가 평생 일으켰던 스캔들의 마지막 주인공은 활기찬 젊은이였다. 한쪽은 평균 수명을 넘긴 늙은 여인이었고, 다른 한쪽은 보기만 해도 사람을 웃게 하는 싱그러운 젊은이였다. 젊은이는 여왕의 사적인 공간을 마음대로 드나들 수 있었고, 스스럼없이 농담을 주고받았다. 여왕은 젊은이를 친근하게 대했고, 버릇없고, 무례한 모습을 보이는 것도 눈감아주었다. 젊은 시절 로버트 더들리나 월터 롤리를 상대로 스캔들을 일으키면서도 아슬아슬하게 선을 넘지 않고, 상대방에게 자신들의 한계를 뼈저리게 느끼게 했던 그녀의 현명함은 온 데 간 데 없어지고 말았다.

권력기반이 공고해지고, 나이가 들면서 결혼을 해서 후계자를 낳으라는 닦달도 사라진 후라 긴장감이 풀어졌던 것일까? 여왕의 치세 말기를 더욱 어둡게 했던 에식스 백작과의 스캔들은 사실상 여왕의 잘못이었다. 더 미숙하고 젊었던 시절에도 애인들에게 채운 고삐를 절대 놓지 않았던 여왕은 대체 왜 이렇게 약해졌을까? 그녀는 결국 자신의 실책이

로버트 데브루

젊디젊은 애인의 목에 떨어지는 시퍼런 도끼날이 되었다는 사실을 어떻게 받아들였을까?

엘리자베스와 마지막으로 스캔들을 일으킨 에식스 백작 로버트 데브루는 로버트 더들리나 월터 롤리와는 여러 가지 면에서 달랐다. 반역자의 집안이라고 비아냥거리는 말을 듣던 로버트 더들리나 데번셔 출신의 평민이었던 월터 롤리와는 달리 뼈대 있는 귀족 가문 출신이었다. 비록 아버지가 막대한 빚을 남겼지만 말이다.

에식스 백작의 건방지고 남을 무시하는 듯한 태도는 앞의 두 사람과 다를 바가 없었지만, 귀족 집안이라는 점이 방패막이로 작용했다. 더불어 막대한 빚을 지고 있음에도 주저 없이 주머니를 열어서 돈을 뿌린 덕택에 앞선 두 사람과는 달리 주변으로부터 미움을 받지 않았다. 에식스 백작은 그럴듯하게 포장된 오만함과 귀족적인 풍모로 단숨에 여왕의 눈길을 휘어잡았다.

에식스 백작이 왕궁에 등장한 1580년대 후반은 잉글랜드와 스페인의 갈등이 최고조에 달할 무렵이었다. 잉글랜드를 뒤덮을 기세로 바다를 건너던 스페인의 아르마다는 차가운 북해를 건너 겨우 고국으로 돌아갔지만, 그것이 끝이라고 믿은 사람은 아무도 없었다. 참담한 실패로 끝나기는 했지만 당시 스페인은 해가 지지 않는 유럽의 최강국이었고, 잉글랜드는 유럽의 변방에 불과했다. 여왕은 밤잠을 자지 못했고, 중신들의 위기감 역시 하늘을 찔렀다.

진짜 문제는 아무리 승리해도 전리품을 얻을 수 없다는 것이었다. 지휘관들은 승리의 영광을 손에 넣었지만 여왕에게는 텅 빈 국고와 빚만 남았다. 공허한 승리 뒤에 쌓여가는 막대한 비용은 고스란히 백성들에게 돌아갔다. 엎친 데 덮친 격으로 몇 년 동안 흉년이 겹치면서 백성들의 불만은 고조되었다. 노회한 여왕에게는 견디기 힘든 상황이었지만, 우직하게 곁을 지키며 일에 몰두하는 늙은 중신들에게 여왕은 조금의 위안도 찾을 수 없었다. 그런 상황에서 혜성처럼 등장한 에식스 백작에게 빠진 여왕은 앞의 두 애인들에게 채웠던 재갈을 묶지 못했다. 젊디젊은 그에게는 어울리지 않았다고 생각했을지도 모르겠지만 첫 번째 단추부터 잘못 끼워진 꼴이었다.

로버트 더들리나 월터 롤리에게는 여왕의 총애만이 살 길이었고, 두 사람도 그 사실을 잘 알고 있었다. 여왕이 베푸는 은혜에 힘입어 출세를 했던 두 사람은 가진 것을 잃지 않기 위해 조심했지만 애초부터 귀족이었던 에식스 백작에게서는 그런 조심성이 존재하지 않았다. 자연스럽게 추종자들이 모이고, 이런저런 부탁을 받은 그는 여왕에게 자신의 주장을 관철시키기 위해 떼를 쓰거나 윽박지르기를 주저하지 않았다. 심지어는 병을 핑계로 집에 틀어박히기까지 했다. 여왕은 그럴 때마다 화를 내고 짜증을 냈지만, 곧 사람을 보내서 에식스 백작의 뜻을 받아주며 달랬다. 앞날을 내다보지 않는 충동적인 성격의 에식스 백작은 곧 여왕을 만만한 늙은이 취급을 했다. 제멋대로인 성격에 주변의 추종자들까지

     엘리자베스 1세

늘어난 에식스 백작은 끊임없이 말썽을 일으켰다.

에식스 백작의 독주는 신하들 간의 세력을 조정하면서 균형을 잡아나 갔던 여왕의 정책을 뿌리째 흔들었다. 사람들 입에서 오르내리는 이야 기들은 더 추악해지고 어두워졌다. 젊은 시절 여왕의 스캔들은 눈감아 주거나 이해해줄 수 있었지만, 다 늙은 여왕이 젊은 총신과 벌이는 애정 행각에는 눈살을 찌푸리는 사람들이 많았다. 산전수전을 다 겪으며 노 련해질 대로 노련해진 여왕은 왜 이런 어처구니없는 사태를 말없이 지 켜보았을까?

사실 이때쯤 여왕은 지칠 대로 지쳐 있었다. 강대국 스페인과의 분쟁 은 10년을 훌쩍 넘기면서 여왕의 국고는 바닥을 드러냈다. 늘어가는 세 금 때문에 백성들의 불만은 점차 높아졌고, 세력을 늘려가는 청교도들 역시 눈엣가시였다. 이런저런 일들이 여왕의 마음을 뿌리째 흔들었다. 젊은 시절의 빛나는 패기와 열정을 잃어버린 여왕은 에식스 백작의 발 랄함과 젊음의 늪에 한없이 빠져들었다. 보기에 따라서는 사랑이라고 해석할 수도 있을 이 상황은 파멸을 향해 질주해갔다.

1596년 별 성과 없이 스페인 원정에서 돌아온 에식스 백작은 자신의 부탁을 거절하는 여왕의 낯선 모습과 마주쳐야만 했다. 모든 것이 뜻대 로 돌아가는 것에만 익숙해져 있던 사람은 그것이 좌절될 때 거대한 분 노를 터트린다. 에식스 백작은 이성을 잃을 정도로 격분했고, 이때까지 는 철부지의 철없는 행동이라며 꾹 참았던 여왕 역시 화를 냈다. 에식스 백작은 습관처럼 왕궁을 뛰쳐나가 집으로 가버렸다. 결국에는 여왕이 한발 물러섰지만 이제는 여왕도, 그리고 에식스 백작도 더 이상 서로를 예전처럼 생각하지 않을 것이라는 사실을 똑똑히 깨달았다.

두 사람의 갈등은 아일랜드의 신임 총독을 임명하는 문제로 다시 불거졌다. 에식스 백작은 자신이 천거하는 인물을 아일랜드 총독에 임명해달라고 고집을 부렸고, 화가 난 여왕에게 뺨을 맞은 에식스 백작은 여왕의 마지막 인내심을 터트리고 말았다. 에식스 백작은 다시 왕궁을 뛰쳐나갔지만 이번에는 여왕이 굴복할 것이라는 자신감 대신 불안감을 안고 떠나야만 했다. 고심하던 에식스 백작은 줄어든 여왕의 신임을 회복하기 위해 아일랜드 원정을 자청했다. 골칫거리인 아일랜드 원주민들의 반란을 제압하면 여왕의 신임을 되찾을 것이라는 자신감을 안고 떠났지만 결과는 참담했다. 여왕의 질타와 강력한 반란군들 사이에서 고심하던 에식스 백작은 엉뚱한 행동을 하고 만다. 휘하의 원정군 전체를 아일랜드에 내버려두고 홀로 잉글랜드로 돌아온 것이다. 이번에도 전처럼 여왕의 무릎에 매달려 용서를 구할 작정이었다.

1599년 9월 28일 잉글랜드에 도착한 에식스 백작은 쉬지 않고 말을 달려서 논서치의 왕궁에 도착했다. 그리고는 곧장 여왕의 침실에 들이닥쳤다. 여왕은 에식스 백작이 원정군을 끌고 반란을 일으킨 게 아닌지 두려움에 떨었다. 에식스 백작이 용서를 빌기 위해 혼자서 왔다는 사실을 알게 된 후에도 여왕의 분노는 사그라지지 않았다. 아니면 화장을 하고 가발을 쓰기 전의 맨 얼굴을 보였다는 사실에 이성을 잃었든지.

어쨌든 용서를 받을 수 있을 것이라는 희망이 산산조각 난 에식스 백작은 결국 극단적인 선택을 하게 된다. 여물지 못한 삶을 산 이들이 흔히 그런 것처럼 자신에게 문제가 있다기보다는 여왕 주변의 훼방꾼들에게 문제가 있다고 생각한 것이다. 그렇지만 그는 반란을 성공시킬 정도로 치밀하지도 못했다.

    엘리자베스 1세

1601년 2월 8일 에식스 백작은 지지자들과 함께 왕궁으로 행진했다. 호기롭게 나섰지만 시민들의 호응을 얻지는 못했다. 저택으로 돌아온 에식스 백작은 곧 진압군에게 항복하고 만다. 재판은 신속히 진행되었다. 순순히 죄를 자백한 에식스 백작은 2월 25일 시편을 외우며 처형수의 도끼날에 목이 잘렸다. 에식스 백작은 재판 내내 쾌활했다. 자포자기했던 것일까? 아니면 결론이 났다는 사실을 기뻐했던 것일까? 에식스 백작의 죽음은 결국 여왕의 시대에도 종지부를 찍었다.

여왕의 스캔들

●

엘리자베스는 왕위에 오른 20대 중반의 젊은 시절부터 60세를 바라보는 늙은 나이까지 스캔들을 일으켰다. 조심스러운 삶을 살아가던 그녀였지만, 젊고 잘생긴 애인 앞에서는 무분별할 정도로 조심성을 잃었다. 그녀의 사후 400년간 해답을 찾을 수 없는 논쟁이 계속되었다. 과연 그녀는 진심으로 결혼을 증오했을까? 아니면 치밀한 정치적 계산 아래 결혼을 포기했던 것일까? 그녀는 애인들 혹은 애인들 중 한 명과 육체관계를 맺었을까? 어쩌면 그녀는 로버트 더들리와 런던탑 안에서 비밀리에 결혼식을 올렸을 수도 있다. 늙디늙은 육체를 에식스 백작의 손길 아래 맡겼을 수도 있다. 아니면 그 이전 아버지의 마지막 왕비였던 캐서린 파와 재혼한 토머스 시모어의 유혹에 넘어갔을지도 모른다.

400년 전 사람의 속마음을 알아내는 건 신이나 가능할 것이다. 하지만 남아 있는 흔적들을 조각조각 맞춰보면 그녀의 진심을 슬쩍 엿볼 수

도 있다. 1564년 엘리자베스는
스코틀랜드 대사인 제임스 멜빌
에게 자신은 결혼에 대한 환상
을 가지고 있지 않다고 대답했
다. 눈치 빠른 대사는 재빨리 이
렇게 말했다.

"여왕 폐하의 진심은 저도 잘
알고 있으니까 더 말씀하실 필
요는 없습니다. 여왕께서 결혼
을 하신다면 잉글랜드의 여왕이
겠지만 혼자라면 잉글랜드의 왕
이자 여왕일 테니까요."

엘리자베스 1세

권력이라는 괴물의 일관된 법칙은 절대로 부자지간에도 쉽사리 권력
을 넘겨주지 않는다는 것이다. 엘리자베스는 로버트 더들리나 월터 롤
리, 에식스 백작이나 토머스 시모어를 사랑한 게 아니었다. 그녀는 평
생, 일편단심 오직 권력만을 사랑했다.

그렇게 여왕의 시대는 저물어갔다. 그녀의 치세 말기는 의회와의 대
립으로 점철되었다. 여왕이 측근들에게 부여한 독점권에 대해서 의회가
노골적으로 반발한 것이다. 오랜 갈등 끝에 결국 여왕이 한발 물러섰다.

1601년 11월 30일 화이트 홀 추밀원 회의실.

분위기는 냉랭했다. 이틀 전 여왕이 물가를 상승시키는 독점권을 폐
지한다는 포고령을 발표하면서 갈등은 가라앉았지만 기분까지 진정된

　　　　　　　　　　　　　　　　　　　엘리자베스 1세

것은 아니었다. 의원들은 여왕이 자신들의 권고를 무시하고 오랫동안 측근들에게 독점권을 무분별하게 하사한 것에 크게 기분이 상했다. 여왕은 여왕대로 자신의 특권에 대해서 간섭하려는 의원들에게 짜증을 냈다. 하얀 가발을 쓴 의장이 여왕에게 감사의 뜻을 나타내는 짧은 연설을 끝내고 물러났다. 아슬아슬한 분위기가 회의실에 모여든 150명의 의원들을 휘감았다. 여왕은 시들어가는 외모를 감추려는 듯 빈틈없이 하얀 화장에 큼지막한 가발을 썼다. 옥좌에 앉은 여왕은 천천히 의원들을 뜯어보았다. 그리고는 연설을 시작했다.

"그대들은 짐보다 더 위대한 군주들을 가질 수 있을지는 몰라도 짐보다 그대들을 더 사랑하는 군주를 가질 수는 없을 것입니다. 아무리 값비싼 보석이라고 해도 여러분의 사랑보다 더 귀한 보석은 없습니다. 짐은 어떤 보석보다도 여러분의 사랑을 더 귀중하게 생각하며, 사랑과 감사야말로 그 값을 헤아릴 수 없을 만큼 귀중한 것이라고 믿습니다. 짐에게 군주의 지위에 내려준 것은 신이지만, 내 왕관의 영광은 바로 여러분의 사랑을 받으며 통치할 수 있다는 것, 그것이라고 여기는 바입니다."

의원들은 여왕의 연설을 듣는 내내 꼼짝도 하지 못했다. 늙은 여왕은 그런 의원들에게 근엄한 미소를 지어 보이며 자리에서 일어났다.

"이번에도 여왕께서 승리하셨군. 품위 있게 말이야."

후일 사람들이 '황금 연설'이라고 부르는 여왕의 연설을 경청하던 데번서 출신의 월터 롤리 경은 짧게 중얼거렸다. 여왕의 마지막 위기는 그렇게 넘어갔다. 말썽을 일으켰던 아일랜드 역시 신임 총독 마운트조이 덕분에 안정을 찾아갔다. 하지만 인간 삶의 끝자락에 드리워진 어둠만큼은 사라지지 않았다. 한 인간의 삶은 숨이 멎고 육신이 차갑게 식는다고 해서 끝이 나는 것은 아니다. 기억 속에 오랫동안 남아 있다면 또 다른 형태의 삶을 이어가는 것은 아닐까? 불세출의 여인, 여왕 중의 여왕 엘리자베스처럼 말이다.

팍스 브리태니카

●

한 국가가 전 세계의 패권을 장악했을 때 어김없이 팍스(Pax)라는 말이 등장한다. 이 영예로운 칭호를 얻은 민족이나 국가는 손에 꼽을 정도다. 시초는 이탈리아 반도의 작은 도시국가에서 시작한 로마였다. 지중해를 '우리의 호수'라고 불렀을 정도로 위풍당당했던 로마가 쓰러지고, 유럽은 기나긴 중세 시대를 겪어야만 했다. 백년 전쟁과 장미 전쟁, 그리고 르네상스를 거치면서 중앙집권을 이룩한 국가들이 속속 등장했고 다시 패권을 놓고 다투는 국가 간의 경쟁이 격화되었다. 신대륙의 막대한 금과 은을 토대로 유럽을 떨게 했던 스페인이 쓰러지고 네덜란드와 프랑스로 넘어갔던 주도권은 결국 잉글랜드의 품에 안겼다.

로마의 식민지로 출발해서 바이킹의 후예들에게 점령당했으며, 프랑스와 벌인 백년 전쟁의 여파로 대륙의 영토를 상실한 잉글랜드는 대륙의 끝, 변방의 작고 가난한 나라였다. 습한 기후와 적은 인구는 당시 국력의 상징인 인구와 조세수입에 치명적인 악영향을 미쳤다.

발전 가능성보다는 정체되거나 몰락할 이유를 더 많이 가진 나라 영국은 후일 '해가 지지 않는 제국'이라는 명성을 얻었다. 영국은 신대륙으로부터 들어온 막대한 금과 은을 가진 스페인도, 전 유럽의 해양을 누벴던 네덜란드도 가지지 못했던 패권을 품에 안았다. 프랑스, 이탈리아, 독일보다도 더 적은 인구를 가졌고, 네덜란드보다 입지 조건이 좋지 못했으며, 스페인처럼 광대한 식민지를 보유하지도 못했으면서 말이다.

영국이 전 세계적인 패권을 장악할 수 있었던 원인은 한두 가지가 아닐 것이다. 하지만 그중 하나를, 혹은 그중 한 명을 꼽으라고 한다면 처녀왕으로 불렸으며, 자신은 잉글랜드와 결혼했다고 공언했던 한 여인과 그녀가 통치했던 45년간을 빼놓을 수는 없을 것이다.

튜더 가의 마지막 군주

여왕은 에식스 백작이 처형된 지 3년 후인 1603년 3월 23일 눈을 감았다. 그녀의 후계자는 아이러니하게도 바로 그녀의 손에 처형된 메리 스튜어트의 아들이자 스코틀랜드의 군주인 제임스 6세였다.

여왕과 스캔들을 일으켰던 총신들 중 유일하게 살아 있던 월터 롤리 경은 제임스 6세에게 반역죄로 체포되어 13년 동안 런던탑에 갇혔다. 1617년 제임스 6세의 허락을 받고 석방된 그는 사재를 털어 기아나 원정에 나섰다가 스페인군과의 충돌로 외아들 와트를 잃은 채 귀국하였다. 제임스 6세는 스페인과 전투를 벌였다는 이유로 그를 처형했다.

04
메리 스튜어트
LOVER

Mary Stuart

첫 번째 도끼는 약간 빗나갔다. 뒷머리에 떨어진 도끼날이 만들어낸 둔탁한 소리 사이로 메리가 짧게 속삭였다.

"다정한 예수님."

두 번째 도끼질에 메리 스튜어트의 숨이 끊어졌고, 세 번째 도끼질에서야 비로소 목과 몸통이 절단되었다.

"이제 끝이군."

그녀의 마지막 간수이자 엄격한 청교도였던 에이미어스 폴릿 경은 저도 모르게 중얼거렸다. 한때 프랑스의 왕세자비이자 왕비였으며 스코틀랜드의 여왕이었던 늙은 여인은 수백 명의 참관인들이 지켜보는 가운데 죽음을 맞이했다. 단두대 아래로 떨어진 머리 위로 목에서 뿜어져 나온 피가 뿌려졌다. 모두들 한목소리로 메리의 처형을 원했지만, 막상 그녀의 죽음을 눈앞에서 보게 되자 얼음 같은 침묵만이 그들을 감쌌다. 사형 집행인이 잘려진 메리의 머리를 들어서 군중들에게 보여주려고 했지만 가발에서 벗겨진 머리가 바닥에 떨어지고 말았다. 공처럼 통통거리며 튄 머리는 바닥에 고인 피에 뒹굴었다.

하인들이 메리의 시신을 덮을 천을 들고 홀로 들어서는 광경을 본 에이미어스 폴릿은 또다시 중얼거렸다.

"마담, 이제 퇴장해야 할 시간입니다."

피바다 속에서 뒹구는 메리 스튜어트의 머리를 집어든 사형 집행인은 조수가 가져온 커다란 은쟁반에 머리를 올렸다. 아직 헐떡거리는 혈관에서 흘러나온 피가 은쟁반 위에 고였다. 침묵 속에서 누군가 신을 찾는 소리가 그에게 들려왔다.

에이미어스 폴릿 경은 꾸물거리는 하인들을 재촉하기 위해 검은 리넨 천이 덮여 있는 처형대로 올라갔다.

"어서 시신을 치우지 않고 뭐하고 있는 게냐?"

서슬 푸른 그의 호통에 하인들 중 한 명이 대답 대신 손으로 피처럼 붉은 메리의 페티코트를 가리켰다. 혹처럼 부풀어 오른 것이 꿈틀대는 것이 보였다. 폴릿 경은 두려움 때문에 심장이 멎는 것만 같았다. 잠시 후 그것의 정체가 주인의 넉넉한 페티코트 안에 숨어든 애완견 게든이라는 사실을 알고 나자 두려움은 불쾌감으로 번져갔다. 폴릿 경은 사납게 짖어대는 게든을 손가락으로 가리키며 말했다.

"데려가서 깨끗이 씻겨. 메리의 피는 한 방울이라도 남기면 안 된다."

하인들이 사자처럼 으르렁거리는 게든을 잡는 사이 한숨을 내쉰 폴릿 경은 동강난 그녀의 시신을 쳐다봤다. 그녀의 처형을 집행하라고 주장했던 사람들은 하루빨리 그녀가 사람들의 기억에서 사라지기를 혹은 나쁜 기억만 남기를 기대했다. 하지만 과연 그들의 뜻대로 메리는 사람들의 기억에서 사라질까? 그럴 것 같지 않다는 생각에 그는 고개를 가로저었다.

여왕으로 태어난 여인

　때로는 수십 년간의 삶보다 한순간의 섬광 같은 죽음이 더 오랫동안 기억되곤 한다. 프랑스의 왕비이자 스코틀랜드의 여왕, 잉글랜드의 왕위 계승자였던 메리 스튜어트의 인생은 실패로 얼룩졌다. 두 번째 남편인 단리 경의 죽음에 연루되었다는 추악한 소문에 휩싸였으며, 남편의 죽음과 관련이 있는 것으로 믿어지던 보스웰 백작과의 섣부른 세 번째 결혼으로 왕위에서 쫓겨나고 말았다. 감금된 곳에서 간신히 탈출해 지지자들을 규합했지만 전투에서 패배했다. 프랑스로 망명하라는 주위의 간곡한 충고를 저버린 그녀는 어리석게도 잉글랜드의 엘리자베스 1세의 손아귀에 제 발로 걸어 들어가고 말았다. 그녀는 여왕으로서, 왕비로서의 교양과 지식을 갖추었지만, 그 자리를 유지하는 데 필요한 능력은 부족했다. 섣부르고 잘못된 판단은 결국 그녀에게 파멸을 선사하고야 말았다. 그녀는 이복오빠 제임스와의 권력 투쟁에서 패배했으며, 유일한 혈육인 아들은 잉글랜드의 왕위와 어머니의 목숨을 맞바꿨다.

　희망들이 하나씩 사라지고 20년에 가까운 감금생활 끝에 마침내 참수대 위에 올라서고 나서야 그녀의 인생은 빛을 발했다. 흔들림 없는 굳건한 의지로 죽음을 맞이하고 나서야 비로소 찬사가 뒤따라왔다.

난폭한 구혼

때로는 그 자리가 그 사람을 규정짓고 이야기할 때가 종종 벌어진다. '그' 혹은 '그녀'이기 때문이 아니라 누구누구의 자식이고, 할아버지가 누구인지, 할머니 혈통이 어디와 연결되었는지 말이다. 메리 스튜어트만큼 찬란한 자리에 태어난 사람은 드물다. 스코틀랜드의 여왕이자 프랑스의 왕비였으며, 잉글랜드의 왕위를 주장할 수 있는 위치였으니까. 1503년 메리의 할아버지인 제임스 4세는 잉글랜드 왕 헨리 7세의 딸 마거릿과 결혼했다. 1513년 둘 사이에서 메리의 아버지 제임스 5세가 태어났다. 즉 메리 스튜어트는 잉글랜드 튜더 왕가 혈통이기도 했다.

하지만 1542년 12월 그녀의 탄생만큼은 을씨년스러웠다. 그 전해 두 아들을 잇달아 잃은 아버지 제임스 5세는 11월 24일 벌어진 솔웨이 모스 전투에서 잉글랜드군에게 참패한 이후 줄곧 앓아누워 있는 중이었다. 딸이 태어났다는 소식을 전해들은 제임스 5세는 고개를 벽 쪽으로 돌리며 이렇게 말했다고 전해진다.

"이제 우리 왕조도 끝이군. 여자로 시작한 왕조는 여자로 끝이 날 거야."

그것이 왕의 유언이었다. 메리는 태어난 지 6일 만에 아버지를 여의었다. 그리고 다음해인 1543년 9월 9일 스코틀랜드의 왕위에 오른다. 그리고 그녀의 첫 번째 시련이 닥쳐온다. 자신의 아들인 에드워드와 메리 스튜어트 간의 정략결혼을 통해 스코틀랜드를 합병할 속셈이었던 잉글랜드 헨리 8세의 군대가 쳐들어온 것이다. '난폭한 구혼'이라는 다소 여유로운 이름과는 달리 스코틀랜드가 입은 피해는 막대했다. 에든버러

제임스 5세

시는 완전히 파괴되었고, 많은 스코틀랜드인들이 잉글랜드군의 말발굽에 짓밟혔다. 안전한 스털링 성에서 네 명의 메리들(그녀와 이름이 같은 귀족 가문 출신의 말동무들)에게 둘러싸여 있던 어린 메리는 자신 때문에 무수히 많은 사람들이 죽음의 칼날 아래 쓰러져 가야만 했다는 사실을 알고 있었을까?

잉글랜드의 공격은 1547년 헨리 8세의 죽음으로도 그치지 않았다. 1547년 9월 10일 벌어진 핑키 클로 전투에서 스코틀랜드가 또 패배함으로써 잉글랜드의 기세는 더 거세졌다.

메리는 다시 운명의 저울에 올려졌다. 이번에는 프랑스였다. 잉글랜드의 침략을 저지할 동맹세력을 구하던 스코틀랜드는 결국 메리 스튜어트와 프랑스 왕위 계승권자인 프랑수아와의 약혼을 통해 구원을 얻으려고 했다. 단지 태어났기 때문에 잉글랜드의 난폭한 구혼을 받았던 다섯 살배기 여자 아이는 전란의 위기에 처한 조국을 구하기 위해 얼굴도 보지 못한 바다 건너의 네 살짜리 사내 아이와 결혼을 해야만 했다.

그녀의 첫 번째 남편 - 프랑수아 2세

●

1548년 8월 13일 메리 스튜어트는 잉글랜드 해군을 피해 멀리 북쪽으로 돌아야만 했던 험난한 항해 끝에 프랑스에 도착했다. 메리 스튜어트의 어머니였던 마리 드 기즈의 가문은 프랑스에서도 유력한 가문이었기 때문에 환대를 받을 수 있었다. 프랑스 궁정에서 왕세자비로 자리 잡은 메리 스튜어트는 그녀의 인생에서 가장 행복한 시기를 보냈다. 후일 그녀를 규정지을 수 있는 모든 것들, 이를테면 독실한 가톨릭 신앙, 화려한 궁정생활과 격식이 이때 완성되었다. 비슷한 시기 평생의 라이벌인 엘리자베스가 여전히 곤궁하고 어려운 상황이었던 것을 감안하면 더더욱 그러했다.

하지만 이 시기 왕족으로서 필요한 신앙과 교육을 갖춰나갔지만, 지배자로서 가장 중요한 덕목인 냉정함과 치밀함은 그녀의 교육 과목에서 빠져 있었다. 그리고 그러한 차이들이 결국 메리와 엘리자베스의 운명을 극적으로 갈라놓았다.

사그라지지 않을 것 같던 그녀의 행복은 1558년 4월 19일 루브르 궁전의 대연회장에서 벌어진 프랑수아와의 약혼식, 그리고 5일 후인 4월 24일 노트르담 대성당에서 벌어진 결혼식으로 절정에 달했다. 수많은 사람들의 축복 속에서 당당하게 프랑스 왕세자비가 된 메리에게는 불행의 조짐이라고는 한 움큼도 엿볼 수 없었다. 파리에서는 그 후 15일 동안 왕실의 결혼을 축하하는 행사가 이어졌다. 한 살 어린 남편 프랑수아가 나약했다는 점이나 왕비인 카트린 드 메디치와의 관계가 악화일로를 걷고 있다는 것쯤은 그야말로 사소한 일처럼 비춰졌다. 그리고 모든 것이 완벽하다고 생각한 순간, 균열이 찾아왔다. 단지 누군가의 딸이었고, 누군가의 외손녀였기 때문에 왕국의 왕세자비가 되었던 그녀는 그들의 죽음과 더불어 가지고 있던 것들을 하나씩 잃게 된다.

129

프랑수아 2세와 메리 스튜어트

첫 번째 죽음은 잉글랜드의 메리 1세였다. 아버지의 냉대와 모욕 속에서 살아가다가 이복동생 에드워드 6세의 죽음 이후에야 겨우 왕위에 오른 메리 1세는 스페인 펠리페 2세와의 결혼과 가톨릭으로의 회귀 정책 때문에 국민들의 신망을 잃었다. 후계자를 낳아야만 한다는 극심한 스트레스에 못 이긴 메리 1세는 1558년 11월 17일 숨을 거두었다. 그녀가 남긴 것이라고는 가톨릭과 프로테스탄트 간의 갈등, 그 와중에 발생한 300여 명의 순교자들, 그리고 블러드 메리라는 별명뿐이었다.

하지만 잉글랜드 여왕의 죽음은 프랑스 궁정에서 지내고 있던 메리 스튜어트에게도 날갯짓을 했다. 메리 1세의 죽음을 딛고 등극한 엘리자베스 1세의 다음 왕위 계승자가 다름 아닌 메리 스튜어트였기 때문이었다. 잉글랜드와 오랫동안 앙숙이었던 프랑스는 메리 스튜어트의 계승권을 내세워 엘리자베스 1세를 압박했다. 후일 메리 스튜어트의 죽음에 가장 치명적인 씨앗이 뿌려진 셈이었지만 그 당시에는 그 누구도 예측하지 못했다.

다음해인 1559년 6월 30일 메리 스튜어트의 시아버지이자 프랑스의 왕인 앙리 2세가 딸들의 결혼을 기념해 열린 마상 창시합 도중 사고를 당한다. 상대방 기사의 부러진 창이 투구를 뚫고 들어간 것이다. 9일간의 혼수상태 끝에 앙리 2세는 숨을 거두었다. 결혼한 지 1년 만에 닥친 일이었다. 메리 스튜어트는 남편인 프랑수아가 왕위에 오름에 따라 프랑스의 왕비가 되었지만, 이때부터 그녀의 행운이 시들어갔다. 원래부터 심약했던 프랑수아 2세는 시름시름 앓기 시작했고, 궁정 사람들은 왕의 죽음을 속삭였다.

마리 드 기즈

그러나 정작 죽음은 멀리 바다 건너에서 먼저 찾아왔다. 이번 죽음의 순서는 스코틀랜드에 남겨진 그녀의 어머니 마리 드 기즈였다. 1560년 6월 10일 프랑스의 도움으로 간신히 섭정의 자리를 지켜가던 마리는 프로테스탄트와 가톨릭 사이의 격화된 갈등 속에서 죽어갔다.

어머니의 죽음에 망연자실해하던 메리 스튜어트에게 결정타가 날아들었다. 병약하던 남편 프랑수아 2세가 심한 두통과 오한 속에서 12월 5일 숨을 거두었다. 왕위에 오른 지 16개월 만이었다. 메리 스튜어트는 불과 열일곱의 나이로, 어머니와 남편을 잃고 만 셈이다. 그리고 그것으로 그녀를 감싸주었던 행운은 끝이 났다.

남편인 프랑수아 2세의 장례가 끝나고 그녀에게는 여러 가지 선택의 길이 있었다. 스코틀랜드의 여왕이자 잉글랜드의 왕위 계승자인 그녀에게 군침을 흘리는 귀족이나 왕족은 많았다. 하지만 그녀는 고국으로 돌아가기로 결정했다. 왕의 미망인으로서 여생을 풍족하고 안락하게 지낼

　　　　　　　　　　　　　　　　　　　　메리 스튜어트

메리 스튜어트

수 있었음에도 불구하고 왜 그녀는 스코틀랜드로 돌아갔을까? 모험심
이 강한 성격과 통치자로서 자신의 지위를 자각했다는 해석이 주류를
이루고 있지만 과연 그랬을까?

그녀가 스코틀랜드로 돌아가기로 결심한 가장 큰 이유는 아마 '권력' 때문이었을 것이다. 프랑스의 왕세자비로, 그리고 짧은 순간이지만 프랑스의 왕비로서의 지위를 누렸던 그녀로서는 남편의 죽음 이후 시어머니인 카트린 드 메디치의 견제 속에서 차츰 권력이 사그라지는 걸 견디지 못했다. 후일 모두 적으로 돌아서긴 했지만 당시 스코틀랜드의 귀족들과 특히 실질적으로 국정을 주도했던 그녀의 이복오빠인 제임스도 그녀의 귀국을 환영했다. 무엇보다도 그녀를 통해 잉글랜드의 왕위를 주장할 수 있다는 사실에 매력을 느낀 것이다.

프랑스의 화려한 궁정생활을 뒤로 한 채 고국으로 돌아가는 배 안에서 그녀는 어떤 생각을 했을까? 갤리선의 노가 차가운 북해의 바다를 가르는 동안 메리 스튜어트는 틀림없이 스코틀랜드가 자신에게 줄 것들을 고대했을 것이다. 1561년 8월 19일 닷새간의 항해 끝에 그녀는 고국에 발을 디딜 수 있었다. 소문을 듣고 구름처럼 몰려온 군중들은 군주의 위엄으로 가득 찬 메리 스튜어트에게 빠져들었다. 그녀 역시 몰려든 백성들에게 친근하게 대해주었다. 통치자로서 짧게나마 행복을 누렸던 때가 바로 이 시기가 아니었을까.

스코틀랜드에서 그녀가 부닥친 가장 큰 벽은 바로 종교였다. 독실한 가톨릭 신자였던 그녀는 이미 국교로 지정될 정도로 세력을 넓힌 프로테스탄트들이 보기에는 위험천만한 인물이었다. 균형을 맞추려는 그녀의 관용정책 역시 이미 주도권을 장악한 입장에서 보기에는 불씨를 남기는 일이었다. 뒤집혀진 모래시계처럼 상황은 느리지만, 확실하게 악화되어 갔다.

그녀의 두 번째 남편 - 단리 경

그녀가 언제부터 재혼을 결심했는지는 정확하게 알려져 있지 않다. 하지만 왕국의 후계자를 낳기 위해서라도 결혼을 해야만 했고, 당사자를 고르는 문제가 곧 현안으로 떠올랐다. 거칠고 황량한 스코틀랜드였지만 잉글랜드의 북쪽이라는 지정학적 위치만으로도 눈길을 끌기에는 부족함이 없었다. 잉글랜드의 여왕 엘리자베스 1세는 자신의 애인이었던 레스터 백작 로버트 더들리를 결혼 상대로 추천하는 촌극을 벌였다. 자신을 눈곱만큼도 존중하지 않는 위험천만한 귀족들 사이에서 메리 스튜어트는 차츰 그들과 게임을 해나가기 위해 거칠어져 갔다.

이 시점부터 그녀의 현명함이나 고결함은 자취를 감추고 장고 끝에 악수를 두는 일이 거듭되었다. 확실한 파멸의 발자취는 그녀의 두 번째 결혼과 동시에 찾아왔다. 아니 그녀가 두 번째로 결혼하기로 결심한 순간부터 찾아왔다.

그녀의 두 번째 남편인 단리 경 헨리 스튜어트는 야심만만한 부모의 영향을 고스란히 이어받았다. 1565년 2월, 19세의 단리는 메리 스튜어트와 첫 대면을 가진다. 큰 키에 거칠고 우락부락한 스코틀랜드인들과 한눈에 비교가 될 만한 부드럽고 하얀 얼굴에는 천진난만함만이 담겨 있었다.

레스터 백작과의 결혼이 잉글랜드 왕위를 보장해주지 못한다는 사실이 겹쳐지면서 메리 스튜어트는 단리에게 급속하게 빠져들었다. 아직 어린 그녀는 순진무구해 보이는 단리의 얼굴 뒤에 숨겨진 탐욕과 이기심에 가득 찬 진심을 알아차리지 못했다. 사랑에 빠진 그녀는 단리와의 결혼이 가뜩이나 불안한 스코틀랜드의 국정에 기름을 끼얹을 것이라는 사실을 무시했다.

바로 몇 해 전 잉글랜드의 엘리자베스 1세 역시 신하들의 반대에도 불구하고 로버트 더들리를 측근으로 두고 스캔들을 일으켰다. 그녀가 사랑에 빠지고 결혼을 꿈꾸었다는 이야기가 전해지긴 했지만, 어린 시절부터 칼날 위에 서 있던 그녀는 아슬아슬한 줄타기를 거듭하면서도 파멸로 향하는 결정을 내리지는 않았다.

단리 경

반면 고난이라고는 눈곱만큼도 겪어 보지 못했던 메리 스튜어트는 자신의 결정이 내릴 파문에서 눈을 돌렸다.

측근들과 귀족들의 거듭된 반대에도 불구하고 메리 스튜어트는 1565년 7월 29일 홀리루드 궁에서 단리와 결혼식을 올린다. 파리 노트르담 대성당에서 프랑수아와 결혼식을 올린 지 7년 만의 일이었다. 7년 전의 결혼이 만백성의 축복과 기쁨 속에서 치러졌다면, 이번 결혼식은 불길함 속에서 시작해 적막 속에서 끝났다. 귀족들은 의회의 승인을 받지 않고 강행했다는 것 때문에 분개했고, 백성들은 여왕이 같은 가톨릭 교도인 잉글랜드인과 결혼했다는 사실에 분노했다. 두 사람의 결혼 직후 이복오빠 제임스 경이 가담한 귀족들의 반란이 일어나지만 곧 진압당한

　　　　　　　　　　　　　　　　　　　메리 스튜어트

메리와 그녀의 남편 단리 경

다. 반란을 일으킨 귀족들은 잉글랜드로 도망쳤고, 이 반란을 진압하는 과정에서 운명의 남자 보스웰이 두각을 나타냈다.

짧은 반란이 끝나고 평화가 찾아올 것이라는 메리의 믿음은 철부지 남편 때문에 산산조각 나고 말았다. 부모의 영향으로 오직 권력에 대해 지칠 줄 모르는 탐욕을 부린 단리 때문이었다. 여왕과 동등한 권리를 주장한 단리에게 멸시와 조롱 섞인 시선이 돌아왔다. 무능하고 충동적인 단리는 곧 여왕 및 주변 사람들과 갈등을 일으켰다. 아마 이때쯤은 여왕도 단리에 대한 애정이나 기대를 접었겠지만, 임신을 하는 바람에 일단 문제를 덮어두어야만 했다.

귀족들의 반란을 겪은 메리 스튜어트는 주변에 믿을만한 사람들을 채

메리와 리치오

위 넣었다. 주로 프랑스에서 올 때 함께 온 외국인 수행원들이었다. 프랑스의 궁정에서 자라난 그녀로서는 거칠고 음모에 익숙한 귀족들보다는 격식을 차릴 줄 아는 측근들이 더 편했을 것이다. 곧 권력에서 밀려난다고 느끼는 귀족들의 불만이 쌓였다. 그들이 가장 미워한 메리의 측근은 이탈리아 출신의 음악가 데이비드 리치오였다. 작은 키에 볼품없는 외모를 지닌 리치오는 메리의 신임을 얻어 비서가 되었다. 귀족들의 음모는 메리의 가장 치명적인 약점을 들쑤셨다.

단리가 귀족들의 음모에 가담했던 이유는 불분명하다. 음모자들 중하나가 단리에게 메리가 잉태한 아이의 아버지가 리치오라고 속삭였기 때문일 수도 있고, 여왕에게 결연한 의지를 보여줘서 자신의 권리를 찾아야만 한다고 부추겼을 수도 있다. 어찌 되었건 단리는 아내를 향한 음모에 가담했다.

1566년 3월 9일 토요일 저녁 홀리루드 궁에서 측근들과 저녁 만찬을 즐기던 메리 스튜어트 앞에 단리가 불쑥 나타났다. 뜻밖의 방문자에 놀란 메리가 어리둥절해하는 사이 피스톨과 단검으로 무장한 귀족들이 우르르 들어왔다. 목표가 된 리치오는 여왕의 치마에 매달렸으나 결국 밖으로 끌려 나갔다. 1500년 전 로마의 카이사르처럼 온몸에 단검이 찔린 리치오는 처절한 비명을 지르며 죽어갔다.

바로 옆 방에서 방금 전까지 함께 웃고 떠들던 측근이 죽어가는 동안 여왕은 부들부들 떨었다. 온몸이 피범벅이 된 귀족들은 승리감에 도취한 채 물러났다. 여왕은 사실상 그들의 포로가 된 것이었다. 위기의 순간 속에서 여왕은 훗날의 우유부단함의 그림자를 찾을 수 없을 만큼 결단력 있게 위기를 돌파했다. 음모자들이 여왕과 단리 사이를 파고든 것처럼 여왕 역시 음모자들과 단리 사이의 틈새를 노렸다.

여왕의 설득과 회유에 넘어간 단리는 다시 배신을 했다. 소수의 측근들과 함께 홀리루드 궁을 빠져나온 여왕은 쉬지 않고 말을 달려 던바 성으로 피신하는 데 성공했다. 그리고 지지자들을 규합해서 에든버러 성으로 진격했다. 리치오의 살인에 가담했던 귀족들은 잉글랜드로 도망쳤고, 여왕은 승리했다. 아니 승리했다고 믿었다. 원래 있어야 할 곳으로 병사들의 호위를 받으며 돌아온 게 승리였을까? 실질적으로 아무도 처벌하지 못했고, 단리와의 관계도 제대로 정리하지 못했다. 진짜 문제는 이제 귀족들과의 갈등을 해결하는 수단으로 살인과 전쟁을 택했다는 것이다. 숨 가쁘게 달려온 여정은 여왕의 출산으로 잠시 휴식을 갖게 된다. 1566년 6월 19일 메리 스튜어트는 아들을 낳는다. 24년 전 그녀의 어머니가 그녀를 낳은 것처럼.

아들 제임스를 낳으면서 잠시 소강상태를 겪은 메리와 단리의 관계는 곧 어그러졌다. 단리의 태도가 변하지 않는 것이 가장 큰 원인이었겠지만, 아마 이때쯤 여왕도 둘의 관계를 정리하기로 결심을 하지 않았을까? 이혼이 가장 좋은 방법이겠지만

메리와 그녀의 아들 제임스 6세

자칫하다가는 아들의 법적 지위에 문제가 생길 수도 있었다.

다음부터 벌어질 일들은 너무나 복잡 미묘하다. 결과와 파장은 뚜렷하지만 '왜' 라는 부분에 대해서는 해답을 찾기가 어렵다. 물론 결과가 어마어마해서 왜 그런 일이 벌어졌는지 덮어버렸을지도 모르지만. 최종 해결책은 둘 사이에서 아들이 태어난 지 반년 만에 결행되었다.

1567년 2월 10일 새벽 에든버러 시민들은 어마어마한 폭음에 놀라 잠을 깼다. 폭음이 들린 곳은 시 외곽에 있는 커크오필드라는 저택이었다. 부서진 돌조각들이 가득한 정원에서 시신이 발견되었지만 사인은 교살이었다. 그리고 죽은 사람은 메리 스튜어트의 남편인 올버니 공작 단리였다.

살인이나 암살이 빈번했던 스코틀랜드였지만, 죽은 사람의 지위나 살해방법으로 보아 그냥 넘어갈 만한 수준이 아니었다. 더군다나 이번 살인의 배후로 지목된 건 다름 아닌 메리 스튜어트였다. 그녀의 순수함과 선함을 믿는 학자들은 그녀가 아예 살해시도 자체를 몰랐다고 주장한다. 단리가 자신들을 배신한 것에 분노한 귀족들과 여왕과 결혼할 것을

   메리 스튜어트

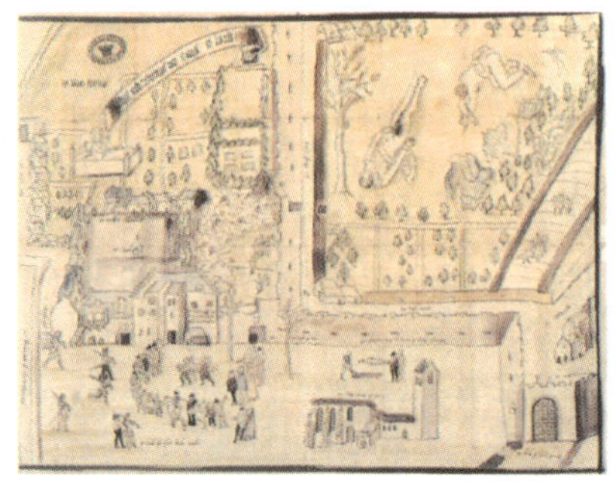

커크오필드

꿈꾸던 보스웰 백작이 손을 잡고 그를 제거했을 뿐이라고 말한다. 하지만 여왕은 과연 남편의 살해음모를 전혀 몰랐을까? 홀리루드 궁을 빠져나올 당시 말을 타고 달리는 와중에 고통을 느낀 메리가 천천히 가자고 했을 때 단리는 다음처럼 냉담하게 말했다고 한다.

"아이는 또 낳으면 되니까 상관없어."

어쩌면 이 순간 단리의 운명이 결정되지 않았을까? 어머니로서 이보다 더한 모욕은 없을 테니까.

단리가 머물던 커크오필드는 시 외곽에 떨어진 곳이었다. 한마디로 화약을 폭파해서 누군가를 제거하기에는 안성맞춤인 장소였다. 그녀의 지지자들은 메리가 단리와 화해하기 위해 노력했다고 주장하지만, 단리를 안심시킬 눈속임일 가능성도 전혀 배제할 수 없다. 어쨌든 단리는 저택 전체를 날려버리고도 남을 만한 화약이 쌓여 있는 커크오필드에 시종과 함께 남겨졌다.

폭파사건이 벌어진 후 그녀가 보인 반응 역시 혐의를 둘 수밖에 없게 만든다. 살인범을 찾아서 처벌하라는 빗발치는 요구를 무시한 채 침묵으로 일관한 것이다. 측근들이 가담했다는 사실을 알고 당혹스러워서 입을 다물었던 것일까? 아니면 자신도 가담했기 때문에 파장이 가라앉기만을 기다렸던 것일까? 어쨌든 수수방관하는 모습을 보이는 사이 상황은 눈에 띄게 악화되어 갔다.

에든버러 시에는 그녀와 단리의 살인범으로 의심받는 보스웰 간의 관계를 규탄하는 벽보가 붙었다. 엘리자베스 1세를 비롯한 외국의 군주들도 살인범을 찾아서 처벌하라는 친서를 보냈지만, 여왕은 요지부동이었다. 그러는 사이 형식적으로 열린 재판에서는 보스웰 백작에게 무죄를 선고했다. 재빠르게 이혼한 보스웰은 귀족들에게 자신과 메리 스튜어트의 결혼만이 스코틀랜드의 안정을 가져다줄 것이라고 문서에 서명을 받았다. 이른바 '에인슬리 동맹'이 맺어진 것이었지만, 차라리 동상이몽의 집합이라고 부르는 편이 더 나았다.

그녀의 세 번째 남편 - 보스웰 백작

●

4월 24일 스털링 성에서 양육되고 있는 아들 제임스를 만나고 돌아가던 메리와 수행원들 앞에 보스웰 백작과 부하들이 나타났다. 잠깐 동안의 형식적인 실랑이 끝에 보스웰은 메리 스튜어트 여왕을 납치했다. 물론 유혈사태를 피한다는 명목으로 순순히 따라간, 어쩐지 미리 짜고 친 고스톱 같은 맥 빠진 소동이었다.

미리 짰다고 보지 않고서는 이후 벌어진 일들을 설명하기 힘들다. 일국의 통치자를 피 한 방울 흘리지 않고 성공적으로 납치한 보스웰이 여왕의 측근 중의 측근이자 두 번째 남편 단리의 살해에 연루되었다는 혐의를 받고 있다는 점 또한 일을 복잡하게 만들었다. 자신의 영지인 던바 성으로 여왕을 납치한 보스웰은 그날 밤 여왕을 겁탈했다고 알려진다.

보스웰

여왕이 진정 납치소동의 전모를 몰랐을까? 아니면 보스웰과의 결혼만이 혼란에 빠진 조국을 구할 유일한 방법이라고 믿었던 것일까? 그녀가 납치를 몰랐다고 하기에는 그 후에 벌어진 일들이 너무나 일사천리였다. 메리 스튜어트는 일종의 무기력증에 빠져서 자포자기했을지도 모른다. 5월 15일 홀리루드 궁에서 그녀는 세 번째 남편 보스웰과 결혼식을 올렸다. 단리의 죽음에 대한 의혹이 채 가시기도 전에 서둘러 올린 세 번째 결혼은 그녀의 발밑에 큼지막한 균열을 만들었다.

균열에서 들려온 첫 번째 파열음은 종교였다. 보스웰은 독실한 프로테스탄트였고, 결혼식 역시 프로테스탄트 의식으로 치러졌다. 가톨릭을 저버린 그녀의 행동은 지지자들에게조차 외면을 받았다. 보스웰은 단리와는 정반대로 거칠고 의심이 많았지만 권력에 대한 탐욕만큼은 똑같았다. 새로운 남편이 된 보스웰의 야심이 균열에서 들려온 두 번째 파열음이었다. 결혼을 통해 안정되리라고 믿었던 상황은 정반대로 악화일로를 치달았다.

결혼식을 올린 지 한 달도 안 되서 두 사람은 귀족들에게 대항할 병사들을 모으기 위해 에든버러 성을 빠져나와야만 했다. 하지만 이제 백성들에게 신비감을 주던 여왕 메리는 없었다. 오직 남편을 살해하고 정욕에 눈이 어두워진 불결한 창녀 메리만이 남았다.

6월 15일 보스웰의 아이를 임신한 메리는 카버리힐에서 반란군과 마주쳤다. 양쪽 병사들 모두 주군을 위해 목숨을 걸고 싸울 각오가 되어 있지 않았다. 몇 차례의 형식적인 결투 신청과 지루한 대치 끝에 메리는 보스웰의 안전을 보장하는 조건으로 반란군에게 항복했다. 균열에서 들려온 세 번째 파열음은 다름 아닌 그녀의 나약함이었다. 단리와의 결혼 직후 일어난 귀족들의 반란을 진압했을 때 보여줬던 용기와 결단력을 잃어버린 여왕은 치욕스러운 대가를 치러야만 했다.

반란군에게 포로로 잡힌 여왕은 에든버러로 돌아왔다. 길가에서 그녀를 기다리던 군중들은 침을 뱉고, 모욕을 주었다. 여왕은 크나큰 충격을 받았지만 빌미를 제공한 건 다름 아닌 여왕의 어리석은 행동이었다. 남편이 의문의 죽음을 당한 지 석 달밖에 안 지난 상태에서 남편의 살해범으로 의심되는 사람과 결혼을 했다는 사실은 그녀의 죄를 명백하게 만들었다.

반란군들은 그녀를 로크리븐 성으로 보내기로 결정했다. 호수 한복판에 있는 성에 유폐된 메리 스튜어트는 귀족들의 협박에 못 이겨 왕위에서 물러났다. 그녀가 포기한 왕위는 태어난 지 일 년 남짓 지난 아들 제임스에게 돌아갔고, 실질적인 권력은 그녀의 이복오빠인 제임스 경에게 돌아갔다. 그리고 일련의 소동 속에서 그녀는 보스웰의 아이인 쌍둥이를 유산했다. 이제 그녀에게는 절망만이 남았다.

하지만 바로 그 순간 절체절명의 위기 속에서 또다시 그녀의 매력이 빛을 발했다. 감시자들 중 한 명이었던 조지 더글라스는 메리의 이복오빠인 제임스 경의 배다른 형제였다. 그가 여왕을 탈출시킨 후 결혼하겠다는 망상을 스스로 가지게 된 것인지 아니면 메리가 그렇게 만들었는

                                                          메리 스튜어트

제임스 경

지 알 수 없지만 몇 번의 탈출 시도 끝에 그녀는 1568년 5월 2일 결국 로크리븐 성을 탈출한다. 여왕은 예전의 열정과 과감성을 되찾은 것처럼 보였다. 그녀의 이복오빠이자 스코틀랜드의 섭정인 제임스 경에 반대하는 귀족들이 속속 그녀의 깃발 아래 모여들었다. 5월 13일 랭사이드에서 그녀와 그녀의 이복오빠 간의 전투가 벌어진다. 수적으로는 그녀의 군대가 우세했지만 패배하고 말았다. 이제 그녀는 다시 도망자 신세가 된 것이다.

오늘날까지 최대의 수수께끼는 랭사이드 전투에서 패배한 후에 왜 메리가 프랑스가 아닌 잉글랜드를 최종 목적지로 선택했냐는 것이다. 그녀의 측근들은 프랑스로 가거나 가톨릭세력이 남아 있는 스코틀랜드 남부에서 재기의 기회를 노리라고 충고했다. 하지만 메리 스튜어트는 주변의 충고를 무시하고 잉글랜드로 향했다. 엘리자베스와 다정한 편지를 주고받았던 것을 믿은 것일까? 아니면 그녀가 위기에 처할 때마다 엘리자베스가 도와주었던 것을 기억했기 때문일까?

어쨌든 메리 스튜어트는 5월 16일 작고 낡은 배를 타고 솔웨이 만을 출발했다. 몇 시간 후 그녀를 태운 배는 잉글랜드의 작은 어촌마을 워킹턴에 도달했다. 멀어지는 스코틀랜드의 해변을 바라다보면서 그녀는 어떤 생각을 했을까? 분명 낙관적인 시선으로 바라봤을 것이다. 곧 운명

의 키가 다시 자신을 스코틀랜드로 돌아가게 만들 것이라고. 그리고 그
기간은 그리 오래 걸리지 않을 것이라고 믿었을 것이다.

만약 메리가 프랑스로 갔다면 궁정의 손님으로 부족함 없이 지낼 수
있었을 것이다. 하지만 군주로서, 권력을 맛본 그녀로서는 편안함과 안
전을 대가로 권력을 포기하고 싶은 마음이 절대로 없었다. 메리 스튜어
트는 분명 엘리자베스 여왕을 설득할 수 있으리라고 믿었다. 사실 그녀
는 절체절명의 순간마다 특유의 매력으로 적들을 굴복시키거나 동지로
만들었다. 이번에도 그렇게 할 수 있을 것이라고 믿었다. 하지만 불운하
게도 상대방은 엘리자베스였다. 그녀의 여정 중에서 가장 길고 고난에
찬 여정을 걷게 만든 이는 엘리자베스였고, 그 길로 걸어간 것은 다름
아닌 그녀 자신이었다.

잉글랜드에 도착한 메리 스튜어트는 곧 엘리자베스 1세에게 자신의
곤궁함을 설명하는 장문의 편지를 보낸다. 그리고 그녀의 곤란함은 곧
전염병처럼 엘리자베스 여왕에게도 번졌다. 그러나 메리를 받아들임으
로써 잉글랜드가 겪게 될 혼란이 부채처럼 펼쳐지자, 엘리자베스는 곧
그 혼란을 접기로 했다.

사실 엘리자베스가 그녀에게 호의를 보인 것은 단 하나, 같은 군주로
서의 유대감과 보호본능 때문이었다. 엘리자베스가 메리와 달랐던 결정
적인 점은 모든 것의 우선순위에 군주로서의 권위를 두고 지위를 흔들
림 없이 지키겠다는 것이었다. 더군다나 엘리자베스의 주변에는 메리의
이복오빠인 제임스 경과 손을 잡은 측근들이 많았다. 주변의 결사적인
반대를 핑계 삼기는 했지만 엘리자베스의 본심 역시 크게 다르지는 않
았을 것이다.

메리 스튜어트

모든 것이 정말로 잘 풀릴 것이라는 기대감에 젖어 있던 메리 스튜어트 앞에 나타난 것은 프랜시스 놀리스 경과 무장한 병사들이었다. 솥에 들어간 문어가 자기도 모르는 사이에 조금씩 뜨거워진 물에 갇히는 것처럼 메리 스튜어트는 감금되었다.

메리 스튜어트는 신하들에게 쫓겨났다. 전투에서 패배하고, 남편의 살해범에게 몸을 더럽혔다는 모욕을 뒤집어썼다. 마지막 희망을 품고 찾아온 곳에서 그야말로 감금당하는 신세가 되고 말았다. 하지만 그녀는 여왕이었고, 독실한 가톨릭 신자였으며, 잉글랜드의 왕위를 주장할 수 있는 위치에 있었다. 탄압받던 잉글랜드의 가톨릭 신도들에게 희망을 주기에는 충분했다. 엘리자베스 여왕은 그녀를 가둘 방어망을 쳤다.

엘리자베스 감독이 큐사인을 내리자마자 신하들과 스코틀랜드라는 주연배우들이 명연기를 펼쳤다. 엘리자베스는 신하들의 등쌀에 못 견디겠다는 투로 단리의 살해에 연루되지 않았다는 사실을 입증하지 않는 이상 만날 수 없다는 편지를 보냈다. 곧 이어 그해 10월 일명 ‘보석함 편지’들이 공개되었다. 메리 스튜어트와 보스웰 백작이 주고받았다고 알려진 편지들은 오늘날까지 그 진위여부가 논란이 되고 있다.

그 당시 연기를 펼쳤던 감독과 배우들에게 중요했던 것은 보석함에서 나온 편지들이 진짜였는지 혹은 가짜였는지의 여부가 아니었다. 신성불가침의 왕권을 가진 군주를 간통과 불륜에 찌든 여염집 아낙으로 만든 것이다. 이제 재판을 받아야만 하는 비참한 신세가 된 메리는 분노와 비탄, 그리고 자신을 감금한 모든 것들을 저주하며 새로운 감옥인 터트베리 성으로 향했다. 기나긴 마지막 여정의 시작이었다.

유폐생활이라고는 하지만 그녀는 나름 풍족한 생활을 즐길 수 있었

다. 시종들의 시중을 받으며 우
아하게 식사를 했고, 따로 마련
된 알현실에는 옥좌도 만들어졌
다. 그녀를 감시하는 역할을 맡
은 귀족 역시 그녀에게는 깍듯하
게 예를 취해야만 했다. 만약 이
때 그녀가 더 이상 왕위에 욕심
을 내지 않겠다고 선언을 했다면
평생을 그렇게 살 수도 있었다.
아니 어쩌면 1603년 엘리자베스
1세가 죽은 후 자유롭게 풀려날
수도 있었다. 하지만 갇혀 있거

노퍽 공작

나 위기에 처한 동안만큼은 사자 같은 용기를 발휘하는 메리는 평온함
으로 갈 수 있는 길을 단호하게 거절했다.

잉글랜드로 넘어온 지 1년 만에 그녀의 신변에 변화를 줄 만한 첫 번
째 사건이 벌어졌다. 그녀의 재판에서 엘리자베스의 대리인으로 참석하
던 노퍽 공작이 그녀와 결혼할 결심을 한 것이었다. 튜더 왕가에 버금가
는 세력을 가지고 있던 노퍽 공작은 메리 스튜어트와 결혼함으로써 잉
글랜드와 스코틀랜드의 왕관을 모두 차지할 수 있을 것이라고 믿었다.
두 사람의 결혼이 가져올 파급효과는 어마어마했다. 엘리자베스 여왕의
총신이었던 로버트 더들리조차 가담했을 정도였으니까.

뒤늦게 그 일을 알아차린 엘리자베스의 진노가 어느 정도였을지 예상
하기 어렵지 않다. 사태가 엉망이 되자, 노퍽 공작을 비롯한 북부의 가

147

포로 시절의 메리

톨릭세력들은 반란을 일으켰지만 찻잔 속의 태풍에 불과했다. 반란군의 패배와 더불어 화려했던 메리의 꿈도 스러져갔다. 런던탑에 감금된 노퍽 공작은 1572년 1월 '리돌피 음모'에 휘말려 처형당하고 만다. 그 다음해 스코틀랜드에서 다시 내전이 발생하지만 그녀의 지지자들이 장악하고 있던 에든버러 성은 잉글랜드의 지원을 받은 반대파에게 함락당했다. 그녀의 자유를 위해 움직인 사람들은 하나둘씩 죽거나 감옥에 갇혔지만 그녀는 여전히 포기하지 않았다.

　시간이 지나면서 양쪽은 가면을 벗어던졌다. 친근한 안부편지와 그리움을 담은 안부인사는 차츰 짜증과 오만, 그리고 독설로 변했다. 엘리자베스는 '보석함 편지'들을 이용해서 메리의 이복오빠인 제임스 경에게 면죄부를 내렸다. 메리 스튜어트는 자신을 둘러싼 재판 자체를 인정하지 않았다. 이제 갇힌 자와 가둔 자의 본격적인 대결이 시작된 것이었다. 언뜻 보면 일순간에 소멸할 것 같은 말도 안 되는 게임이었지만, 모두의 예상과는 달리 이제 겨우 시작에 불과했다.

메리 스튜어트는 그녀의 인생에서 가장 길고도 어두운 세월을 보내게 되었다. 44년의 인생 중 20년 가까이 감시를 받으며 유폐된 것이었다. 언제 풀려날 것이라는 희망도 없이. 하지만 역설적이게도 그 이전 실수와 오판투성이의 인생은 그 세월 동안 씻겨나갔다. 그녀에게 신앙을 위한 순교자이자 억울한 누명을 쓴 희생자라는 베일이 씌워진 것이었다. 그 후로도 메리 스튜어트의 자유를 위한 여러 가지 일들이 진행되었고, 번번이 실패로 돌아갔다. 그때마다 메리의 감금처는 점점 더 깊고 어두운 곳으로 바뀌었다.

엘리자베스 여왕은 의회와 측근들에게 메리를 사형시키라는 압력을 받으면서도 내내 고심해야만 했다. 물론 메리에 대한 연민 때문은 아니었다. 스코틀랜드의 여왕이었던 인물을 처형시키고 나서 겪어야 할 비난과 정치적인 부담감 때문이었다. 기나긴 세월 동안 메리가 붙들었던 또 하나의 희망은 스코틀랜드에 남아 있는 아들 제임스 6세였다.

그러는 사이 네덜란드 문제와 사략선 문제를 둘러싸고 잉글랜드와 스페인 사이가 악화되어 갔다. 잉글랜드로서는 코앞의 네덜란드가 스페인에게 완전히 굴복하는 상황을 지켜볼 수가 없었고, 스페인은 신대륙에서부터 오는 금과 은을 탈취하는 잉글랜드 해적선으로 인해 골머리를

　　　　　　　　　　　　　　　　　　메리 스튜어트

제임스 6세

않았다. 프로테스탄트와 가톨릭이라는 종교적인 문제까지 겹치자 이제 전쟁이 눈앞에 다가오게 되었다. 강대국 스페인을 상대하게 된 잉글랜드에서는 우환이라고 할 수 있는 메리 스튜어트 문제를 해결해야만 한다는 강박관념이 싹텄다. 이제 종말을 향한 마지막 질주가 시작된 것이다.

15년 동안 그녀를 감시한 온화한 슈르즈버리 백작 대신 엄격하고 완고한 에이미어스 폴릿 경이 그녀를 맞이했다. 그녀를 적대시한 에이미어스 폴릿 경은 그때까지 누려왔던 메리의 자유들을 하나둘씩 박탈했다. 바깥을 드나들며 심부름꾼 역할을 하던 하인들의 출입도 철저하게 감시당하자 외부와의 연락마저 끊기고 말았다. 엎친 데 덮친 격으로 유일하게 믿었던 아들인 제임스 6세가 엘리자베스 여왕과 협상을 맺었다는 소식이 전해졌다.

엄중해진 감시망 속에서 아들의 배신을 전해 들은 메리 스튜어트는 포기했을까? 천만에 말씀. 권력의 정점, 권력의 달콤함, 권력의 힘을 조금이나마 맛본 사람이라면 목숨이 다할 때까지 그것을 갈망하게 된다. 그녀는 권력을 향한 본능이 이끄는 대로 행동했다. 마지막 남은 패, 자신의 목숨을 걸고 말이다.

그녀의 마지막 도박 – 모략과 죽음

에이미어스 폴릿의 엄격한 감시에 불만을 느낀 것은 메리 스튜어트뿐이 아니었다. 엘리자베스 여왕의 측근인 월싱엄은 그녀에 대한 거미줄 같은 감시망이 음모를 적발하는 것을 어렵게 한다고 생각했다. 월싱엄은 감시망에 아주 작은 구멍을 뚫었다.

아무것도 모르는 메리는 철통 같은 감시망을 뚫고 들어온 외부의 편지를 받고는 눈물이 날 정도로 기뻐했다. 외부의 지지자들이 사라진 상태에서 그녀는 스스로 음모를 꾸미고 탈출 계획을 짰다. 성사될 가능성을 믿었을까? 아마 본인도 반신반의했을 것이다. 하지만 그렇게 하지 않으면 끝이 보이지 않는 유폐생활을 견디지 못했을 것이다. 아니면 스스로 이 기나긴 게임을 끝낼 작정이었을지도 모르겠다.

월싱엄이 고용한 이중첩자의 손을 거친 편지들이 맥주통 속에 담겨 그녀가 머물고 있는 채틀리 성 안으로 옮겨졌다. 메리의 편지 역시 같은 방법으로 성 밖으로 나갔다. 물론 월싱엄의 부하들 손을 거치긴 했지만.

오늘날에도 월싱엄이 앤서니 배빙턴과 동료들의 메리 스튜어트 구출 작전에 얼마나 관여했는지, 그리고 엘리자베스 여왕은 그 사실을 처음부터 알고 있었는지에 대해서는 명확한 결론이 나지 않고 있다. 젊은 가톨릭 교도인 배빙턴과 그의 동료들은 위험천만한 암살자라기보다는 순수한 열정을 지닌 청년들이었다. 종교적인 열정과 불운에 빠진 여인에 대한 연민이 배빙턴을 음모의 한복판으로 끌어들였다.

월싱엄의 지시를 받은 이중첩자의 부추김에 용기를 얻은 배빙턴은

월싱엄

1586년 7월 자신의 계획을 메리 스튜어트에게 털어놓았다. 예전이었다면 충분히 심사숙고하고 조심했겠지만, 다급함이 그녀의 조심스러움을 무시하게 만들었다. 메리는 곧 배빙턴에게 승낙의 편지를 보냈고, 그 편지는 배빙턴에게 가기 전 월싱엄과 엘리자베스 여왕의 손에 들어갔다. 드디어 20년에 걸친 두 여왕 간의 게임이 막을 내린 것이다.

배빙턴과 공모자들이 처형당한 후 열린 메리 스튜어트의 재판은 짜고 치는 고스톱처럼 벌어졌다. 타짜들은 서로 패를 보여줬고, 외톨이가 된 메리 스튜어트는 판 자체가 무효라면서 제대로 된 패를 내놓지 않았다. 1586년 9월 25일 메리 스튜어트와 그녀를 감시하는 에이미어스 폴릿 경은 마지막 종착지인 포더링헤이 성에 도착했다. 엄중한 감시에 놓인 그녀는 기나긴 게임이 끝나간다는 사실에 안도감을 느꼈을까? 아니면 자신이 이기지 못했다는 사실에 안타까움을 느꼈을까?

미리 결과가 정해진 재판은 이전과는 달린 신속하게 끝났다. 마지못해 사형 집행장에 서명을 했다는 엘리자베스의 짧은 연극을 끝으로 모든 게임은 끝이 났다. 불길한 침묵 속에서 사형 집행을 위한 준비들이 갖춰졌고, 메리 스튜어트는 게임에 패배한 대가로 거룩한 순교자이자 불쌍한 희생자라는 화장을 할 수 있었다.

1587년 2월 9일 오전, 전날 사형 집행을 통보받은 메리 스튜어트는 사형을 참관하기 위해 몰려든 귀족들이 기다리고 있던 그레이트 홀로 향했다. 순교하겠다는 결심으로 가득 차 있던 그녀나 군주의 처형이라는 전대미문의 사건을 보기 위해 달려온 귀족들 모두 눈치 채지는 못했지만 오늘날까지 이어져 온 광대한 드라마의 시작이었다. 처형은 그녀의 목숨뿐만 아니라 그녀의 과오와 실수들도 한꺼번에 잘라냈다. 통치에 실패한 군주, 실수에 실수를 거듭해서 스스로 파멸을 초래한 여인은 죽음과 함께 희석되었다.

1587년 2월 9일 포더링헤이 성 그레이트 홀.

성 밖 벌판에 지펴진 장작불들은 새벽의 습기를 탐욕스럽게 빨아들이며 타올랐다. 어서 빨리 처형하라는 외침 사이로 조용히 성호를 긋는 손짓이 보였다. 3천 명이 넘는 백성들의 시선은 웅장한 성벽을 넘지 못했지만 그들의 외침만큼은 성벽을 넘어 뜰을 가로질러 그레이트 홀에 도달하였다.

처형을 참관하기 위해 홀에 모여들어 웅성거리던 귀족들은 문이 열리고 메리 스튜어트가 모습을 드러내자 약속이나 한 듯 입을 다물었다. 침묵만이 흐르는 가운데 메리 스튜어트는 에이미어스 폴릿의 부하들에게 부축을 받으며 천천히 홀을 가로질러 처형대로 향했다. 검은 리넨 천으로 덮여진 처형대에서 복면을 쓴 사형 집행인과 조수가 그녀를 기다렸다. 처형대 앞에서 오래전 그녀를 위해 일했던 제임스 멜빌 경을 발견한 메리가 걸음을 멈추고 아들에게 전해줄 말을 건네는 사이 간신히 입장이 허락된 그녀의 시종들과 의사가 홀로 들어섰다.

　　　　　　　　　　　　　　　메리 스튜어트

처형대로 올라가는 낮은 계단을 오른 메리 스튜어트는 위엄 있는 표정으로 단 주위에 몰려든 귀족들을 쳐다보았다. 미늘창을 든 병사들이 단두대를 빈틈없이 둘러싸고 있었음에도 그녀의 서릿발 같은 눈빛에 억눌린 귀족들은 하나같이 고개를 돌렸다. 의자에 앉은 그녀에게 사형 집행장이 낭독되었다. 낭독이 끝나자 메리는 짧게 대답했다.

"어서 당신들의 임무를 다하시오."

피터버러의 주임사제 플레처 박사가 처형대 위로 올라와 설교를 시작했고, 메리 스튜어트는 그에게 대항해 자신만의 기도를 올렸다. 짧고 우스꽝스럽지만 더없이 상징적인 퍼포먼스가 끝나고 메리 스튜어트는 시종들의 도움을 받아 드레스를 벗었다. 가톨릭의 순교를 상징하는 붉은색 페티코트만 남겨놓은 여왕은 관례에 따라 무릎을 꿇고 용서를 비는 사행 집행인에게 부드럽게 말했다.

"진심으로 당신을 용서합니다. 어서 내 고통을 끝내주세요."

죽음을 통한 평화

참수당한 메리 스튜어트의 시신은 그 후 반년 동안 포더링헤이 성에 방치되었다가 그해 7월 30일 피터버러 대성당 본당에 안치되었다. 16년 후인 1612년 10월 8일 그녀의 시신은 웨스트민스터 대성당에 여왕으로서 당당하게 다시 묻혔다. 바로 옆에는 그녀를 처형시킨 엘리자베스 1세가 누워 있었다. 두 사람은 죽어서야 비로소 다정해진 것이다.

스코틀랜드에 있던 그녀의 아들 제임스 6세는 2월 14일에서야 어머니의 죽음을 전해 들었다. 소식을 전해들은 제임스 6세의 반응은 다양했지만 때늦은 슬픔이었고, 거짓된 반응들이었다. 만약 그가 어머니를 진정으로 살리고 싶었다면 어머니가 죽는 순간 자신의 군대가 잉글랜드 국경을 넘어갈 것이라는 말 한마디였으면 충분했으니까. 제임스 6세 역시 군주의 본능에 충실했다. 엘리자베스 1세의 사후 돌아올 잉글랜드 왕관이 어머니의 죽음을 묵인하게 만든 것이다.

그녀와 20년 동안이나 지치지 않는 게임을 벌여온 엘리자베스 1세는 메리 스튜어트가 처형을 당한 지 16년 후인 1603년 3월 24일 눈을 감았다.

05
예카테리나 대제
LOVER
Yekaterina II

곧게 뻗은 길 끝에 카잔 대성당이 보였다. 양파 모양의 황금색 돔 위로 창백한 태양빛이 넘실거렸다.

"황후마마, 성당 앞에 대주교가 나와 있어요."

두 사람이 겨우 탈 수 있는 작고 초라한 마차에 함께 탄 다쉬코바가 흥분해서 떠들었다.

"침착해. 아직 끝난 게 아니야."

핀란드 만에 있는 여름 궁전에서 나올 때 입었던 후드가 달린 검은색 가운차림의 예카테리나가 짧게 중얼거렸다. 전날 밤 연인 그레고리 오를로프의 동생 알렉세이 오를로프가 끔찍한 소식을 가져왔다. 그레고리의 절친한 친구인 파세크 대위가 체포됐다는 것이다. 그 소식을 듣는 순간 예카테리나의 가슴은 유리창처럼 와장창 깨져나갔다. 다음에 진행될 일은 불 보듯 뻔했다. 파세크 대위를 고문해서 원하는 답을 얻어낼 것이다. 그녀와 그녀의 친구들이 반역죄의 혐의를 쓰고 체포당하는 일만 남았다.

"우리가 먼저 움직여야 합니다."

함께 있던 그레고리 오를로프의 말에 예카테리나는 단호하게 고개를 끄덕거렸다.

"일단 이즈마일로프스키 연대로 가요. 거기에는……."

예카테리나는 잠시 말을 숨겼다. 이즈마일로프스키 연대의 지휘관 키릴 라주모프스키 백작은 한때 예카테리나의 연인으로 그녀와 좋은 관계를 유지하고 있었다. 다행스럽게도 그레고리는 동생과 말을 주고받는 중이었다.

"옷을 입으실 거면 잠깐 자리를 비켜드리겠습니다."

동생에게 지시를 내린 그레고리가 그녀를 쳐다보며 물었다.

"아뇨. 저기 있는 가운만 주세요. 되도록 약해 보여야지 병사들의 마음을 움직이기 쉬울 거에요. 마차도 될 수 있으면 초라한 걸로 준비해 주세요."

"오, 예카테리나. 당신은 러시아 남자들을 너무 잘 알고 있군요."

그레고리가 옷걸이에 걸린 검은 가운을 집어주며 감탄했다.

"당연하죠. 전 러시아인이니까요."

그녀의 의도는 먹혀들어갔다. 정원사가 쓰는 낡은 마차를 타고 나타난 황후가 눈물을 흘리는 모습은 이즈마일로스프키 연대의 병사들을 움직였다. 그녀의 주위에 몰려든 병사들은 황후의 남편인 표트르 3세에게 욕설을 퍼부으면서 흥분했다. 표트르 3세는 황제의 자리에 오르자마자 다 이긴 프로이센과의 전쟁에서 발을 빼고 조국인 홀슈타인 공국을 위해 덴마크와 전쟁을 준비했다. 그것도 모자라 근위병을 홀슈타인 출신의 병사들로 채웠다. 자존심이 바닥까지 떨어진 군부는 표트르 3세에게 복수할 기회만 노렸다. 흥분한 병사들이 종군 신부인 알렉세이를 끌고 왔다. 성호를 그은 알렉세이 신부가 무릎을 꿇은 예카테리나를 축성하자 키릴 라주모프스키 백작과 사관들이 그녀에게 충성을 맹세했다.

예카테리나는 이즈마일로프스키 연대의 병사들을 이끌고 세메오노프스키 연대의 병영으로 향했다. 그곳에서도 비슷한 일이 벌어졌다. 다음 목표는 상트페테르부르크의 카잔 대성당이었다. 교회 역시 루터교 신자인 황제에게 등을 돌린 상태였다. 다쉬코바가 미리 사람을 보낸 것이 적중했다. 교회 밖으로 나온 상트페트르부르크의 대주교는 키보다 훨씬 큰 의식용 십자가를 지팡이처럼 움켜쥔 채 그녀를 기다렸다. 마차를 세우라고 지시한 예카테리나는 그레고리 오를로프가 내민 손을 잡고 밖으로 내렸다. 흥분한 병사들과 시민들의 함성이 잦아들었다.

눈처럼 차가운 대리석 계단을 오른 그녀는 대주교 앞에 무릎을 꿇고 고개를 숙였다. 대주교는 기다렸다는 듯 그녀를 축성했다. 무릎을 꿇은 채 눈을 감고 있던 그녀의 귀에 잠잠했던 함성소리가 다시 들려왔다. 그녀는 비로소 위기에서 벗어났음을 직감했다. 몸을 일으킨 그녀는 고개를 돌렸다. 병사들과 시민들이 성당 앞 광장을 가득 메웠다. 제복을 차려입은 연대의 사관과 지휘관들이 계단 끝에서 그녀를 향해 무릎을 꿇었다. 계단을 내려간 예카테리나는 위엄에 가득 찬 목소리로 지시했다.

"황태자가 있는 겨울 궁전으로 가요."

"황제는 어찌하실 겁니까?"

그레고리 오를로프의 근심스러운 물음에 예카테리나는 자신만만하게 대답했다.

"고작해야 징징거리다가 술이나 마시겠죠. 일단 도시를 봉쇄해요."

그녀의 예측은 적중했다. 뒤늦게 황후의 쿠데타 소식을 들은 표트르 3세는 우왕좌왕하면서 귀중한 시간을 낭비했다. 겨우 배를 타고 크론슈타트의 해군 요새로 향했지만 늦고 말았다. 결국 표트르 3세는 퇴위를 한다는 문서에 서명했다. 퇴위를 조건으로 안전을 보장받았지만 황제는 7일 후 영원히 밝혀지지 않은 이유로 죽고 말았다.

대제라 불린 여인

　때론 우연들이 폭풍처럼 휘몰아쳐서 전혀 엉뚱한 결과를 가져오는 경우가 종종 발생한다. 권력을 놓고 벌이는 게임은 패배하는 순간 목숨을 대가로 내놔야 하기 때문에 더없이 가혹하게 진행된다. 한 치의 양보도 없이 온갖 술수가 난무하는 그 게임은 때로는 전혀 엉뚱한 결과를, 뜻하지 않는 승자를 만들어낸다.

　위·촉·오가 수십 년 동안 쟁패를 거듭했던 중국을 통일했던 건 뜻밖에도 사마씨가 세운 진나라였다. 자신의 권력을 유지하기 위해 별 볼일 없는 집안에서 며느리를 들인 대원군은 자신의 결정이 호랑이에게 날개를 달아준 격이라는 것을 뼈저리게 느껴야만 했다.

　러시아인이 아니면서도 러시아의 황제가 된 여인이 있다. 아니 원래는 황태자비나 황후가 될 운명이 아니었다. 하지만 권력을 움켜쥐기 위한 경쟁자들의 계산이 전혀 엉뚱한 답을 내놓았다. 예카테리나 2세는 그런 기괴한 권력게임의 최종 승자였다. 처음 러시아 황실에 발을 들여놓는 순간부터 그녀는 권력을 사무치게 사랑했다. 자신이 왜 선택되었는지, 어떻게 처신해야만 하는지를 본능적으로 깨달았다. 마침내 오랜 인고의 시간이 끝나고 그녀는 게임에서 승리했다. 판돈을 몽땅 쓸어 모은 그녀는 러시아를 지배하는 절대 군주가 되었다. 명성황후나 측천무후처럼 빈약한 판돈을 조심스럽게 굴리다가 결정적인 순간 배팅을 했다. 결과는 짜릿한 승리. 명성황후는 남편과 조선을 지배했고, 측천무후는 중국 역사상 최초이자 최후로 여성으로써 자신의 제국을 세웠다. 예카테리나 2세는 위험천만한 게임에서 승리함으로써 러시아를 손에 넣었다. 불멸의 명성과 더불어 자신의 삶 역시 온전히 지배했다. 권력이라는 쾌락 속에서.

그녀의 첫 번째 이름 – 소피아 아우구스테 프리데리케

1729년 4월에 태어난 그녀의 첫 번째 이름은 소피아 아우구스테 프리 데리케였다. 안할트—체르브스트라는 작은 공국의 영주였던 아버지 크 리스티안 아우구스트는 보수적이며 무뚝뚝했고, 홀슈타인—고토로프 가문 출신의 어머니 요한나 엘리자베트는 야심만만했다. 어린 시절의 그녀는 지극히 평범했으나 귀족 가문의 여성답게 행동할 수 있는 지식 들을 차곡차곡 쌓아가던 그녀 주위로 겹겹이 쌓인 우연의 결과가 모습 을 드러냈다.

1741년 11월 러시아 황실에서는 근위병들이 주축이 된 쿠데타가 발생 한다. 쫓겨난 쪽은 작년에 즉위한 이반 6세와 그의 어머니 안나였고, 새 로 권력을 잡은 쪽은 표트르 1세의 딸 옐리자베타였다. 태어난 지 두 달 밖에 안 된 황제는 자신도 모르는 사이에 즉위를 했다가 폐위를 당했다. 왜 이런 일이 벌어졌을까?

1725년 카리스마 넘치던 표트르 1세의 죽음 이후 러시아는 혼돈 속으 로 빠져들었다. 친아들조차 처형시켰던 냉혹한 황제의 죽음이 남긴 공 백은 그의 두 번째 아내 예카테리나 1세에게 돌아갔다. 북방 전쟁 때 포 로로 잡혔다가 황제의 아내가 된 그녀는 황제의 자리까지 오르는 행운 을 누렸다.

로또 같은 그녀의 행운은 불과 2년 만에 끝났다. 사실상 그녀는 멘쉬 코프를 비롯한 귀족들의 꼭두각시에 불과했다. 그녀의 죽음으로 다시 공석이 된 황제의 자리에는 표트르 1세의 장남 알렉세이의 아들인 표트 르 2세가 앉는다. 불과 12살의 나이로 황제에 오른 그는 3년 후 1730년

후사를 남기지 못하고 죽고 만
다. 귀족들은 표트르 1세의 이복
형인 이반 5세의 딸인 안나를 황
제의 자리에 앉혔다. 한때 표트
르 1세와 러시아를 공통 통치했
다가 밀려난 아버지에 대한 기
억 때문인지 그녀는 철저하게
표트르 1세의 친척들과 측근들
을 증오했다. 표트르 1세와 예카
테리나가 낳은 딸 옐리자베타는
질시와 증오를 뒤집어 쓴 채 웅

예카테리나 대제

크리고 있어야만 했다. 쿠를란드 공작과 결혼했지만 남편이 일찍 죽고
미망인이 된 안나는 여동생의 어린 아들 이반을 후계자로 결정한다.

1740년 연회를 즐기던 안나가 의식을 잃고 쓰러지자 그녀의 뜻대로
태어난 지 한 달밖에 안 된 이반 6세가 즉위하고 그의 어머니 안나 파블
로브나가 섭정을 맡았다. 하지만 때를 기다리고 있던 옐리자베타가 근
위군의 지지를 받으며 쿠데타를 일으켜 정권을 장악했다. 엎치락뒤치락
하던 게임에서 승리한 옐리자베타는 권력을 나눠야만 하는 결혼을 포기
하고 일족 중에서 후계자를 찾았다. 그리고는 언니의 아들 표트르 울리
히를 후계자로 정한다.

내친 김에 후계자의 결혼문제까지 마무리 짓기로 결심한 옐리자베타
는 조심스럽게 대상자를 찾았다. 요절한 약혼자였던 카를에 대한 애정
으로 그의 여동생인 요한나의 딸을 며느리로 점찍었다고 이야기하는 학

예카테리나 대제

옐리자베타

자들도 있다. 하지만 그것보다는 다른 조건들이 들어맞았기 때문이었다. 국내의 귀족들 중에서 혼처를 찾는다면 막강한 경쟁상대를 만들거나 분란의 씨앗을 뿌리는 셈이었고, 외국의 명망 있는 군주들 역시 권력 다툼에 끼어들 여지가 분명했다. 옐리자베타의 입장에서는 될 수 있으면 미약한 집안에 러시아에 어떠한 연고도 없어야만 했다. 소피아는 자신도 모르게 들어맞은 조건들 탓에 게임에 끌려들어갔다. 가문의 명성이나 세력이 미약했던 그녀의 집안은 옐리자베타가 보기에는 최적의 조건을 갖춘 곳이었다.

러시안 룰렛처럼 경쟁자들이 차례차례 제거된 자리에 나타난 소피아는 어떤 기분이었을까? 그녀가 앞으로 걸어갈 남은 평생의 행보를 더듬어보면 답은 어렵지 않게 찾을 수 있다. 그녀는 단숨에 사랑에 빠지고 말았다. 값비싼 드레스와 보석으로 치장한 옐리자베타 여제를 처음 봤을 때부터, 금으로 도금된 십자가를 머리 위에 올린 교회를 봤을 때부터, 그녀는 권력과 사랑에 빠졌다. 고된 마차 여행이나 눈살을 찌푸리게 할 만한 야만스러움조차, 뭔가 나사가 빠져 있는 것 같은 미래의 남편감 표트르와 처음 대면했을 때조차 권력에 대한 사랑은 시들지 않았다.

가진 것 없던 소피아는 이것이 다시는 오지 않을 기회라는 사실을 잘 알고 있었고, 절대 놓치지 않기로 결심했다. 일단은 결혼을 해야만 했고, 결혼을 하기 위해선 완벽해야만 했다. 소피아는 성공의 열쇠를 쥔 엘리자베타 여제의 눈에 들기 위해 눈물겨운 노력을 했다. 그녀는 러시아어와 문학을 익혔고, 종교까지 바꿀 결심을 했다. 그것은 그녀가 갑작스러운 병으로 사경을 헤맸을 때 루터교 신부 대신 러시아 정교 신부를 불러달라고 했을 정도였다.

궁정 안에서의 눈길과 속삭임 모두 엘리자베타의 귀에 들어간다는 사실을 안 그녀는 철저하게 완벽한 황태자비로 자신을 만들어갔다. 조심스러운 그녀의 행보는 마침내 다음 행보로 넘어갈 수 있는 열쇠가 되었다. 이즈음부터 표트르와의 사이가 안 좋아졌지만 개의치 않았다. 그녀를 러시아의 황태자비로 만들어주는 건 표트르가 아니라 엘리자베타 여제였으니까.

그녀의 두 번째 이름 – 예카테리나 알렉세예브나

●

그녀의 두 번째 이름은 예카테리나 알렉세예브나였다. 1744년 6월 28일 엘리자베타 여제가 주도한 엄숙한 의식 속에서 그녀는 러시아식 이름을 받았다. 개종 다음날에는 그녀와 표트르의 약혼식이 열렸다. 성 소피아 대성당에서 열린 약혼식은 그녀가 이제 한발 더 전진했다는 사실을 알려주는 팡파르였다. 물론 점점 더 미운 짓만 골라하는 미래의 남편감이 눈엣가시였지만, 어차피 그녀가 결혼하는 건 표트르가 아니라 권력이었다. 먹잇감을 눈앞에 둔 맹수가 잔뜩 몸을 웅크리듯이 그녀는 더 납작 엎드렸다. 한시도 의심의 눈초리를 거두지 않는 엘리자베타 여제는 물론 계속 삐걱대는 남편감 표트르에게 늘 헌신하는 자세로 일관했다. 독일에 대한 기억을 잃지 않고 있던 표트르가 상대적으로 러시아에 무관심했던 덕분에 그녀의 노력이 더욱 빛났다. 그와의 결혼은 그녀의 사랑에 마침표를 찍는 중요한 과정이었다. 권력을 향한 그녀의 열망은 활활 타오르진 않았지만 은근한 숯불처럼 숨을 죽이며 빛을 발했다.

남편감인 표트르는 여전히 냉담했다. 후일 승리자가 된 예카테리나에 의해 성 불구자에 정신병자쯤으로 그려진 것이 얼마만큼 진실인지는 모른다. 그러나 최소한 양쪽이 서로 사랑하지 않았다는 점, 둘이 잘 맞지 않았다는 점은 확실하다.

왜 그랬을까? 한쪽은 시작부터 모든 걸 가지고 있었기 때문에 노력 자체를 증오했다. 다른 한쪽은 어렵게 걸어왔고, 한순간 모든 걸 잃어버릴 수 있었기 때문에 조심조심 걸어야만 했다. 카이사르와 안토니우스를 녹였던 클레오파트라에게 아우구스투스가 눈길 한 번 주지 않았던 것처럼 두 사람은 만나는 순간부터 서로가 다른 세계의 사람임을, 그리고 서로 사랑하지 못한다는 사실을 본능적으로 깨달았던 것 같다.

남의 손에 운명이 맡겨진 예카테리나는 다른 것으로 그 허전함을 채우려고 했다. 약 200여 년 전 어머니의 처형으로 왕위 계승자에서 사생아로 밀려난 엘리자베스 1세가 상실감을 메우기 위해 학문에 매달렸던 것처럼 그녀는 철저하게 러시아를 파고들었다. 후일 군주의 자리에 오를 때를 대비한 것일까? 아무튼 러시아의 종교와 학문을 받아들이려는 그녀의 자세는 주변의 호의적인 눈길을 받았던 것이 사실이다. 이 무렵부터 그녀는 권력의 길이 얼마나 좁고 가파른지, 그리고 얼마나 쉽게 무너져내릴 수 있는지 깨달았을 것이다.

예카테리나는 살아남기 위해선 누구에게도 위협이 되지 않는다는 가면을 써야만 했다. 그녀는 야망을 숨기고 온순한 모습을 보였고 러시아라는 가면을 완벽하게 뒤집어썼다.

약혼식이 치러진 지 1년 후인 1745년 8월 표트르와 예카테리나는 상트페테르부르크에서 온 유

표트르와 예카테리나

럽이 들썩거릴 정도로 화려한 결혼식을 올린다. 독일의 가난뱅이 공국의 공주가 불과 2년 만에 러시아의 황태자비가 된 것이다.

그녀는 행복했을까? 불행하게도 결혼은 권력에 한 발짝 더 다가갔다는 아주 작은 안도감만을 부여했을 뿐, 장애물은 더 많아졌다. 이제 정식 남편이 된 표트르는 여전히 심중을 알 수 없었고, 결정적인 열쇠를 쥔 엘리자베타 여제는 그녀를 견제하는 모습을 보이기 시작했다.

균열은 1752년에 찾아왔다. 세르게이 살티코프라는 남자가 그녀의 가슴을 뒤흔들었다. 예카테리나가 그와 갑작스럽게 사랑에 불타오른 것은 후일 여러 가지 해석을 낳게 만들었다. 자포자기한 그녀가 사랑 앞에 허물어졌던 것일까? 아니면 또 다른 후계자를 얻기 위한 엘리자베타 여제

169

세르게이 살티코프

의 음모였을까? 말 많고 흠집 내기 좋아
하던 궁정에서 아직 아들을 낳지 못해
불안한 위치였던 그녀의 모험일 수도 있
었다.

그녀의 불안감은 이해가 가지만 온갖
견제와 시선이 가득 찬 궁정 안에서 느
긋하게 불륜을 저지를 결심을 했다는 건
누군가의 묵인이나 도움이 없었다면 불
가능한 일이었다.

확실한 건 살티코프의 출현 이후 그녀가 두 번의 유산을 거쳐 1754년
드디어 아들을 낳았다는 것이다. 태어난 아들은 옐리자베타 여제의 손
에 넘어갔고, 임무를 완수한 그녀는 안도의 한숨을 쉬었을 것이다. 남겨
진 기록들은 아들을 빼앗긴 그녀가 몹시 상심했다고 하지만, 당시 유럽
의 왕족들은 자기 아이들을 직접 양육하지 않았다는 전통이 있었던 점
을 감안하면 사실이 아닐 가능성이 높다.

파벨이라는 이름이 붙은 아들의 아버지가 표트르인지 살티코프인지
는 확실하지 않지만, 이제 그녀가 후계자라는 날개를 달았다는 건 확실
했다. 보통 여인이었다면 주어진 임무를 완수했다는 사실에 안도하면서
남은 생을 즐겼겠지만 그녀에게는 또 다른 야망이 꿈틀거리고 있었다.
지난 40년간 세 명의 여성 황제가 러시아를 거쳐 갔다. 또 한 명이 나온
다고 해도 이상할 일이 아니었다.

그녀는 이제 대놓고 밀회를 즐겼다. 그녀의 두 번째 상대는 스타니슬
라브 포니아토프스키 백작으로 폴란드 귀족이었다. 각기 다른 꿍꿍이를

파벨

가진 영국 대사와 옐리자베타 여제 측근의 천거 아닌 천거를 받은 포니
아토프스키는 예카테리나에게 구애했다. 그녀는 백작의 낭만적인 성격
과 핸섬한 외모에 넘어갔다. 포니아토프스키는 사람들의 눈을 피하기
위해 재봉사나 악사로 분장한 채 예카테리나의 침실을 드나들었지만 그

런 정도의 눈속임에 넘어갈 궁중 사람들이 아니었다. 소문은 흐르고 흘러 남편인 표트르의 귀에까지 들어갔다.

어느 날 예카테리나의 침실에서 나오던 포니아토프스키는 기다리고 있던 표트르와 마주치고 말았다. 절체절명의 위기를 어떻게 넘겼는지는 명확하지 않지만, 부부 사이의 애정이 없다는 사실만 확인시켜 주었다. 포니아토프스키는 곧 폴란드문제를 둘러싸고 벌어진 갈등 때문에 궁중을 떠나고 말았다.

이 무렵부터는 표트르 역시 엘리자베타 보론초바와 공공연한 애정행각을 벌이는 중이었기 때문에 부부라는 이름은 정말 껍데기만 남은 상태였다.

1757년 예카테리나는 둘째 딸을 낳았다. 이 아이는 포니아토프스키나 알려지지 않는 다른 정부의 아이가 아닐까 하는 추측이 우세하다. 그러나 이때쯤 예카테리나는 떠나간 애인들이나 아이들에게 신경 쓸 여유가 없었다. 20년 가까이 러시아를 통치하던 엘리자베타 여제의 생명이 얼마 남지 않았다는 신호들이 여기저기서 울려 퍼지고 있는 중이었다. 군주의 삶은 곧 총신들이나 측근들의 권력이 마감되는 것과 닿아 있다. 주변에서는 엘리자베타의 죽음이 가져올 파장을 자기 쪽으로 끌어오기 위해 안간힘을 썼다.

황태자 표트르에게 자기 조카딸을 밀어 넣었던 미하일 보론초프는 표트르와 예카테리나를 이혼시키고 자기 조카딸을 황태자비의 자리에 앉힐 속셈이었다. 갓난아기 때 폐위된 이반 6세를 복위시킬 음모와 함께 파벨을 즉위시키고 자신들이 배후에서 권력을 휘두를 속셈을 가진 귀족들도 움직이기 시작했다. 모두들 자신의 도박이 성공하리라는 꿈에 부

풀어 있을 시기에 예카테리나는 결정
적인 한 수를 두었다. 물론 그 누구도
예상하지 못했던 카드였다.

예카테리나가 세 번째 애인이 된
그레고리 오를로프와 첫 대면을 했던
건 아마 1759년 상트페테르부르크에
서 열린 성대한 환영연이었을 것이
다. 그해 8월 제3차 슐레지엔 전쟁이
라고도 불렸던 7년 전쟁(오스트리아의
마리아 테레지아가 프로이센에게 빼앗겼던
슐레지엔 지방을 되찾기 위해 벌인 전쟁)

오를로프

중 러시아가 거둔 가장 큰 승리였던 쿠네르스도르프 전투를 축하하기
위한 자리였다. 옐리자베타 여제는 콧대 높은 프리드리히 대왕에게 일
격을 가했다는 기쁨에 취했고, 표트르는 자신의 우상인 프리드리히 대
왕의 불행을 한탄했다.

예카테리나는 개선한 장군들 중 한 명인 그레고리 오를로프에게 빠져
들었다. 그전 남자들이 궁중의 편안함과 매너로 무장했다면 오를로프는
진한 화약연기와 기댈 수 있는 남성다움을 선사했다. 둘은 단숨에 사랑
에 빠졌다고 사람들은 기록하고 이야기하지만, 과연 진실일까?

이때를 전후로 예카테리나는 자신의 입지에 대해서 촉각을 곤두세워
야만 했다. 늙은 옐리자베타 여제가 사라지면 명목상의 남편이 고삐 풀
린 망아지처럼 날뛸 것이 분명했다. 그 발길질에 제일 먼저 차일 게 자
신이라는 건 누가 봐도 명백했다.

예카테리나 대제

표트르 3세

예카테리나의 예측대로 옐리자베타 여제는 1761년 12월 25일 20년간 통치했던 러시아를 떠났고, 표트르는 새로운 러시아의 황제 표트르 3세로 선포되었다. 훗날의 기록들은 표트르 3세가 마치 미운 짓만 골라하는 덜 떨어진 바보로 묘사했다.

예상대로 표트르 3세는 즉위하자마자 예카테리나와 이혼하고 애인인 보론초바와 결혼할 것이라고 큰 소리를 쳤다. 그러나 그녀는 황후의 자리에서 쫓겨나 쓸쓸하게 수도원으로 쫓겨나거나 감옥에 갇힐 생각은 추호도 없었다. 순종과 체념은 그녀와는 거리가 멀었다. 그녀는 베일을 쓰고 상복을 입은 채 옐리자베타 여제의 시신 곁을 지켰다. 궁에 안치된 시신을 보러온 백성들과 귀족들은 눈물자국이 역력한 그녀의 모습에 감동을 받았지만 그녀가 옐리자베타를 그만큼 사랑했던 것은 아니었다. 앞날을 바라본 노림수이기도 했지만 사실 궁 안에서 그녀가 있을만한 곳은 그곳뿐이었다.

차갑게 식은 옐리자베타 여제의 시신을 보면서 그녀는 어떤 생각을 했을까? 세월에 패배한 권력의 무상함이나 앞날에 대한 불안감에만 목을 매지는 않았을 것이다. 장담하건대 그녀는 어떤 식으로든 난관을 돌파해나가기로 결심하고 그 수단을 찾는 것으로 외로움과 불안감을 달랬을 것이다.

황제의 자리에 오른 표트르 3세가 제일 처음 결정한 것은 프로이센과의 평화협정이었다. 승리를 눈앞에 두고 있던 러시아군은 황제의 결정에 크게 반발했다. 영국의 지원까지 끊겨서 절망에 빠져 있던 프리드리히 대왕으로서는 기사회생한 셈이었다. 프로이센과의 평화협정 다음에 내린 결정은 자신의 고향인 홀슈타인을 위해 덴마크와 전쟁을 벌이기로 한 것이었다. 군대는 다 이긴 전쟁에서 발을 빼고 아무런 이득도 없는 전쟁을 벌이기로 결심한 황제에게 등을 돌렸다.

표트르 3세는 그것으로도 성이 차지 않았는지 종교문제에 손을 댔다. 예카테리나처럼 러시아를 존중할 생각이 전혀 없었던 황제는 러시아 정교를 독일의 루터파 신교로 뜯어고칠 의도를 드러냈다. 황태자 시절에도 고향인 홀슈타인 공국의 병사들을 데려와 근위병으로 배치했던 적이 있던 전력 때문에 이제 표트르 3세는 모든 러시아인들의 '공공의 적'이 되었다.

한때 가명을 쓰고 목수 노릇을 하면서까지 유럽을 따라잡으려고 했던 표트르 1세 이후 러시아는 유럽을 뒤쫓기 위해 전력으로 질주했다. 하지만 커다란 덩치는 무한한 잠재력인 동시에 속도를 높이는 데 방해가 되는 존재였다. 무릇 가진 것이 없는 사람들은 많이 가진 사람들을 동경하는 동시에 자신의 것을 고집스럽게 지키고자 하는 묘한 자존심을 가지고 있다. 자신의 전통이나 삶에 손질이 가해지려 하자 불안감 이전에 본능적인 반발심을 드러냈다. 표트르 1세 같은 카리스마는 눈을 씻고 찾아도 보이지 않는 새로운 황제는 거듭 악수를 두었다.

표트르 1세의 사망 이후 약 40년간 러시아의 황제는 엘리자베타를 제외하고는 모두 귀족들이 내세운 허수아비였다. 표트르 1세는 전통적인 귀족세력들을 배척하고 측근들을 등용했지만, 문제는 이 측근들도 시간이 지나면서 '전통과 기득권'을 가지게 된다는 것이다. 결국은 그렇게 길러낸 측근들이 자신들의 이해관계에 맞춰서 그때그때 허약한 황제들을 세운 것이다. 엘리자베타 여제는 비교적 독자적으로 국정을 운영했지만 귀족들의 입김에서 완전히 자유롭지는 못했다.

표트르 3세가 짧은 제위기간 중 벌인 정책은 과격하고 급작스럽기는 하지만 유럽의 발자국을 따라가던 기존 정책의 복사판이었다. 심정적으로도 독일인이라고 믿었던 그였기에 러시아를 독일처럼 만들고 싶었겠지만 문제는 능력이었다. 아첨꾼들이 쳐놓은 인간 사슬이 표트르 3세를 옭아맨 상태에서 감정적으로 내린 몇 가지 결정들이 새로운 황제를 파멸시켰다.

1762년 4월 예카테리나는 세 번째 출산을 했다. 표트르 3세는 공공연하게 그녀가 낳은 아이들이 자신의 자식이 아니라고 선언하고 이혼할 것이라고 떠들고 다녔다. 능력 부족에 조심성까지 없는 황제의 발언이 예카테리나를 옥죄었다.

그해 6월 27일에 벌어진 예카테리나의 쿠데타는 총 한 방 쏘지 않고 전광석화처럼 성공했다. 쿠데타가 수세에 몰린 그녀의 마지막 저항이었는지 아주 오래전부터 꿈꿔왔던 일이었는지는 알 수 없다. 확실한 건 상트페테르부르크를 지키던 근위연대들과 백성들의 압도적인 지지를 받았다는 것이다. 표트르와 결혼식을 올렸던 성모 마리아 대성당에서 대주교로부터 축복을 받은 그녀는 아들인 파벨까지 확보함으로써 확실하게 권력을 쟁취했다. 아무것도 모르고 있던 표트르 3세는 우왕좌왕하다가 결국은 그녀에게 맥없이 항복하고 말았다.

그녀의 세 번째 이름 – 예카테리나 2세

●

그녀는 예카테리나 2세로 즉위했다. 18년 전 어리둥절한 모습으로 러시아에 왔던 자그마한 공국의 어린 소녀가 수백만의 민중과 유럽보다 더 큰 영토를 가진 러시아의 새로운 주인이 된 것이다. 이제 그녀의 이름 뒤에는 '대제'라는 명칭이 붙었다. 모시던 황제가 죽으면 평생 절에 갇혀서 지내야만 하는 운명을 박차고 나와 음모와 암투 속에서 승리를

예카테리나 대제

예카테리나 대제

거둔 측천무후처럼 그녀 역시 운명에 순종하지 않았다.

　정권을 장악한 그녀가 맨 처음 한 일은 모든 정통성 없는 통치자들이 했던 것처럼 위협이 될 만한 인물들을 제거하는 것이었다. 순순히 퇴임한 표트르 3세는 열흘이 지나기 전에 사망했다. 공식적으로는 복통으로

인한 사망이었지만, 실제로는 오를로프 형제들 중 한 명인 알렉세이에
의해 살해당했다. 물론 예카테리나가 직접적인 지시를 하지 않았다는
의견도 있다. 그러나 통치자가 꼭 말이나 문서로만 자신의 의중을 드러
내지 않는다는 점을 감안하면, 그녀의 혐의가 벗겨지기는 힘들 것 같다.
　그녀의 두 번째 제물은 갓난아기 때 폐위당하고 감금당했던 이반 6세
였다. 알렉상드르 뒤마의 《삼총사》에 나오는 철가면처럼 군주의 자리에
가까이 있었다는 죄로 평생을 갇혀 있던 그를 본 예카테리나는 전율했
을 것이다. 자신과 그의 운명이 얼마나 좁은 거리인지 누구보다도 잘 알
고 있었을 테니까. 그녀가 어떤 감정을 가졌든 결과는 명약관화했다. 엄
중하게 감시되고 있던 이반 6세는 곧 그를 구출하려는 음모가 발각되자
마자 처형당했다.

　남편을 살해하고 황제의 자리를 차지한 그녀는 평생 질주했다. 아무
리 귀족들과 백성들의 지지를 받았더라도 부도덕한 방법으로 권력을 찬
탈했다는 사실이 지워지지는 않는다. 특히 그 자신에게는 더더욱 그럴
것이다. 그래서 예카테리나는 장 자크 루소나 볼테르 같은 계몽철학자
들과 서신을 주고받으면서 유럽의 사상을 받아들이는 모습을 보여주었
다. 하지만 다른 한편으로 그런 와중에도 러시아를 후진적이라는 낙인
을 찍게 만든 농노제를 확대한 것 또한 그녀였다. 입으로는 인간의 존엄
성을 외치면서 다른 한쪽으로는 인간을 재물처럼 신하들에게 선물로 준
것이다. 극단적으로 얘기하면 그녀는 자신의 명성을 높이고 낙후된 러
시아라는 이미지를 탈피하기 위한 언론플레이를 한 셈이다.
　1767년 법전편찬 위원회가 열렸다. 그녀는 귀족부터 농민까지 각계각

　　　　　　　　　　　　　　　예카테리나 대제

그리고리 포템킨

층에서 뽑혀온 대표들 앞에서 법전편찬의 취지와 뜻을 연설했다. 하지만 프랑스 삼부회처럼 계층 간의 명백한 시각차만 확인했을 뿐 별다른 성과를 거두지 못하고 2년 만에 해산되었다. 갈등을 조정하고 결론을 내릴 위치에 있던 예카테리나는 팔짱만 끼고 구경했다. 어차피 그녀의 목적은 법전의 편찬이 아니라 자신이 계몽군주임을 드러내는 선전이었다. 태생적인 약점이 있는 그녀는 귀족들의 특권을 보장하는 정책을 유지할 수밖에 없었다.

남편이 없어진 그녀는 물 만난 고기처럼 연애를 했다. 애인 겸 정치적인 파트너였던 오를로프와의 관계는 1772년까지 지속되었다. 통 큰 여왕은 나이가 든 오를로프에게 막대한 선물을 주고 퇴장시킨다.

그녀에게 새로이 나타난 운명의 남자는 그리고리 포템킨이었다. 일설에는 1762년 6월에 표트르를 쫓아냈던 쿠데타에서 운명적인 조우를 했다고 하지만, 둘의 만남을 좀 낭만적으로 그려내기 위한 창작이 분명해 보인다. 모든 권력을 한손에 쥐고 있는 40대 중반의 여인과 딱 열 살 아래의 야심 찬 남자의 만남은 사랑만으로는 설명하기가 힘들다. 실제로 포템킨은 쿠데타에서 결정적인 역할을 한 오를로프 이후 가장 정치적인

푸가초프의 처형

애인이었다. 심지어는 키스를 하는 동안에도 통치에 관한 이야기를 나눌 정도였으니까.

예카테리나가 연애나 계몽주의자로 포장하는 언론플레이에만 능숙한 것은 아니다. 대개의 정통성 없는 통치자들이 내부의 갈등을 외부로 쏟아내는 것처럼 그녀는 자신의 약점을 감추기 위해 바깥으로 눈을 돌렸다. 프로이센과 오스트리아와 손을 잡고 폴란드를 조각낸 그녀는 오스만튀르크와의 전쟁에서도 승리해서 콘스탄티노플을 차지할 야망을 꿈꿨다.

그녀는 평생 백성들의 행복을 위해 최선을 다했다고 주장하지만, 1773년 우랄에서 일어난 반란은 그녀의 변명을 무색하게 만든다. 스스로를 표트르 3세로 칭한 푸가초프의 반란은 삽시간에 농민들의 지지를

예카테리나 대제

받으며 전국으로 퍼져나갔다. 여왕은 오스만튀르크와의 전쟁에 참가했던 군대까지 동원해서야 겨우 반란을 진압할 수 있었다. 그녀는 자신이 가지고 있던 자유주의 사상과 러시아의 현실이 맞지 않는다는 사실 앞에서 좌절했을까? 그녀의 통치시기에 러시아의 농노제가 완성되었다는 걸 생각하면, 그녀가 받은 충격은 배신감보다는 벌레만도 못한 것들이 감히 대들었다는 것에 대한 분노였을 것 같다.

그녀는 이제 가면을 벗어던졌다. 애인인 포템킨에게 무려 51캐럿에 달하는 다이아몬드를 선물했고, 그러는 한편 자신의 지위에 위험이 될 만한 것들을 차례대로 제거해 나갔다. 예카테리나와 비밀리에 결혼식을 올렸다는 눈총을 받았지만 지극히 정치적이었던 포템킨은 더 이상 자신이 여왕을 만족시키지 못한다는 사실을 눈치 채자마자 한발 뒤로 물러선다. 애인 노릇을 못한다면 뚜쟁이 노릇이라도 해서 영향력을 유지하기로 결심한 그는 젊고 싱싱한 남자들을 예카테리나의 침실로 밀어 넣었다.

그녀에게 남자들과의 사랑은 어떤 의미였을까? 삶이 단순하지 않은 사람에게는 사랑 역시 단순한 의미로만 비춰지지는 않는다. 그녀의 복잡한 남자관계는 본능 앞에 벌거벗은 채 마주서고자 하는 욕망이 아니었을까? 살티코프, 포니아토프스키, 오를로프, 포템킨과 차례로 관계를 맺었으나 그녀가 품은 것은 남자가 아니라 본능, 살아 있다는 본능일 뿐이었다.

예카테리나는 알 수 없는 운명에 의해 러시아로 온 순간부터 분명한 목표를 품었다. 무수한 위험과 고비 속에서도 그녀는 한 번도 흔들린 적이 없었고, 그녀의 단호함과 과감함이 집안이나 혈연이라는 장벽을 뛰어넙게 만들었다.

　제위에 오르고도 항상 아슬아슬함의 연속이었다. 그런 그녀가 가질 수 있는 유일한 휴식이 바로 연애였다. 남의 시선을 의식해야 했지만 눈치를 볼 필요는 없었다. 언제든지 원하는 대로 상대를 바꿀 수도 있었다. 애정조차 헌납받을 수 있는 게 바로 권력이니까.

　포템킨 이후 눈에 띄었던 애인이었던 알렉산드르 란스코이의 죽음을 둘러싼 소문은 여왕의 사생활을 바라보는 시선들을 대변한다. 20대라는 한참 젊은 나이에 찾아온 갑작스러운 죽음은 질병이 아니라 최음제를 과다 복용한 상태에서 여왕과 성관계를 벌이던 중 급사를 했다는 것이었다. 계몽군주임을 자처한 그녀가 숨기고 싶어 했던 욕망은 그 후에도 수그러들지 않았다. 그녀의 애인들이 100명이 넘는다는 얘기나 300명에 달했다는 소문은 그녀의 욕망이 쉽게 사그라지지 않았다는 뜻이기도 하다.

　1787년 그녀는 옛 애인인 포템킨이 새로 점령한 크림 반도로 시찰을 나선다. 포템킨은 여왕에게 잘 보이기 위해 그녀가 지나가는 길가의 농가를 손질하고 잘 차려입은 농민들을 길가에 세워둔다. 눈치 빠른 여왕이 그 사실을 몰랐을까? 어쨌든 상트페테르부르크에 주재하고 있던 유럽 각국의 외교관들을 끌고 간 크림 반도의 시찰은 결국 보고 싶은 것만을 현실로 인정하는 여왕의 냉혹한 시선과 '포템킨 빌리지'라는 이름만 남겼다.

　크림 반도 시찰에서 돌아온 그녀는 20대 초반의 싱싱한 근위대 장교 알렉산드로비치 주보프를 침대로 끌어들였다. 환갑의 그녀는 손자뻘의 젊은 애인을 곁에 두고 꺼지기 직전의 촛불처럼 맹렬하게 사랑을 불태웠다.

그리고 1791년 그녀의 애인들 중 가장 영향력이 컸던 그리고리 포템킨이 눈을 감았다. 여왕의 사랑을 풋내기 근위대 장교에게 빼앗겼다는 사실에 상심한 나머지 세상을 떠난 것이다. 여왕은 그의 죽음을 진심으로 슬퍼하기는 했지만 오래 간직하지는 않았을 것이다.

그녀의 제위 후반은 행복하지 못했다. 1793년 벽두부터 들려온 프랑스 왕 루이 16세의 처형소식에 여왕은 큰 충격을 받았다. 아들이자 후계자였던 파벨과의 관계도 껄끄러웠다. 파벨이 아버지의 죽음에 어머니가 연루되었다는 사실을 전해들은 게 분명했다. 그녀 역시 왠지 죽은 남편 표트르 3세를 떠올리게 하는 행동을 하는 아들이 못 미더웠다. 일설에는 그녀가 아들을 건너뛰고 손자인 알렉산드르에게 제위를 물려줄 생각까지 했다고 한다. 어쨌든 그녀는 멀리 프랑스에서 밝혀진 혁명의 불길이 러시아까지 번지지 않을까 전전긍긍해 하며 폴란드의 반란을 진압했다. 그리고 케이크 조각처럼 나눠진 폴란드를 게걸스럽게 먹어치웠다.

1796년 11월 6일 욕망의 화신이었던 그녀가 눈을 감는다. 그녀는 무엇을 남겼을까? 대외적으로 그녀가 지배하던 러시아는 20만 제곱마일의 영토를 넓혔다. 크림 반도를 차지하면서 카스피 해와 흑해를 아우를 수 있었고, 보스포루스 해협을 통해 지중해까지 나아갈 발판을 마련했다. 2천만 명의 인구도 거의 두 배로 늘어났다. 중요한 건 이제 유럽의 정세를 논하는 데 러시아를 빼놓을 수 없게 되었다는 것이다.

예카테리나는 유럽에 비해 뒤처진 문화와 예술의 수준을 높이기 위해 부단히 노력했다. 물론 이런 것들은 러시아 국민의 대다수를 이루는 농노들에게는 아무런 관련도 없는 일이었다. 오히려 그들의 사회적 지위는 예카테리나 시절에 더 악화되었다. 유럽에서는 이미 사라진 농노제를 더욱 확대시킨 건 다름 아닌 그녀였다.

그녀의 헌신과 열정은 평생 벌여온 게임을 승리로 이끌게 한 원동력이었다. 그녀는 이제 먼지가 되었고, 남은 기억들은 그것을 소유한 사람들에 의해 멋대로 재단되었다. 그녀는 음란하고 타락한 여왕이라는 굴레와 러시아를 강대국으로 만들었다는 월계수관을 함께 가지고 있다. 삶이 평범하지 않았기에 주어진 특권일지도 모르겠다.

그녀가 남긴 유산들

그녀의 죽음 이후 제위를 계승한 것은 그녀가 그렇게도 싫어했던 파벨이었다. 파벨 1세는 비대해진 귀족들을 견제하기 위해 어머니가 부여한 특권들을 폐지하는 정책을 폈다. 1801년 3월 파렌 백작이 이끄는 일단의 무리들이 파벨 1세의 침실에 난입해 그를 살해한다. 암살자들 중에는 예카테리나의 마지막 애인이었던 주보프도 끼어 있었다.

그녀의 두 번째 애인이었던 포니아토프스키는 1763년 폴란드 국왕 아우구스투스 3세가 사망하자 다음해 스타니슬라브 2세로 즉위한다. 예카테리나의 입김이 작용한 결과였지만, 옛 애인에 대한 애정이라기보다는 폴란드를 차지하기 위한 수단에 불과했다. 세 차례의 분할을 거쳐 폴란드는 지도에서 사라졌고, 강제로 왕위에서 쫓겨난 포니아토프스키는 상트페테르부르크로 끌려왔다가 1798년 사망한다.

예카테리나 2세는 유럽을 따라잡고자 미술품 소집에 열을 올렸다. 그녀가 모은 미술품들은 겨울 궁전에 장식되었다. 그녀는 이곳을 에르미타주라고 불렀는데, 프랑스어로 조용한 정자 내지는 은둔지를 뜻한다.

그녀의 광적인 수집열에 힘입어 미술품은 점점 늘어났다. 그녀의 뒤를 이은 차르들까지 합세하면서 겨울 궁전은 거대한 박물관으로 변했다. 오늘날 에르미타주 박물관은 프랑스의 루브르 박물관, 영국의 대영 박물관과 더불어 세계 3대 박물관으로 꼽힌다.

06
호레이쇼 넬슨
LOVER
Horatio Nelson

"어쩔 수 없지. 이제 모든 건 신께 맡길 수밖에······."

넬슨은 마지막 남은 불안감을 털고 함장실의 문을 열었다. 파도에 흔들리는 갑판으로 나서자 마음이 한결 포근해졌다. 타륜이 있는 선미 쪽으로 걸어간 넬슨은 신호담당 장교인 존 파스코를 불렀다.

"신호문을 올리게."

"어떤 내용으로 올릴까요?"

"영국은 모든 이들이 최선을 다해줄 것이라고 믿는다."

넬슨의 명령에 파스코가 대답했다.

"죄송합니다만 '믿는다' 라는 단어는 신호를 올리기가 복잡합니다. '기대한다' 로 바꿔도 되겠습니까?"

"뜻대로 하게."

고개를 끄덕거린 넬슨은 갑판을 천천히 가로질렀다. 밤새 요동치며 심술을 부린 바다는 이제야 겨우 인간들이 자웅을 겨뤄도 될 아량을 베풀었다. 기함 빅토리를 지휘하는 하디 함장과 눈인사를 건네고는 선원들과 해병들과도 말을 주고받았다. 체셔 출신의 늙은 포수가 코펜하겐 전투에서 넬슨이 했던 말을 흉내 내며 갑판의 긴장감을 풀어줬다.

"제군들에게 장담컨대 우리가 저들을 3시간 안에 해치우지 못한다면 4시간 안에는 무찌를 수 있을 걸세."

유쾌한 웃음바다 속에서 넬슨은 좌중을 훑어보고는 한마디 했다.

"똑같은데 너무 빨라. 노퍽은 신사들의 고장이라 천천히 말한다네. 그래서 부인들도 밤에 드레스를 늦게 벗지. 숙녀답게 말일세."

넬슨은 부하들이 좀 더 마음 놓고 웃을 수 있도록 선미의 타륜 쪽으로 걸어갔다. 파스코가 게양한 색색 가지 신호기가 바람에 밀려 맹렬하게 펄럭거렸다. 뒤따르던 테메레르와 넵튠에서도 같은 색의 신호기가 오르는 것이 보였다. 그리고 아련한 함성이 들려왔다. 세상을 찢을 것 같은 바람소리와 뱃전을 때리는 파도소리를 넘어선 함성은 몸을 뜨겁게 관통했다. 마음이 한결 차분해진 넬슨은 하디 함장이 넘겨준 망원경으로 적선들을 살폈다.

그제야 넬슨은 이틀 전부터 엠마에게 쓰던 편지를 아직 끝맺지 못했다는 사실이 떠올랐다. 어떻게 편지를 마무리 지을까 하던 고민은 프랑스 함대에서 첫 번째 포성이 들려오는 순간 말끔하게 사라졌다. 넬슨은 하디에게 망원경을 넘겨주면서 중얼거렸다.

"이제 승리 아니면 죽음뿐이야. 이곳에서 난 불멸이 될 수 있을까?"

그날 해가 떨어지기 전 넬슨은 트라팔가르 해전에서 영국 해군의 1,600명의 사상자 안에 들어갔다. 하지만 그는 생명을 바친 대가로 그 어떤 전사도 누리지 못할 불멸의 명성을 얻었다.

트라팔가르 광장에서

　템스 강이 유유히 흐르는 런던 한복판에는 그 유명한 트라팔가르 광장이 있다. 북쪽에는 내셔널 갤러리가, 동쪽에는 세인트 마틴스 교회가 자리 잡고 있다. 번화가로 연결되는 위치인데다 시원한 분수대까지 있는 탓에 광장은 항상 사람들로 북적거린다. 멀리 바다를 건너온 호기심 가득 찬 관광객들과 휴식을 즐기는 런던 시민들의 재잘거림은 광장을 항상 가득 채운다. 하지만 그곳을 찾는 관광객들이나 매일 그곳을 지나는 사람들 모두 그냥 흘려버리는 존재가 있다. 네 마리의 청동 사자가 지키는 55미터 높이의 기둥 위에 자리 잡은 호레이쇼 넬슨 제독의 동상이다.

　호레이쇼 넬슨 제독을 상징하거나 은유하는 전설이나 존재들은 쉽게 찾아볼 수 있다. 아니 영국이라는 나라 자체에서 넬슨을 발견할 수 있다. 그는 후손들의 필요와 시선에 의해 예수 그리스도에 맞먹는 신적인 존재로 때론 어두운 과거를 지낸 해군 제독으로 비춰지기도 한다. 그를 옹호하는 사람들조차 그가 부인을 놔두고 해밀턴 경의 부인인 엠마와 염문을 뿌렸다는 사실을 조심스럽게 외면했다. 물론 넬슨은 부인이나 엠마보다는 전쟁을 더 사랑했고, 바다에서 더 편안함을 느꼈지만 그의 삶에 드리워진 엠마와 딸인 호레이샤의 존재 역시 만만치 않은 자리를 차지했다.

넬슨이 트라팔가르 해전에서 르두터블의 돛대에서 날아든 총탄에 맞고 쓰러진 후, 명언이 된 "신에게 감사드린다. 나는 내 의무를 다했노라."라는 말을 남기기 직전, 그는 엠마와 호레이샤를 부탁한다는 유언을 따로 남겼다. 자신의 유품 역시 모두 엠마에게 보냈다. 아니, 신에게 감사드린다는 유언 앞에 엠마를 언급했다는 의미심장한 이야기도 들려온다. 넬슨은 아마 마지막 순간까지 사랑하는 엠마와 딸 호레이샤가 법적인 보호를 받지 못한다는 사실을 가슴 아프게 생각했을 것이다.

호레이쇼 넬슨의 삶은 극단적으로 말하자면 엠마를 만나기 전과 후로 나눌 수 있다. 물론 엠마의 삶 역시 그러했다.

넬슨과 엠마가 만나기 전의 삶

넬슨이 바다와 만나기 전의 삶은 '평범' 그 자체였다. 그는 1758년 9월 29일 노펙 북부의 버넘소프에서 태어났다. 아버지 에드문드 넬슨이 국교회의 교구목사인 덕택에 아주 빈곤한 삶을 살지는 않았지만, 그렇다고 눈에 띨만한 삶을 살 특별한 징조가 비춰지지도 않았다.

그의 어린 시절에서 눈에 띄는 일이라면, 9세 무렵 어머니 캐서린 서클링의 사망 정도일 것이다. 그리고 그 어머니가 남긴 유산은 넬슨의 일생을 결정했다. 어머니의 형제들인 모리스와 월리엄 서클링 모두 해군에 재직 중이었다. 당시 중산층이나 빈곤층에 속한 사람들이 사회적으로 출세할 수 있는 몇 안 되는 수단 중 하나가 바로 배를 타는 일이었고, 그러기 위해서는 연줄과 배경이 필요했다.

넬슨은 두 외삼촌의 후원을 받으며 바다에 첫발을 내디뎠다. 1771년 처음으로 전열함에 오른 넬슨은 바다를 향한 인간의 도전을 배웠다. 당시의 함선들은 순전히 바람의 힘만으로 움직였기 때문에, 바람을 읽고 적절한 때에 어떤 돛을 펴고 접는지 알아야 했다. 1777년 당시의 관례대로 6년 동안 장교 후보생 시절을 보낸 넬슨은 막강한 외삼촌의 영향력 덕분에 순조롭게 장교로 임관했다.

장교로 임명된 그의 첫 번째 전쟁터는 독립 전쟁이 한참인 북아메리카 대륙이었다. 사략선들로부터 상선단의 호위 임무를 맡은 넬슨은 1778년 드디어 꿈에 그리던 함장직을 맡았다.

아메리카 독립 전쟁이 끝나고 역시 실패로 마무리된 남아메리카 원정에서 돌아온 넬슨은 어려운 상황 속에서 빛을 발한 통솔력 덕분에 해군

넬슨 제독

고위 관계자들의 주목을 받았다. 그러나 그곳에서 얻은 병 때문에 영국으로 돌아와야만 했다. 몇 달간의 요양 끝에 건강을 회복한 그는 다시 바다로 나갔다. 젊고 야심만만한 그에게 바다는 무한한 기회를 제공해 줄 것처럼 보였지만, 영국이 북아메리카 식민지를 상실하면서 바다는 잠시 소강상태에 빠져들었다.

　서인도 제도로 간 넬슨은 엄격한 군율과 빈틈없는 자세를 보이며 칼

프랜시스 니즈뱃

날을 간다. 다른 함장들 역시 포상금을 얻을 수 있는 전쟁을 바라고 있었지만, 넬슨은 자신이 얼마나 전쟁에 어울리고 잘 적응할 수 있는지 보여주고 싶어서 안달을 냈다. 하지만 이 무렵까지 그는 '조금' 눈에 띄는 젊은 함장일 뿐이었다. 물론 서인도 제도에서 벌어지는 북아메리카와의 불법 교역문제를 상관인 휴즈 제독에게 당당하게 제기할 정도로 강단 있는 모습을 보이기는 했지만.

1787년 3월 그는 다섯 살 된 아들을 둔 미망인 프랜시스 니즈뱃과 결혼을 한다. 그 후에 벌어진 일들을 비춰보건대, 이 결혼은 열정이나 사랑이 아니라 서로의 필요에 의한 결합이었다. 이 당시의 넬슨은 바다 외에는 다른 것들을 사랑하지 않았다.

넬슨은 원칙을 지키기 위해 상관과 맞섰던 일, 그리고 조지 왕세자와의 지나친 친분으로 인해 상관들의 눈 밖에 나고 말았다. 그가 충무공 이순신처럼 원칙주의자라는 세간의 주장은 조지 왕세자를 위해 쉽사리 원칙을 저버리는 모습과 겹쳐지지 않는다. 하지만 그의 원칙이 오직 성공뿐이라는 사실을 받아들이면, 그의 삐딱한 행동을 다소 편안하게 받아들일 수 있을 것 같다.

상관인 후드 제독의 눈 밖에 나면서 잠깐 위기에 처하기도 했지만 프랑스 혁명이 그에게 재기의 기회를 줬다. 툴롱을 점령한 후드 제독에게 신속하게 나폴리의 병력을 수송해줌으로써 신임을 회복한 넬슨은, 뒤이

은 코르시카 점령전에서도 과감한 판단과 결단으로 자신의 가치를 증명
했다. 하지만 이때까지 그는 아직 '애송이'에 불과했고, 엠마와의 운명
적인 만남까지는 4년을 더 기다려야 했다.

넬슨의 삶이 오롯한 데 비해 엠마가 걸어온 삶의 궤적은 불분명하고
흐릿하다. 그녀의 본명은 확실하지 않아서, 에이미 라이언 혹은 에이미
하트라고도 한다. 보통 줄여서 엠마라고 불렀다. 출생년도도 1761년과
1765년 두 가지로 나누어진다. 확실한 건 체셔에서 대장장이 집안의 딸
로 태어났으며 넬슨처럼 성공을 향한 야망을 꿈꾸거나 노력을 한 적이
없었다는 것이다.

그녀가 언제 런던으로 올라왔는지, 그리고 누구와 인연을 시작했는지
도 명확하지 않다. 10대 초반에 '아스클레오피스의 신전'이라는 점잖은
신사들이 찾는 일종의 매음굴에서 일을 했다는 기록이 보인다. 그녀가
매춘을 했을까? 엠마가 이곳에서 고대 그리스의 여신으로 분장을 하고
일종의 퍼포먼스를 보여주었다는 기록이 있다. 이곳 생활을 마치고 누
군가의 정부가 되었다고 하는데, 그 누군가가 해리 페더스톤하프 경이
라는 기록과 윌렛 페인이라는 기록이 겹친다.

또 다른 기록에서는 정숙하게 자라서 10대 중반쯤에 런던으로 올라와
보모 일을 시작했다고도 적고 있다. 삶의 궤적이 혼란스럽다는 건 그만
큼 그녀의 삶이 온전치 못하다는 것에 대한 반증이리라. 뒤죽박죽으로
헝클어져 있었던 그녀의 삶은 찰스 그렌빌 경과 조지 롬니에 도달해서
야 비로소 온전해진다.

남자들 품을 전전하던 그녀는 찰스 그렌빌 경의 품에 안긴다. 삶을 유

　　　　　　　　　　　　　호레이쇼 넬슨

엠마 해밀턴

지하기 위한 자연스러운 방편이었지만, 이때쯤 그녀도 삶을 능수능란하게 헤쳐나가는 요령을 깨우쳤던 것 같다. 아니면 남자들을 녹이는 자신의 외모가 가진 위력을 깨달았던지.

찰스 그렌빌이 그녀를 인수하고 얼마 후 조지 롬니와의 만남이 이루어졌다. 18세기 영국을 대표하는 3대 초상화가 중 한 명이었던 롬니는 그녀에게 반해 수십 장의 초상화를 남겼다. 그리스나 로마 신화 속의 여신이나 요정으로 분장한 그녀의 초상화를 보면 날카로운 청순함과 몸으로 세상을 헤쳐 간 여인의 비릿한 미소가 느껴진다.

그녀는 낙천적이고 쾌활했을까? 아니면 특유의 짜릿한 매력으로 남자들의 마음을 녹였을까? 이제 그녀의 삶은 넬슨에게로 향할 준비를 끝마쳤다. 정부였던 찰스 그렌빌이 자신의 삼촌이자 나폴리 주재 영국 대사인 윌리엄 해밀턴에게 그녀를 보내기로 결정한 것이다.

넬슨과 엠마가 만나기 직전의 삶

1789년 발생한 프랑스 혁명은 1792년 외국으로 도망치던 루이 16세와 왕비인 마리 앙투아네트를 처형하는 것으로 절정에 달했다. 프랑스에서의 혁명은 넬슨과 영국의 운명 모두를 바꿔놓았다. 영국은 징글징글한 적과 맞서야 했지만, 넬슨에게는 기다리고 기다리던 기회였다.

민중이 권력을 장악한다는 위험천만한 혁명 사상을 증오의 눈으로 바라봤던 주변의 군주국들은 자발적으로 조직된 프랑스군의 위력 앞에 차례차례 무릎을 꿇었다. 왕위 계승이나 땅따먹기 정도에 그쳤던 싸움은 이제 한쪽이 완전히 굴복해야만 끝나는 새로운 형태로 탈바꿈했다. 불도저 같던 프랑스군의 위력에 유일하게 맞서 싸운 건 바다와 영국 해군뿐이었다.

프랑스 혁명 덕분에 위기에서 벗어난 넬슨은 호시탐탐 전공을 세울 기회를 노렸지만, 지중해에서 보낸 초반에는 무능력한 상관과 반복되는 지루한 업무에 시달렸다. 1796년 '올드 저비'라는 별명으로 더 잘 알려진 저비스 경이 새로운 지중해 함대 사령관으로 오면서 그의 진가가 발휘된다. 보나파르트 장군이 이끄는 프랑스군이 이탈리아에서 연전연승하고, 스페인이 프랑스와 동맹을 맺으면서 지중해 함대는 요충지를 포기하고 물러나야만 했다. 넬슨은 코르시카와 엘바 섬에서 영국군을 퇴각시키는 위험한 작전을 처리함으로써 저비스 경의 기대에 부응했다.

이 시기 넬슨이 영국에 머물고 있는 부인에게 보낸 편지의 내용은 항상 무미건조하고 딱딱한 바다 얘기들과 저비스 경에게서 받은 칭찬들뿐이었다. 보통의 함장들이라면 장성으로 승진하는 것만으로도 꿈을 이루었다고 믿겠지만, 넬슨은 그것으로 만족하지 못했다.

1797년 세인트 빈센트에서 벌어진 스페인군과의 해전에서 그는 자신의 진가를 유감없이 발휘한다. HMS 캡틴을 지휘한 넬슨은 탁월한 조함

오른쪽 눈과 팔을 잃은 넬슨

실력으로 한꺼번에 두 척의 적선을 나포한 것이다. 이제 넬슨이라는 이름이 적에게는 공포로, 영국인들에게는 믿음직한 이름으로 새겨지기 시작했다. 넬슨은 이제 자신의 전설을 완성할 과정을 차근차근 밟는다.

1794년 코르시카에서 오른쪽 눈을 잃었던 그는 테네리페 전투에서 오른쪽 팔에 머스켓 총탄을 맞고도 지휘를 계속하다가 결국 팔을 잃고 말았다. 애꾸눈에 한쪽 팔까지 잃었지만 그의 열정까지 사라지지는 않았다. 그는 환호를 받으며 고국으로 돌아왔다. 그리고 처음으로 아내에게 상처 입은 몸을 맡겼다. 사이가 좋아질 절호의 찬스였지만, 둘 사이가 껍질만 남은 부부라는 사실만 확인했다. 몸이 회복된 넬슨은 다시 지중해로 돌아갔다.

1798년 보나파르트는 인도를 점령할 발판인 이집트를 차지하기 위한 원정에 나섰다. 넬슨은 함대를 이끌고 그의 뒤를 쫓았지만, 제한된 정보와 몇 가지 불운으로 인해 프랑스군의 알렉산드리아 상륙을 막지는 못했다. 때로는 프랑스 함대를 앞질러가기도 했던 넬슨의 함대는 드디어 8월 1일 나일 강 하구 아부키르 만에 정박 중인 프랑스 해군을 향해 쇄도했다. 과감한 그의 공격 앞에 프랑스 함대는 잿더미로 변했다. 그는 또다시 승리한 것이다.

찰스 그렌빌 경이 엠마를 나
폴리에 있는 삼촌에게 선물처럼
보낸 이유는 그에게 지고 있던
빚 대신이거나 몇 년 전 아내를
잃고 쓸쓸하게 지내는 삼촌에게
위안거리 삼아 보낸 것 같다. 이
유야 어쨌든 60세가 넘는 해밀
턴 경은 조카가 보낸 선물에 대
단히 흡족해했다. 그동안 상류
층의 품격과 매너를 익혔던 그
녀는 자신의 과거가 발목을 잡

해밀턴 경

지 않는 나폴리에서 활개를 펼 수 있었다.

어린 시절 남자들의 탐욕스러운 눈길 앞에서 여신을 연기했던 그녀는
신화의 본고장인 이탈리아에서 진짜 여신으로 거듭났다. 조지 롬니를
위해 취했던 포즈나 정체불명의 신전에서 배웠던 분장과 퍼포먼스가 나
폴리 사람들의 눈길을 끌었다. 당장 환갑을 넘긴 해밀턴 경이 그녀에게
청혼했다. 심지어는 이탈리아를 여행 중이던 괴테까지 사로잡았다. 시
궁창 같은 현실을 살아온 그녀에게는 나폴리 궁정은 놀이터에 불과했
다. 엠마는 이제 전설의 마지막을 장식할 무대에 올랐다.

엠마는 루이 16세와 함께 단두대에서 목이 잘린 마리 앙투아네트의
누이이자 나폴리 왕비인 마리아 카롤리나와 가깝게 지냈다. 당시 유럽
의 외교 업무라는 것이 궁중에서 왕족들과 친분을 쌓고 정보를 얻는 것
이 거의 전부였던 만큼 무능한 왕을 대신해 영향력을 행사하는 왕비와

호레이쇼 넬슨

가깝게 지낸다는 것은 단순한 사교활동을 넘어선 중차대한 외교 업무였다. 나이 든 해밀턴 경은 자신의 역할까지 대신하는 어린 아내를 대견스러워했다.

출신과 전력에 대한 비판 속에서도 나름 평온하게 지냈던 둘의 관계는 1798년 7월 프랑스 함대를 뒤쫓던 넬슨이 함대의 보급을 위해 나폴리에 나타나면서 균열하기 시작했다. 엠마는 나폴리 궁정에 퍼진 자신의 영향력을 이용해 시라쿠사에 정박한 영국 함대에게 신선한 물과 음식을 공급했다. 넬슨은 분명 그녀에게 고마움을 느꼈을 것이고, 기회가 된다면 직접 만나서 고마움을 표시하기로 마음먹었을 것이다. 넬슨과 엠마의 만남은 자연스럽게 진행됐다.

넬슨과 엠마가 만났을 때

●

1798년 9월 아부키르 해전에서 승리를 거두고 보급을 위해 다시 나폴리로 돌아온 넬슨은 비로소 처음으로 그녀와 마주쳤다. 오늘날까지 둘이 첫눈에 사랑에 빠져들었는지, 아니면 늙은 남편에게 싫증이 난 엠마가 유혹을 했는지 모른다. 혹 난생 처음 여자다운 여자를 본 넬슨이 상처 입은 몸으로 그녀에게 추파를 던졌을지도 모를 일이다. 확실한 건 넬슨은 오랫동안 사교계에 몸담은 능수능란하고 매력적인 그녀의 말과 자태에 넘어갔고, 엠마는 화약냄새와 바다냄새를 풀풀 풍기는 상처투성이 해군 제독의 남자다움에 빨려 들어갔다는 것이다.

둘의 관계는 전투와 격무에 시달려 지칠 대로 지친 넬슨에게 엠마가 시칠리아의 팔레르모에 거처를 마련해주면서 더욱 가까워졌다. 엠마의 곁에 칠해진 요부라는 선입견 때문에 그녀가 넬슨을 적극적으로 유혹했을 것이라는 시각이 우세하지만, 당시 상황만 놓고 보자면 아쉬운 쪽은 심신이 지친 넬슨이었다. 무뚝뚝한 아내는 멀리 영국에 있었고 함대 사령관이라는 직책이 주는 스트레스에 짓눌린 넬슨은 휴식이 필요했다. 엠마는 넬슨에게 편안한 휴식이 되어주었다.

넬슨과 엠마의 이야기에서 또 다른 등장인물인 해밀턴 경은 둘의 관계를 묵인했다. 나이 든 남편이 어린 아내를 새로운 정부에게 기꺼이 양보했다는 것이다. 실제로 셋의 기묘한 동거는 남자들의 습성을 생각해보건대 어느 한쪽(해밀턴 경일 가능성이 높다)의 양보가 전제되지 않고서는 이루어지기 힘든 모양새다. 해밀턴 경은 한쪽 눈과 팔이 없는 해군 제독에게 기꺼이 자리를 양보했을까? 아니면 헤어지겠다는 엠마의 협박에 맞서 이 이상한 결합을 타협안으로 내놓았던 것일까? 어쨌든 나이 든 남편은 대인배처럼 아내를 양보했다.

셋의 기묘한 결합은 나폴리 왕실이 파죽지세로 이탈리아 반도를 밀고 내려오는 프랑스군을 피해 시칠리아로 피난을 가는 와중에도 굳건했다. 넬슨에게는 단순히 함대 지휘관의 임무만 주어진 게 아니었다. 지중해에서 기항지와 보급물자를 제공할 동맹국을 구하고, 터키와의 전쟁에서 승리하고 지중해로 진출하기 시작한 러시아를 견제하는 한편 이탈리아 반도를 장악한 프랑스가 바다를 건너 시칠리아를 점령하는 사태를 막아야만 했다. 단순히 적을 끌어내서 전투를 벌이고 승리하는 것보다 더 고차원적이고 고되면서도 전사와는 어울리지 않는 일을 수행해야 했다.

팔레르모에 있는 해밀턴 경의 저택에서 머물며 이 모든 것들을 이끌

호레이쇼 넬슨

던 그에게는 허송세월을 보내고 있다는 따가운 시선, 남편이 있는 여인과 사랑에 빠졌다는 손가락질이 이어졌다. 심지어는 그가 도박과 음주에 빠져들었다는 소문도 돌았다. 탐욕스러울 정도로 명예와 명성을 탐닉했던 그로서는 참을 수 없는 모욕이었겠지만, 그런 그를 위로준 것도 엠마였다. 대체 엠마의 어떤 점이 그를 사로잡았을까?

당대, 그리고 현대의 학자들은 넬슨과 엠마의 관계가 대단히 부적절하고 음란하다는 전제조건에서부터 모든 것을 시작했다. 따라서 엠마에게 그의 실책들, 소위 얘기하는 어두운 과거들을 떠넘겼다. 나폴리에서 벌어진 자코뱅 당원들의 처형과 학살에 그가 관여했고, 명예욕에 눈이 어두웠던 것 등등이 모두 엠마 탓이라는 주장은 넬슨을 추앙하는 사람들에게는 변명거리로 쓰였고, 넬슨을 부정하는 사람에게는 공격거리가 되었다. 한편 오랫동안 바다에서만 생활을 했던 넬슨이 정신적으로 성숙하지 못했기 때문에 이런 실수들을 저질렀다는 주장도 존재한다.

물론 유부남이었던 넬슨이 유부녀였던 엠마와 사랑에 빠진 건 대단히 부적절한 일이었다. 더군다나 엠마의 법적 남편인 해밀턴 경이 그들의 사이를 묵인했다는 것 때문에 둘의 관계는 기괴해 보이기까지 한다. 하지만 넬슨이나 엠마 모두 자신의 삶을 제대로 살지 못했다. 열세 살부터 배를 타기 시작한 넬슨은 40대가 되기까지 늘 격무와 전투 속에서 지냈다. 엠마 역시 비슷한 나이 때부터 의지할 남자들을 찾아서 떠돌아야만 했다. 두 사람은 서로 만났을 때 비슷한 삶의 궤적을 공유했다고 느끼지 않았을까? 그런 삶을 살아온 사람들끼리만 공유할 수 있는 이해들이 사회가 만들어낸 규범들을 단숨에 뛰어넘게 만들었다.

넬슨이 진정으로 사랑한 것은 바다와 승리였을 것이다. 부인과의 무미건조한 결혼생활이나 엠마와의 열정적인 사랑 속에서도 넬슨은 항상 자신에게 주어진 사명을 갈망했다. 그가 남들보다 뛰어난 해군 지휘관이 된 것은 이루고자 하는 목표가 남들보다 더 뚜렷하고 명확했기 때문이다. 그런 넬슨에게 엠마와의 사랑은 단지 인간으로서의 휴식에 불과할 뿐이었다. 지휘관으로서의 넬슨의 판단에 엠마가 얼마만큼 끼어들려고 노력했는지는 알 수 없지만, 넬슨이 엠마의 속삭임에 빠져 의지를 굽히는 일 따위는 없었다.

1800년 프랑스 혁명의 여파로 벌어진 나폴리 왕국의 반란을 진압한 넬슨은 자신의 아이를 임신한 엠마와 해밀턴 경과 함께 드디어 귀향길에 오른다. 오스트리아의 유명한 작곡가 하이든이 〈넬슨의 서곡〉을 헌정한 것도 이때였다. 바다에서의 넬슨은 승승장구했지만, 유럽의 정세는 영국에게 절망만을 안겨줬다. 이집트에서 돌아온 보나파르트는 유럽에 있는 영국의 동맹국들을 차례로 굴복시켰다. 그런 상황에서 영웅의 귀환은 영국인의 목마름을 채워주었다. 고국으로 돌아온 넬슨은 아내와의 이혼절차를 밟아나갔다. 배가 불룩한 엠마가 넬슨 곁에 있는 것을 본 사람들의 심정은 복잡하거나 혹은 난처해했다.

넬슨의 다음 상대는 덴마크였다. 영국과 프랑스의 전쟁이 미친 여러 파장들 중 하나인 무역문제와 몰타를 둘러싼 영국과 러시아의 신경전이 확대되면서 영국이 팔을 걷어붙인 것이다. 영국과 프랑스의 눈치를 보던 유럽은 러시아의 파벨 1세가 몰타문제로 영국과 틀어지면서 프랑스로 기울자 영국에게 슬금슬금 등을 보였다. 영국은 그중 만만한 덴마크에게 본보기를 보일 결심을 한다.

하이드 파커 경이 지휘하는 함대의 부사령관으로 임명된 넬슨은 그가 세상에서 가장 잘 할 수 있는 걸 하기 위해 차가운 북해를 가로질러 갔다. 적과 마주선 넬슨은 특유의 과감함으로 상관인 파커와 덴마크 해군을 압도했다.

1801년 4월 2일 넬슨은 장애물과 육상포대가 기다리고 있는 코펜하겐의 항구를 공격했다. 암초나 육상포대, 그리고 맹렬하게 저항하는 덴마크 해군도 그의 의지를 꺾지 못했다. 심지어는 우유부단했던 함대 사령관 파커 경이 전투 중지를 알리는 깃발을 올렸다는 것도 무시했다. 넬슨은 아무것도 볼 수 없는 오른쪽 눈에 망원경을 들이대고는 철수 신호가 오른 사령관의 기함을 쳐다보면서 이렇게 말했다.

"아무것도 안 보이는군. 내가 볼 수 있는 유일한 눈은 늘 적을 쳐다보고 있다네."

넬슨의 부하들 역시 그를 따라 적을 몰아붙였다. 결국 영국군의 상륙을 두려워한 덴마크는 무릎을 꿇고 말았다. 그는 다시 영웅이 되었다. 러시아 상트페테르부르크 앞바다까지 진출한 넬슨의 영국 해군은 조국을 위기에서 구했다.

조국으로 금의환향한 넬슨은 난생 처음이자 마지막으로 집에서 가까운 곳에서 복무를 하게 되었다. 해협 건너편에 군대를 집결한 프랑스에 맞서 해협을 지키는 임무를 맡게 된 것이다. 넬슨에게는 전혀 안 어울리는 임무였지만, 엠마와 갓 태어난 딸 호레이샤를 보는 재미에 푹 빠졌다. 물론 해밀턴 경까지 한 집에서 지내는 것 때문에 사람들의 따가운 시선을 받아야만 했다.

학자에 따라서는 엠마가 넬슨을 통제하고 지배했다고 말하기도 한다. 육지에서의 삶에는 초보였던 넬슨이 엠마가 시키는 대로 했다는 것이다. 하지만 소소한 일상생활에서 아내 혹은 연인의 말에 잘 따르는 건 가정생활에 충실하려는 또 다른 노력의 일환이 아니었을까? 늘 바다에서 생활하는 넬슨은 홀로 남겨진 엠마에게 미안하기도 했고, 아직도 사그라지지 않은 그녀의 미모 때문에 불안하기도 했을 것이다. 따라서 그의 노력은 복종보다는 양보와 타협이라는 말이 더 적당하지 않을까? 에베레스트 정상에 올랐다고 그 산을 '정복'한 건 아닐 테니까 말이다.

1802년은 아버지 에드먼드의 죽음을 제외하고는 넬슨의 삶에서 보기 드물게 평온한 해였다. 그는 가는 곳마다 사람들의 환영을 받았다. 하지만 그가 꿈꾸는 진짜 무대는 바로 바다였고, 진정한 환호는 포성과 승전보였다. 다음해 넬슨은 드디어 지중해 함대 사령관 자리에 올랐다. 드디어 자신의 능력을 마음껏 발휘할 수 있는 기회가 온 것이다.

프랑스가 바다로 나오지 못하게 하는 것에 영국의 운명이 걸렸다는 건 온 유럽 대륙이 프랑스의 지배에 들어갔다는 사실만큼이나 명확해졌다. 넬슨은 막중한 임무를 수행하는 외중에도 틈틈이 엠마에게 편지를 썼다. 그가 출발하기 전 엠마의 법적 남편이었던 윌리엄 해밀턴이 사망했다.

넬슨과 엠마가 헤어지기 직전의 삶

●

넬슨은 지중해 함대를 지휘하면서 1803년과 1804년을 보내고 1805년을 맞이했다. 프랑스 해군에 대한 봉쇄와 불온한 움직임을 보이는 스페인에 대한 빈틈없는 감시는 사람을 녹초로 만들었다. 하지만 넬슨에게

호레이쇼 넬슨

는 진심으로 평온한 일상이었다.

영원히 반복될 것 같던 대치는 보나파르트에 의해 깨졌다. 어떻게든 영국을 굴복시키지 않으면 유럽을 지배하지 못한다는 사실을 깨달은 그가 가장 결정적인 장애물인 영국 해군을 처리하기로 결심한 것이다. 정석대로 하지 못하면 속임수를 쓰면 되는 법. 보나파르트는 영국 해군 앞에서 신중해질 수밖에 없는 제독들을 질타하며 직접 전략을 짜냈다. 육지에서 그랬던 것처럼 상대방의 허를 찌르는 기동으로 영국 해군을 물리칠 생각이었다.

하지만 바다에는 인간의 의지만으로는 움직이지 않는 부분도 존재했다. 보나파르트가 구상한 전술은 항구를 봉쇄 중인 영국 함대를 서인도 제도로 유인한 뒤, 그 사이 영국 해협을 건넌다는 것이다. 설사 그의 구상대로 영국 해군을 먼 곳으로 유인했다고 해도 과연 프랑스 육군이 순조롭게 상륙을 할 수 있었을지는 아직까지 의문이긴 하다. 중요한 건 비슷한 시기 넬슨 역시 미끼를 놓을 준비를 하고 있었다는 것이다.

봉쇄와 통제는 당하는 쪽에도, 실행하는 쪽에도 적지 않은 부담을 준다. 넬슨은 실패를 두려워한 전임 제독들의 단순한 봉쇄전략에서 벗어나 프랑스 해군을 바다로 유인해 결전을 벌이기로 결심한다.

1805년 3월 빌뇌브 제독이 이끄는 프랑스 함대는 툴롱에서 출항해 바다로 나왔다. 카디스에서 스페인 함대를 합류시킨 프랑스—스페인 연합 함대와 뒤늦게 그 소식을 들은 넬슨의 영국 해군 간의 숨바꼭질이 바다 위에서 펼쳐졌다. 서인도 제도에서 벌어진 숨바꼭질은 아슬아슬한 불운과 거짓 정보로 인해 넬슨을 뒤처지게 만들었다.

다섯 달의 숨바꼭질 끝에 프랑스—스페인 연합 함대는 카디스에 입항

했다. 8월 짧은 휴가를 받고 영국으로 돌아온 넬슨은 가족과의 오붓한 시간을 즐기기 위해 애를 썼다. 영국에 있는 동안 넬슨은 몇 년 후 워털루에서 보나파르트의 야망을 꺾은 미래의 웰링턴 공작(당시에는 아서 웰즐리 소장)을 만나 잠깐 담소를 나눴다. 바쁜 일정을 마친 넬슨은 엠마와 어린 딸 호레이샤의 배웅을 받으며 다시 배에 올랐다.

연인과 딸에 대한 애틋한 마음을 한쪽에 몰아넣은 넬슨은 카디스에 있는 프랑스—스페인 연합 함대를 봉쇄 중인 지중해 함대로 돌아왔다. 항구에 틀어박혀 있는 연합 함대의 전열함 숫자가 더 많았지만 영국 해군에게는 부족한 전열함 숫자를 커버할 수 있는 노련함과 용기, 그리고 넬슨이 있었다.

동서고금을 막론하고 가장 싸우기 어려운 적은 싸우고 싶지 않아 하는 적이다. 조선의 충무공은 그런 일본 수군을 유인해서 학익진을 펴서 승리했지만, 넬슨은 그럴 필요가 없었다. 보나파르트는 소극적인 행동을 거듭하는 해군을 거듭 질책했고, 결국 연합 함대를 지휘하던 빌뇌브 제독은 교체되는 수모를 겪지 않기 위해 싸움을 결심했다.

10월 19일 드디어 연합 함대가 안락한 보금자리 카디스 항구를 박차고 나왔다. 그들은 서로와 싸우기 전에 바다와 싸워야만 했다. 서른세 척의 연합 함대와 스물일곱 척의 영국 함대는 진형을 맞추기 위해 오랫동안 애를 써야만 했다. 결국 스페인 함대를 후위에 둔 프랑스 함대의 단종진(일렬로 늘어서는 형태)에 두 개의 대열로 갈라진 넬슨의 영국 함대가 치고 들어갔다. 넬슨의 기함을 선두로 영국 함대는 연합 함대를 사납게 물어뜯었고, 기가 죽어 있던 연합 함대는 첫 포성이 울리는 순간부터 열세에 몰렸다.

트라팔가르 해전

전열함과 대포가 지배하던 당시의 해전은 현 측에 나란히 배를 대고 포격전을 벌이다가 배를 갖다대고, 병사들이 상대편 배로 올라가서 점령을 하는 형태였다. 좁은 배 안으로 날아든 포탄이 방금 전까지 웃고 떠들던 동료를 시뻘건 고깃덩이로 만드는 일이 비일비재했다. 흑색화약이 만들어낸 연기는 안개처럼 주변을 가리고, 죽어가는 동료의 비명이나 절규는 공포와 두려움에 맞서는 규율과 복종의 한계치를 시험했다.

영국 해군은 수적으로 우세한 연합 함대를 몰아붙였고, 승세는 이제 영국 해군에게 기울었다. 프랑스 전열함 르두터블과 현 측을 맞대고 포격전을 벌이던 기함 빅토리에 있던 넬슨이 저격을 당한 것도 이때쯤이었다. 넬슨은 총에 맞는 순간 이번에는 팔이나 다리 하나만 내주고 끝날 것 같지는 않다는 걸 눈치 챘다. 부하들의 사기가 저하될 걸 우려한 측근들이 그의 얼굴을 손수건으로 가리고 갑판 아래로 데려갔다.

저격당한 넬슨

넬슨은 생의 마지막 순간을 피비린내와 화약연기가 물씬 배어 있는 갑판 아래에서 맞이했다. 고통스러웠지만 죽음을 준비할 시간이 있었기 때문에 그는 전설을 만들 수 있었다. 엠마와 딸에게 유언을 남기고 전투 상황을 보고 받던 그는 눈을 감는 순간 아카데미 남우주연상을 받을만 한 명장면 명대사를 연출했다. 그는 숙연해져 있는 부하들에게 최후의 유언을 남겼다.

"신에게 감사드린다. 나는 내 의무를 다했노라."

물론 200여 년 전 조선의 바다를 지킨 또 다른 영웅 충무공이 남긴 유언보다는 좀 덜 절박하기는 했지만 말이다. 충무공이 남긴 유언은 "싸움이 아직 급하니 나의 죽음을 알리지 마라."였다.

호레이쇼 넬슨

둘의 공통점은 또 하나 있다. 모함을 받고 투옥당한 전력 때문인지 후대 학자들이 충무공의 죽음을 일종의 자살로 보는 것처럼, 넬슨의 죽음 역시 일종의 자살로 보는 것이다. 자살설을 주장하는 학자들은 그가 선두에 서서 전투를 지휘했고, 화려한 사령관의 복장을 갖춘 채 특별히 몸을 숨기려는 행동을 하지 않았다는 것을 근거로 든다. 그렇다면 자살을 하려고 했던 이유는 무엇일까? 아내와 이혼하고 엠마와 함께 지내는 것에 대한 사람들의 비난을 버거워했을까? 진실은 넬슨만이 알고 있겠지만. 넬슨은 자신의 명성을 마지막 한 모금까지 음미하면서 엠마와 딸 호레이샤와 행복하게 살려고 했을 것이다. 어쨌든 불세출의 명장은 승리의 함성 속에서 불멸의 전설을 만들며 눈을 감았다.

넬슨이 엠마 곁을 떠난 다음의 삶

영웅의 죽음은 승리의 기쁨을 날리기에 부족함이 없었다. 그리고 그 중에서 가장 크게 슬퍼해야 했던 건 엠마였다. 넬슨의 가족들이 그의 죽음에 대해 어떤 식으로든 보상을 받았다면 엠마는 소외당했다. 넬슨은 해전이 벌어지기 전 자신이 죽을 경우 엠마와 호레이샤에게 유산을 상속하고 국가가 보상을 해줘야 한다는 유언장을 작성했지만 정식으로 결혼하지 않았기 때문에 법적인 효력은 없었다.

엠마의 모든 힘과 영향력은 오직 넬슨을 통해서만 이뤄졌고, 이제 넬슨이 없어졌으니 아무도 엠마에게 눈길을 주지 않았다. 넬슨의 유산을 나눈 친척들은 엠마가 장례식에 참석하는 것조차 막았다. 넬슨은 이제 전설이 되어야만 했고, 그 전설 속에서 엠마는 반드시 지워져야 하는 존재였기 때문이다.

넬슨의 부하들은 그녀를 도와주려고 했지만 아무 소용이 없었다. 사치스럽게 지내던 습관을 버리지 못했던 엠마는 넬슨과 함께 머물던 집까지 처분했지만, 결국 빚을 갚지 못하고 감옥에 갇히고 말았다. 넬슨의 옛 부하들 덕분에 풀려난 엠마는 프랑스로 건너가 술에 빠진 채 가난에 시달리다 1815년 칼레에서 숨을 거뒀다. 그녀와 넬슨 사이에서 난 유일한 혈육이었던 호레이샤는 친척들 손에 길러졌다가 목사의 아내가 되었다. 사람들이 기대하는 영웅의 어두운 그림자다운 최후였다.

엠마는 넬슨의 죽음 이후에도 여전히 사치와 방종을 부리다가 정신을 차리지 못하고 비참하게 눈을 감았던 것일까? 여성의 사랑을 조금이라도 이해한다면, 이혼과 불륜이라는 선입견을 벗는다면 엠마의 삶 역시 넬슨의 삶과 함께 1805년에 끝났다는 사실을 가슴으로 받아들일 수 있을 것이다.

그 후의 이야기들

넬슨의 삶은 죽음 이후에도 여러 가지 이미지로 남았다. 1841년 조성된 트라팔가르 광장에는 넬슨의 동상이 55미터의 기둥 위에 서서 자신이 구해낸 영국을 내려다보고 있다. 개인의 영달이나 혹은 명성을 누리기 위해 충무공을 깎아내리는 사람들처럼 영국에서도 넬슨의 삶이 불완전했다는 점을 말하는 사람들과 그렇지 않다고 말하는 사람들 간에 논쟁이 수백 년 동안 이어져 왔다. 인간으로서 불안하거나 불충분하다면 영웅이 될 수 없다는 말인가? 법적인 테두리를 벗어나 인간으로 사랑에 빠지는 건 영웅의 조건이 아닐까?

영국과 영국인들은 넬슨의 삶이 빛을 발했던 시기와 비슷한 위기에 처했던 제2차 세계대전 당시 케케묵은 그를 다시 끄집어냈다. 넬슨과 엠마 해밀턴의 일생을 다룬 영화 〈해밀턴 부인〉이 만들어진 시기가 히틀러의 침공과 힘겹게 맞서 싸우던 1941년이라는 점은 흥미롭다. 이 영화에서 넬슨을 연기한 로렌스 올리비에는 해밀턴 부인 역할을 맡았던 비비안 리와 사랑에 빠졌다. 각기 부인과 남편이 있던 두 사람은 넬슨과 해밀턴처럼 각자의 배우자들을 떠나 둘만의 사랑에 빠졌다.

넬슨이라는 이름은 그 후에 건조된 영국 해군 함정으로 계승되었다.

1927년 완성된 넬슨급 전함(넬슨, 로드니)들은 16인치 포를 장착했다. 1939년 HMS 넬슨은 스카파 플로우에서 정박하다가 퀸터 프린 함장이 지휘하는 독일 잠수함 U-47이 발사한 어뢰에 맞아 손상을 입기도 했지만, 전쟁기간 내내 영국의 바다를 지켰다. 1945년 히틀러가 자살하고 독일이 항복하자 영국 시민들은 트라팔가르 광장에 나와서 승리의 기쁨을 누렸다. 넬슨과 함께.

1949년 가혹한 전쟁 속에서도 살아남았던 넬슨급 전함들은 세월과의 싸움에서는 무기력하게 패배해서 고철로 매각되어 해체되었다. 이후 영국 해군에는 넬슨이라는 이름이 붙은 함정이 사라졌다. 대신 포츠머스에 있는 해군 기지에 넬슨이라는 이름이 붙었다. 육지에 익숙하지 않았던 넬슨은 육지에 있는 기지에 자신의 이름이 명명된 걸 알면 어떤 기분일까?

넬슨의 시신은 럼이 들어 있는 통에 넣어져서 영국으로 돌아왔다. 그 후 영국인들은 짙은 색의 다크 럼을 '넬슨 블러드', 즉 넬슨의 피라고 불렀다.

07

마타 하리

LOVER

Mata Hari

말뚝 위에 앉아서 휴식을 취하던 새는 갑자기 나타난 인간들 때문에 멀리 날아갔다. 새벽을 채웠던 안개들도 희미한 흔적만을 남겨놓고 사라져버렸다. 충만한 빛이 듬성듬성 나무들이 서 있는 산사면과 그 아래 벌판에 내리쬐었지만 그 안을 걸어가는 인간들의 표정은 하나같이 어두웠다. 가운데가 솟아오른 아드리안 헬멧을 쓰고 푸른 코트를 입은 열두 명의 병사들이 나란히 섰다. 콧수염을 기른 헌병대 부사관 두 명이 한 여인을 끌고 나왔다.

나란히 선 병사들 사이에서 나지막하게 마타 하리라는 말이 흘러나왔다. 전선의 병사들에게 요염한 마타 하리의 사진엽서는 최고의 인기였다. 병사들 앞에 선 마타 하리는 늙고 지쳐 보였다. 그녀를 처형대로 쓰는 말뚝 앞에 세운 부사관들이 코트 주머니에서 밧줄과 눈을 가릴 검은 천을 꺼냈다. 그때까지 침묵하고 있던 그녀가 짧게 말했다.

"내게 손대지 말아요. 그리고 그건 필요 없어요."

잠시 주저하던 부사관들은 서로 눈짓을 주고받고는 뒤로 물러섰다. '앞에 총'이라는 구령과 함께 나란히 서 있던 병사들이 총을 들어 올렸다. 그녀는 잠깐의 공백에 천천히 숨을 내뱉었다. 2월 17일 프랑스 정보부에 체포된 이후 처음 느껴본 편안함이다.

"내가 잘못한 걸까?"

그녀는 스스로에게 묻고 강하게 고개를 저었다. 지독했던 가난 그리고 그 가난에서 벗어나기 위해 억지로 해야 했던 첫 번째 결혼이 섬광처럼 떠올랐다가 사라졌다. 사랑하는 아들의 죽음을 뒤로 하고 파리로 왔지만 무일푼 신세였다. 아무것도 없던 그녀가 뭘 할 수 있었을까?

'겨눠 총' 이라는 메마른 구령과 함께 열두 개의 총구가 보였다. 이제 아주 잠깐의 시간밖에는 없었다.

놀이 공원의 회전목마처럼 과거가 번쩍거렸다. 고귀한 귀족, 왕족들과 지냈고, 잘생긴 장교들이 번갈아 가면서 구애를 했다. 그녀는 입술을 모으고 소리 없이 웃었다. 그녀가 다시 숨을 내쉬는 순간 헌병대 부사관이 마지막 구령을 뱉었다.

"발사!"

열두 번의 총성이 둔탁하게 울려 퍼졌다. 말뚝에 미련을 버리지 못하고 하늘을 빙빙 돌던 새가 총성에 놀라 산 너머로 날아갔다. 그녀는 가슴을 베어내는 것 같은 거대한 통증에 무릎을 꿇었다. 깜빡거리던 눈꺼풀의 떨림이 서서히 잦아들었다. 그리고 세상과의 마지막 끈을 놓은 그녀의 육체가 옆으로 쓰러졌다. 리볼버 권총을 뽑아든 헌병대 부사관 한 명이 허리를 굽히고 그녀의 시신을 내려다봤다.

시신을 확인한 부사관이 죽었다는 손짓을 하자 해부용 시신을 구하기 위해 기다리고 있던 파리 제3병원 소속 앰뷸런스가 그녀의 시신을 향해 천천히 다가갔다.

그녀를 보는 두 가지 시선

인간은 보고 싶은 것만 보는 존재다. 두 개의 눈동자를 통해 들어온 시각적 이미지는 동일하지만, 그 이미지를 받아들이는 두뇌와 가슴은 선입견을 비롯해 여러 가지 창작된 감정으로 오염되어 있다. 오늘날 우리에게 남겨진 몇몇 사건들은 그런 신화와 전설로 범벅되어 있다.

세상에서 가장 오래된 직업이 창녀와 스파이라는 말은 절반 이상 진실일 것이다. 구약성경에는 가나안 땅을 살펴보기 위해 잠입한 열두 명의 이야기가 있다. 중국의 오래된 병법서인 《손자병법》에도 간첩에 관한 항목이 있다. 문명이 발달하면서 좀 더 거창해지고 세련되어졌지만 스파이의 본질은 최초의 임무에서 그렇게 멀리 떨어져 있지 않다.

마타 하리를 보는 두 가지 시선은 한 사람을 향해 있다고 믿기지 않을 만큼 상반된다. 비밀에 둘러싸인 그녀의 일생 그리고 그녀를 둘러싼 강대국들의 힘겨루기는 아직도 밝혀지지 않은 부분이 많다. 간첩혐의로 체포된 그녀는 프랑스 법정에서 사형판결을 받았다. 재판관은 그녀가 캐낸 정보들이 프랑스군 5만 명의 목숨을 빼앗을 수 있을 만큼 중대한 것이라고 말했다. 과연 그녀는 스파이였을까?

오랜 세월 동안 남자들은 아름다운 여인들에 대한 신화와 전설을 쌓아왔다. 아름다운 여인들이 자신이 가진 것을 모두 빼앗을지 모른다는 원초적인 공포심은 욕망과 두려움으로 범벅이 된 신화를 탄생시키고 전해주었다.

고대 중국에서는 왕조가 교체되는 원인을 군주의 타락과 방종에서 찾았고, 마지막 군주 옆에는 멸망을 재촉한 미모의 여인이 있었다. 유럽도 사정은 비슷하다. 남편을 버리고 다른 남자를 따라간 헬레네 덕분에 그리스와 트로이는 10년 동안 전쟁을 벌였다. 물론 전쟁을 벌인 진짜 이유는 따로 있었지만 모든 원죄는 그녀가 뒤집어썼다. 이집트 프톨레마이오스 왕가의 마지막 군주인 클레오파트라에게도 비슷한 신화가 전해진다. 그녀에게는 미모로 카이사르와 안토니우스를 유혹해 로마를 내란의 구렁텅이로 빠뜨렸다는 죄목이 씌어졌다. 그녀가 자신의 왕국을 지키기 위해 필사적으로 노력했다는 사실은 그 누구도 이해하지 않았다.

마타 하리에게도 오랫동안 전해져 내려온 신화의 굴레가 씌워졌다. 미모를 이용해 고위 장성들에게 정보를 캐내 적국에 팔아넘겼다는 것이다. 잘못의 무게로 따진다면 그녀에게 아무 생각 없이 중요한 정보를 털어놓은 사람들의 죄가 더 무겁지 않을까? 물론 그녀는 남자들 앞에서 저속한 춤을 추는 무용수이자 몸을 파는 매춘부였다. 그녀의 애인들은 대부분 각국의 저명한 정치인이나 재력가, 혹은 왕족들이었다. 그녀는 배고픔을 이기기 위해서 춤을 추었고, 웃음과 몸을 팔았다. 어느 날 진실한 사랑을 찾아 여행을 떠났지만 종착지는 차가운 총구 앞이었다. 이 아이러니한 불평등은 과연 누구 탓일까?

첫 번째 운명의 남자 - 캠벨 매클라우드

마타 하리라는 가명으로 더 유명한 그녀는 1876년 8월 7일 네덜란드에서 태어났다. 태어날 당시의 이름은 마르가리타 게르트로이드 젤러였다. 그녀는 모자사업을 하던 아버지 아담 젤러 덕분에 부유한 어린 시절을 보냈다.

평범했던 일상은 그녀가 열세 살이 되었을 때 아버지의 사업이 파산하면서 일그러진다. 아버지가 무너진 사업을 일으켜 세우기 위해 안간힘을 쓰는 사이 충격에 빠진 어머니는 아이들을 데리고 별거에 들어갔다. 당연한 것처럼 누렸던 모든 것들을 빼앗긴 소녀에게는 대신 가난과 배고픔이 주어졌다. 별거 후 시름시름 앓던 어머니가 세상을 떠났다.

장례식이 끝난 후 아버지는 아이들을 친척과 친구들에게 맡겼다. 그녀는 대부 히어 비세의 집으로 갔다. 그녀의 탄생을 축복했던 대부는 그녀에게 적당한 직업을 찾아주었다. 레이덴에 있는 유치원 교사 양성 학교에 보낸 것이다. 만약 그녀가 별일 없이 학교를 졸업했다면 역사 속에서 티끌 만한 흔적도 찾아볼 수 없었을 것이다. 하지만 그녀의 미래를 암시하는 사건이 터진다. 학교 교장의 남편과 스캔들이 난 것이다. 나이 어린 그녀는 주변의 눈길을 견디지 못하고 학교를 나오고 만다.

앞길이 막막해진 그녀는 신문에 난 광고를 보고 결혼을 결심한다. 지금으로서는 낯선 일이지만 아시아나 아프리카의 식민지에 살던 유럽 남성들이 적당한 배우자를 찾기 위해 신문에 광고를 내는 것은 당시 흔한 일이었다.

1895년 7월 11일, 19세의 그녀는 신부를 구한다는 광고를 낸 스코틀랜

드 출신의 네덜란드군 장교인 캠
벨 매클라우드 대위와 결혼한다.
39세의 남편은 어린 신부에게 푹
빠져서 번개같이 청혼하고 그녀
를 낚아챘다. 둘의 결혼이 급하게
성사된 원인을 그녀의 임신에서
찾는 경우도 있지만, 둘의 첫 번
째 아이 존은 1897년 1월에야 태
어났다. 아이가 태어나고 다섯 달
후 캠벨 매클라우드 대위는 네덜
란드령 동인도 제도인 자바로 발
령을 받았다. 자바에 도착한 지 1

마르가리타와 캠벨

년 후인 1898년 5월 둘째 딸 잔느 루이스를 낳았다.

장교의 부인으로 지내기는 분명 나쁘지는 않았을 것이다. 그녀가 평
범했다면, 혹은 삶에 순응했다면 마타 하리는 없었을 것이다. 나이 많은
남편 매클라우드 대위는 젊고 아리따운 아내에게 주변의 시선이 쏠리는
것을 못 견뎌 했다. 둘의 관계는 점점 소원해졌다. 알콜 중독자인 그는
곧잘 그녀를 구타했다. 아슬아슬하던 둘의 관계는 아들 존이 앙심을 품
은 하인에게 독살당하면서 파국으로 치닫는다. 그녀는 남편의 바람기가
아들의 죽음을 불러왔다고 분노했고, 남편은 아내의 소홀함이 아들을
죽음으로 몰고 갔다고 비난했다.

가난에서 벗어나기 위해 선택했던 결혼은 결국 7년 만인 1902년 이혼
으로 끝이 난다. 딸을 빼앗긴 그녀는 위자료를 받고 양육권을 찾기 위해

223

소송을 벌였지만, 돌아온 것은 남편이 신문에 실은 조롱조의 광고뿐이었다.

"나는 암스테르담의 시민들에게 나의 경박한 아내 마르가리타 매클라우드 젤러에게 상품을 팔거나 서비스를 제공하지 않기를 요구한다."

그녀에게는 이혼녀라는 주홍글씨가 새겨졌다. 주변의 따가운 눈총과 생활고에 못 이긴 그녀는 무작정 파리로 떠난다. 그녀의 나이 27세였다.

마타 하리, 전설의 시작

●

성공할 것이라는 부푼 꿈을 안고 도착한 파리였지만 무일푼에 별다른 재능이 없던 그녀에게는 지옥이나 다를 바 없었다. 비슷한 처지의 예술가들이 머무는 싸구려 호텔에 여장을 푼 그녀의 첫 번째 직업은 누드모델이었다. 하지만 그 일로는 입에 풀칠조차 하기 어려웠다. 그녀는 돌파구를 찾기로 결심했다. 스스로 결심했는지 아니면 누군가의 충고였는지는 알 수 없지만 무희가 되기로 한 결정은 그녀의 운명을 반전시켰다.

세상 모든 일처럼 춤을 추는 무용수의 세계 역시 치열한 경쟁이 존재한다. 춤을 정식으로 배우지 않았고, 나이도 이미 20대 중반을 넘긴 그녀는 자신만의 장점으로 승부를 건다. 인도네시아에서 배운 벨리댄스를 춘 것이다. 검은 머리에 갈색 눈동자를 가진 이국적인 외모의 그녀가 추는 벨리댄스는 사람들의 시선을 단번에 끌어모았다. 보석으로 치장된 겉옷을 하나씩 벗어던지는 그녀의 낯선 춤에 사람들은 열광했다.

성공은 가파르게 이어졌다. 부유한 실업가이자 동양미술 애호가였던

에밀 기메가 그녀의 춤에 반해
공연을 제의한 것이다. 에밀 기
메가 수집한 동양의 예술품들을
전시한 기메 박물관에서 벌인
공연은 대성공이었다. 에밀 기
메는 성공적으로 공연을 끝낸
그녀에게 이름을 바꿀 것을 충
고했다.

그녀는 레이디 매클라우드라
는 이름 대신 마타 하리로 바꿨
다. 마타 하리는 말레이시아어
로 '여명의 눈동자'란 뜻이다.
같은 해 몽마르트르 언덕에 있
는 물랭루주에서도 공연을 할
수 있었다.

마타 하리

그녀는 곧 극장의 유명댄서가 되었고, 그녀의 주변에는 사람들이 모
여들었다. 사람들은 어두운 무대 위 하늘거리는 드레스에 보석을 주렁
주렁 단 그녀의 모습에 열광했다. 나체에 가까운 의상으로 이국적인 춤
을 선보이는 그녀는 남자들의 욕망을 단적으로 드러낸 흐릿한 그림자였
다. 일약 유명인사가 된 그녀는 자신의 존재 주변에 비밀들을 흩뿌려놓
는다.

"나에게는 동양의 피가 섞여 있어요. 할머니가 인도 마두라 총독의
딸이었죠. 아버지는 귀족 출신이랍니다."

225

전성기의 마타 하리

사람들은 동양적인 그녀의 외모에 빠져 그 말을 곧이곧대로 믿었다. 그녀의 공연은 파리에서 큰 인기를 끌었고, 곧 유럽 전역으로 명성이 퍼져 나갔다. 밀라노와 베를린 등지에서 열린 그녀의 공연은 대성공을 거두었다. 가난뱅이 이혼녀 마르가리타는 사라지고 동양에서 온 신비로운 무용수 마타 하리가 탄생한 것이다.

그녀의 주변에 무수히 많은 상류층들이 모여들었다. 독일 주재 프랑스 대사를 지냈던 줄 캉봉을 비롯해 네덜란드의 수상을 역임한 반 데어 카펠른 남작, 제펠린 비행선의 조종수로 명성을 떨친 보포트 후작이 그녀의 애인명단에 오르내렸다. 특히 프로이센의 빌헬름 황태자는 그녀를 공공연하게 옆에 데리고 다녔다. 지금 기준으로 치면 고급 콜걸쯤 되겠지만 남자의 욕망이 좀 더 자유로웠던 시기였던 탓에 그녀는 대단한 유명세를 누렸다.

끝없는 성공가도를 달렸지만 그녀의 마음속에는 빼앗긴 딸이 항상 지워지지 않았다. 완고한 전 남편은 그녀와 딸의 접촉을 완강히 막았다. 결국 그녀는 딸을 납치할 계획까지 세웠지만 성공하지 못했다.

눈치 빠른 그녀는 자신의 전성기가 오래 갈 것이라고는 믿지 않았다.

무용수로서 데뷔했을 때 이미 20대 중반을 지난 나이였기 때문에 시간이 갈수록 자신의 매력이 사라질 것임을 알고 있었다. 그녀는 좀 더 나이가 들기 전에 확실한 생계수단을 마련하기로 한다. 부유한 은행가의 정부가 되기로 한 것이다. 하지만 상대방의 갑작스러운 파산으로 그녀의 시도는 수포로 돌아간다. 그녀는 다시 무대로 돌아왔지만 예전 같은 인기는 누리지 못했다. 그녀를 흉내 낸 무용수들이 우후죽순처럼 등장한 것이다. 결정적인 것은 점차 젊음을 잃어가는 그녀의 나이였다.

그녀는 파리를 떠나기로 결심했다. 1914년 5월 베를린에 도착한 그녀는 새로운 곳에서 재기하기로 마음먹었다. 하지만 이번에도 불행이 그녀의 발목을 잡았다. 그녀의 쇼가 음란하다는 이유로 경찰의 조사를 받느라 시간을 낭비하는 사이 제1차 세계대전이 발발한 것이다.

사라예보에서 벌어진 오스트리아—헝가리 제국의 페르디난트 황태자 부부의 암살사건은 단지 표면적인 이유에 불과했다. 분쟁의 당사자였던 오스트리아—헝가리 제국과 세르비아의 전쟁은 뒤편으로 밀려났다. 1870년에서 1871년 사이에 벌어진 전쟁에서 프로이센에게 패배했던 프랑스는 복수를 노렸고, 독일 역시 프랑스의 콧대를 꺾고 식민지를 늘릴 욕심을 부렸다. 러시아는 혼란스러운 국내의 시선을 외부로 돌리기 위해 전쟁터로 뛰어들었다. 낙관론과 낭만주의가 팽배하던 유럽은 삽시간에 죽음과 불길에 휩싸였다.

반세기 전에 벌어진 프랑스—프로이센 전쟁 같은 조금은 낭만적인 상황을 예상했던 유럽인들은 삽시간에 치솟은 죽음 앞에서 망연자실했다. 특히 기관총과 철조망, 그리고 참호로 무장된 상대방의 진지를 향한 돌

마타 하리

격은 단 몇 킬로미터의 전진을 위해 수만 명의 피를 지불해야 했다. 영광스러운 승리를 부르짖던 목소리는 절망에 가득 찬 신음소리로 변했다. 바야흐로 정교한 살인 기계인 전쟁이 인간을 빨아들이기 시작한 것이다. 그리고 그 기계를 작동시킨 인간은 멈출 방법을 찾지 못했다.

두 번째 운명의 남자 – 트라우고트 폰 야고우

●

전쟁은 그녀가 재기할 무대를 빼앗았다. 그녀의 주 고객들인 상류층 인사들과 고위 장교들이 모두 전쟁터에 나가 있거나 일에 매달렸던 탓이다. 허송세월을 보내고 있던 그녀에게 베를린의 비밀경찰 총수 트라우고트 폰 야고우가 나타난다. 항상 주변에 들끓던 남자들이 모두 사라진 후라 그녀는 이 남자에게 푹 빠져든다. 선물과 애정공세를 펼치던 트라우고트 폰 야고우는 얼마 후 본색을 드러낸다. 독일을 위해 스파이로 일해 달라는 제안을 한 것이다.

각국의 정치인과 고위 장교들과 은밀한 인연을 맺고 있던 그녀가 지닌 스파이로서의 가능성을 눈여겨 본 것이다. 오늘날까지 그녀가 왜 스파이로 일해 달라는 독일의 제안을 수락했는지는 의문이다. 그녀의 조국 네덜란드는 중립을 선언한 상태였다.

사치스러운 생활을 하느라 돈에 쪼들렸다거나 낯선 세계에 대한 호기심 때문이라는 것이 대체적인 의견이다. 어쩌면 사랑하는 이의 부탁을 들어주고 싶었던 게 아니었을까? 수많은 남자들 품을 전전했지만 정작 진정한 사랑은 겪어보지 못했던 그녀는 사랑했다고 믿은 남자를 위해 기꺼이 모험을 감행했다.

1915년 프랑스로 향하던 그녀는 중간 기착지인 영국에 도착했을 때 영국 정보부에게 체포당한다. 영국 정보부 역시 각국을 넘나들며 고위층과 인연을 맺어오던 그녀를 의심하던 중이었다. 하지만 그녀를 심문한 영국 정보부는 별다른 혐의를 찾지 못한다. 우여곡절 끝에 파리로 돌아온 그녀에게 트라우고트 폰 야고우를 잊게 할 사랑이 찾아왔다.

세 번째 운명의 남자 - 블라디미르 드 마슬로프

●

마타 하리는 파리의 한 레스토랑에서 우연히 러시아군의 청년 장교 블라디미르 드 마슬로프를 만났다. 두 사람은 거의 스무 살이나 차이가 났지만 그는 개의치 않았다. 검은 머리에 잘생긴 청년인 마슬로프는 연상의 무용수와의 첫 만남에서 사랑에 빠졌다. 그녀는 처음에는 젊은 혈기를 못 이긴 한때의 해프닝으로 여기고 신경 쓰지 않았다. 하지만 나이가 들면서 그녀의 아름다움이 사그라지고 전쟁으로 애인들이 하나둘씩 떠나자 새삼 변하지 않는 그에게 마음이 쏠렸다. 살아 있다면 그 나이였을 죽은 아들을 떠올렸을지도 모르겠다. 어쨌든 20년의 나이 차이는 낭만을 꿈꾸는 남자의 사랑과 여자의 모성본능 앞에서 허물어지고 말았다.

그녀가 베를린에 있는 트라우고트 폰 야고우를 잊고 바딤이라는 애칭으로 부르는 그에게 마음을 열 즈음 뜻밖의 소식이 전해진다. 그가 독일군의 독가스공격을 받고 눈에 부상을 입은 채 병원에 입원했다는 것이다. 그녀는 사랑하는 이의 곁에 가고자 했지만 바딤이 입원한 병원이 있는 비텔은 전선에서 가까운 곳이라 쉽사리 면회허가가 나지 않았다. 초조해하던 그녀는 프랑스 정보부를 상대로 거래에 나선다. 그녀와 만난 조르주 라두 대령은 면회를 조건으로 독일 측의 정보를 넘겨달라고 요구한다.

사랑을 위해 위험을 무릅쓰기로 결심한 그녀는 프랑스 측의 요구를 수락한다. 그녀가 고개를 끄덕이는 순간 세상에서 가장 위험한 게임 한 복판에 뛰어들었다는 사실을 눈치 챘을까? 병실에 누워 있는 바딤과 꿈 같은 시간을 보낸 그녀는 파리로 돌아온다. 곧 퇴원할 바딤과 함께 지낼 결심을 하고 있던 그녀로서는 생활을 꾸려갈 돈이 필요했다.

스파이 혹은 희생양

●

스파이의 세계에 중립이나 균형 따위는 존재하지 않는다. 양쪽에서 돈을 받은 그녀는 나름 최선을 다했다. 독일을 위해 프랑스 고위 정치인과 장군들에게서 정보를 수집하던 그녀는 1916년 프랑스의 지령을 받고 스페인 마드리드로 파견된다. 독일 대사관과 접촉해 정보를 빼내라는 임무를 받은 그녀는 아놀드 칼레 소령을 유혹했다. 그녀는 프랑스 식민지인 모로코의 반란군에게 독일과 터키가 무기를 공급할 것이라는 사실을 알아낸다. 하지만 그것은 그녀의 행적에 의심을 품은 칼레 소령이 던진 미끼였다. 프랑스에서 이미 알고 있는 정보를 흘린 아놀드 칼레 소령은 그녀가 프랑스의 이중간첩임을 눈치 챈다.

독일은 프랑스가 해독하는 암호를 통해 그녀가 독일의 스파이 H-21

이라는 사실을 전송했다. 독일
은 프랑스의 손을 빌려 배신자
를 제거할 속셈이었다. 프랑스
는 다른 이유로 그녀가 필요했
다. 당시 프랑스는 막대한 인명
피해를 낸 베르덩 전투 때문에
위기감이 최고조에 달했다. 군

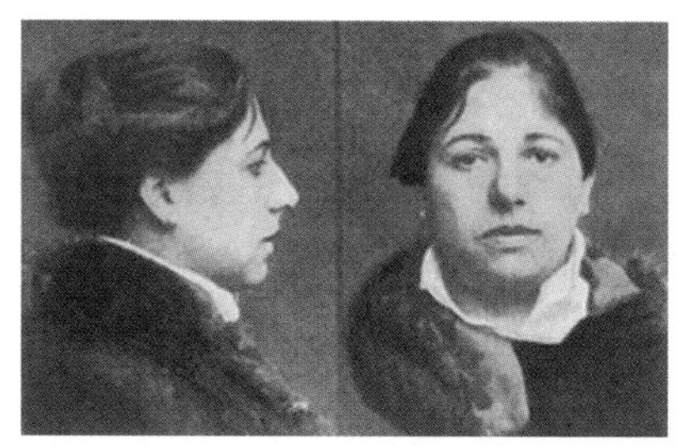

체포 당시의 마타 하리

수뇌부는 자신들에게 쏟아질 비난을 막아줄 희생양이 필요했다. 결국
그녀는 1917년 2월 17일 체포된다.

그녀는 독일에서 돈을 받고 정보를 제공하기로 약속했다는 사실을 시
인했다. 하지만 실제로 정보를 넘겨주지는 않았다고 항변했다. 그렇지
만 재판부는 그녀가 알고 지내던 정부 고관들을 통해 고급정보를 빼내
서 독일에 넘기려 했다고 밝힌다. 그녀는 자신의 조국 네덜란드 의회에
억울함을 호소하는 편지를 보냈다. 하지만 시대가 그녀의 운명을 결정
지었다.

전선에서 매일같이 들려오는 끔찍한 소식에 지쳐 있는 국민들에게 군
수뇌부와 정치 지도자들이 적국의 여자 스파이에게 놀아났다는 사실은
절대로 알려져서는 안 되는 일이었다. 결국 파리 제3군사 법정은 그녀
가 H-21이라는 암호명으로 독일을 위해 일했다는 죄목으로 사형을 언
도했다. 판결은 명확했지만 논란을 끝내지는 못했다.

그녀는 스파이로 일해 달라는 프랑스의 요구를 승낙했지만 독일에서
도 비슷한 제안을 받았다는 사실을 말하지 않았다. 그녀로서는 굳이 말
할 필요가 없었다고 판단했을 것이다. 그녀는 짧은 속성 교육을 받기는

231

마타 하리의 처형장면

했지만 전문적인 스파이는 아니었다. 단지 각국의 상류층과 교류하는 무용수일 따름이었다. 그녀의 국적 역시 네덜란드였다. 영국이나 프랑스, 혹은 독일에 충성하거나 목을 맬 절대적인 이유가 없었다.

제1차 세계대전은 숫자가 말해주듯(당시에는 그냥 Great War라고만 불렀다) 모든 것이 처음이었다. 기관총과 참호가 그토록 막대한 유혈을 불러오리라는 사실을 예측한 이도 없었고, 전쟁이 4년을 넘어갈 것이라고 예상하지도 못했다.

첩보전 역시 지금 기준으로는 지극히 초보단계였다. 전신을 이용한 암호문이나 기초적인 난수표 정도만 사용했을 뿐이다. 전방의 파괴공작 역시 감행하는 쪽이나 막아서는 쪽 모두 어설펐다. 정보 습득 역시 마찬가지였다. 각국의 정보국은 마타 하리같이 적대국의 수뇌부와 가깝게 지낼 수 있는 사람들에게 닥치는 대로 손을 뻗었을 것이다.

단지 정보를 건네면 돈을 약속하는 것만으로 그녀가 막중한 책임감이나 위기의식을 느꼈으리라고 상상하기 어렵다. 아마 그녀는 상상력을 자극하는 흥미로운 모험쯤으로 여기지 않았을까? 아니면 사랑하는 사람을 만나러 가기 위한 통과의례쯤으로 생각했을지도 모르겠다.

어쨌든 그녀를 둘러싸고 벌어진 위험한 게임은 한 여인의 목숨을 대가로 요구했다. 20여 년 전 1894년에 벌어진 드레퓌스 사건(프랑스군 참모본부에서 근무 중인 드레퓌스 대위에게 독일의 스파이라는 날조된 혐의를 씌워서 큰 파장을 일으킨 사건)이 다시금 재현되었다. 하지만 이번에는 아무도 그녀를 위해 입을 열지 않았다.

결국 그녀는 불분명한 혐의와 혼돈으로 가득 찬 세상 탓에 죽음을 받아들여야 했다. 그녀는 죽음 앞에서 분노하기보다 어이없어하지 않았을까? 마흔한 살의 철 지난 무용수는 수백만의 사람들이 숨 돌릴 틈 없이 죽어나가던 제1차 세계대전의 한복판에서 쓸쓸하게 눈을 감았다.

영화 그 자체의 삶

1999년 비밀해제된 영국 정보부의 문서에서 그녀에 관한 심문기록을 찾아볼 수 있다. 그녀를 세 차례나 심문한 영국 정보부의 판단은 "특별한 혐의점이 없다."라는 것이었다. 오늘날 그녀가 스파이가 아니라는 주요 근거가 된다. 하지만 영국 측의 심문이 1915년에 행해졌다는 사실을 감안하면 혐의를 완전히 벗어나기는 어렵다.

당시 스페인 마드리드에 있는 독일 대사관에는 훗날 아프베르라고 불리는 독일 정보부를 이끌게 되는 빌헬름 카나리스 대위가 파견되어 있었다. 이 시기 그와 마타 하리가 만났다는 이야기, 심지어는 서로 사랑에 빠졌다는 이야기가 전해지지만 확실하지는 않다. 1935년부터 아프베르를 지휘하던 카나리스는 1944년 슈타우펜베르크 대령의 히틀러 암살 음모에 가담했다가 다음해 1945년 4월 처형당한다.

총살 직전 그녀가 코트를 벗고 알몸으로 병사들 앞에 섰다는 이야기도 전해진다. 눈부신 그녀의 알몸을 보고 놀란 병사들이 제대로 총을 쏘지 못했다고 한다. 마타 하리를 총살시키기 위해 도열했던 병사들은 이 눈부신 여인의 죽음 앞에 어떤 감정을 가졌을까?

　살아생전 그녀의 몸을 탐내지 않았던 남자는 없었다. 하지만 죽은 그녀의 시신은 인수할 사람이 없어서 해부용으로 사용되었다.

　간첩혐의로 총살당한 그녀의 이야기는 영화로 만들어졌다. 1931년에 제작된 두 편의 영화 〈불명예〉와 〈마타 하리〉는 영화 같은 그녀의 삶을 다루고 있다. 마를렌 디트리히와 그레타 가르보가 저마다 마타 하리를 연기했다. 1980년대를 주름잡던 섹스 심볼 실비아 크리스텔 역시 1985년에 〈마타 하리〉라는 제목의 영화에서 그녀를 연기했다.

08

아돌프 히틀러

LOVER

Adolf Hitler

포성들은 점점 더 가깝게 다가왔다. 길거리의 포석들과 건물들을 집어삼킨 포성은 만족스러운 메아리를 남겨놓고는 어둠 속으로 증발했다. 며칠 전부터 이미 사라진 군대와 존재하지 않는 작전에 대해 갑론을박하던 벙커는 고요했다.

한때는 유럽의 절반을 지배했지만 지금은 불과 몇백 제곱미터의 지하 벙커의 주인으로 몰락한 아돌프 히틀러는 유독 초조해했다. 국민 척탄병으로 소집되어서 국회의사당 부근에서 소련군과 전투를 벌이다가 끌려온 호적 사무소장 발터 바그너는 침착하게 입을 열었다.

"제3제국 총통 아돌프 히틀러는 에바 브라운 양을 신부로 맞이하겠습니까?"

피곤해 보이던 아돌프 히틀러는 대답 대신 가볍게 고개를 끄덕거렸다. 발터 바그너는 그의 옆에 있는 금발 머리 여인에게 물었다.

"에바 브라운 양은 제3제국 총통 아돌프 히틀러를 신랑으로 맞이하겠습니까?"

"기꺼이 그러겠습니다."

목까지 올라오는 하얀색 실크 드레스를 입고 있던 에바 브라운이 눈을 반짝이며 대답했다. 발터 바그너는 두 사람이 제출한 결혼 신청서를 살폈다. 신부가 긴장했는지 결혼 후의 성을 적어야 하는 제일 아래 칸 서명란에 결혼 전 성인 브라운의 첫 글자인 'B'를 적었다가 지우고, 그 아래 에바 히틀러라는 서명을 했다. 예전 같았으면 다시 썼겠지만, 이 와중에 결혼 증명서를 어디서 다시 구한단 말인가? 더군다나 결혼식의 증인을 서고 있는 괴벨스 부부와 마틴 보르만은 어서 결혼식을 끝내라는 눈짓을 보내고 있는 중이었다.

"두 사람 모두 깨끗한 아리아인의 혈통으로서 유태인의 피가 섞여 있지 않다는 것을 확신합니까?"

"그렇소. 나에게는 더러운 유태인의 피는 한 방울도 섞여 있지 않소."

아돌프 히틀러가 단호하게 말했다. 그의 손을 꼭 붙잡은 에바 브라운, 아니 에바 히틀러는 짧게 "예."라고 대답했다.

펜을 집어든 발터 바그너는 결혼 신청서의 제일 아래 칸에 자신의 서명을 집어넣었다. 그리고 나서 두 사람과 증인들에게 선언했다.

"제3제국의 전시 결혼법에 의거 총통 아돌프 히틀러와 에바 히틀러의 혼인이 적법하다는 것을 선언합니다."

짤막한 환희가 좁은 회의실 안에 감돌았다. 바짝 마른 신경질적인 얼굴의 괴벨스는 묘한 웃음을 남겼고, 그의 아내 막다 괴벨스는 레이스가 달린 손수건으로 눈가를 찍었다. 뚱뚱하고 머리숱이 적은 마르틴 보르만이 두툼한 손으로 친 박수소리는 때마침 들려온 포성에 가렸다. 자리에서 벌떡 일어난 히틀러가 주변 사람들과 악수를 하고 에바가 환하게 웃으면서 분위기가 풀어졌다. 괴벨스와 귓속말을 주고받던 아돌프 히틀러가 갑자기 자신을 쳐다보자 발터 바그너는 바짝 얼어붙었다.

"수고했소. 내 친위대원들이 당신이 싸우던 곳으로 돌려보내 줄 거요. 가서 제3제국을 위해 마지막까지 싸워주시오."

그 카랑카랑한 목소리 앞에 발터 바그너는 저도 모르게 발뒤꿈치를 딱 붙이고 오른팔을 어깨 높이로 들어 올리는 나치식 경례를 했다.

"하일, 히틀러!"

아돌프 히틀러는 균형이 무너진 미소로 답했다. 히틀러 부부를 선두로 방 안에 있던 사람들이 썰물처럼 빠져나갔다. 방이 좁아서 들어오지 못했던 사람들이 문 밖에서 두 사람에게 축하한다는 말을 건네는 가운데 에바가 발랄하게 말했다.

"이제 히틀러 부인이라고 불러주세요."

홀로 남아 있던 발터 바그너는 문 밖에서 기다리고 있던 검은색 제복에 하켄크로이츠 완장을 찬 친위대원들의 손짓에 끌려나갔다.

죽음으로 시작된 전설

　1945년 4월 30일 오후 3시 혹은 3시 30분 권총과 청산가리로 자살한 히틀러 부부의 시신은 벙커 밖의 포탄 구덩이 속에서 불탔다. 한때는 전 세계를 집어삼킬 것만 같았던 독재자와 그의 연인은 고작 한 줌밖에 안 남은 영토에서 잿더미가 되었다.

　사상 최악의 독재자인 히틀러는 어떤 각도에서 보건 범상치 않다. 오스트리아 출신의 부사관이었던 그는 정계에 입문한 지 십 년이 채 지나기도 전에 독일의 정권을 장악했다. 그리고는 전 세계를 상대로 전쟁을 일으켰다. 수백만의 유태인과 집시를 체계적으로 학살하고, 더 많은 사람들을 전쟁터에서 죽게 만들었다. 희대의 악마나 사상 최악의 독재자라는 단순한 말로는 그가 거뒀던 성공이나 독일 국민들이 그에게 걸었던 기대나 희망을 포용할 수는 없다. 어떤 의미에서건 그는 분명 범상치 않은 인물이었다.

　반면 그가 고른 여인 에바 브라운은 지극히 평범한 인물이었다. 왜 그는 에바 브라운을 곁에 두었던 것일까? 그리고 에바 브라운은 왜 히틀러의 만류에도 불구하고 스스로 벙커로 찾아와서 최후를 함께 했던 것일까?

히틀러의 첫 번째 그림자 - 에바 브라운

●

에바 브라운은 1912년 2월 7일 독일 뮌헨에서 태어났다. 아버지 프리드리히 브라운은 내심 아들을 바랐는지 둘째 딸의 출생 신고서에 실망한 듯 무뚝뚝한 글씨로 흔적을 남겼다. 위로는 4년 전에 태어난 딸 일제가 있었고, 3년 후에는 막내딸 그레텔이 태어났다. 결국 프리드리히는 원하던 아들을 얻지 못했다.

에바가 여섯 살이 되던 1918년 독일은 제1차 세계대전에서 패배했다. 대다수의 독일 국민들은 난생 처음 겪는 혼란 속에 내팽개쳐졌다. 하루가 다르게 물가가 치솟는 인플레이션이 찾아왔고, 로자 룩셈부르크가 이끄는 사회주의 집단인 스파르타쿠스단의 봉기가 벌어지면서 유혈이 뒤따랐다. 마지막 순간까지 패배를 믿지 못했던 독일은 가혹한 종전협정에 짓눌리면서 이를 갈았다.

에바의 집안은 풍족한 유산을 물려받은 탓에 그런 혼란에서 한 발짝 떨어져 있었다. 히틀러와 닿기 전에는 그야말로 평온함의 연속이었다. 훗날의 증언들은 이때 그녀가 얼마나 평범하고 조용한 삶을 꾸려갔는지 엿보게 한다. 에바 브라운은 로맨스 소설과 할리우드 영화에 푹 빠져 지낸 수많은 사춘기 소녀들 중 한 명이었다.

1929년 7월 학업을 마친 에바는 뮌헨으로 돌아왔다. 아버지 프리드리히는 딸에게 적당한 일자리를 찾느라 동분서주했다. 때마침 막스포어슈타트 쉘링 가 50번지에 있는 하인리히 호프만의 사진관에서 카운터를 볼 직원을 구한다는 소식이 들려왔다. 프리드리히는 그 소식을 듣는 순간 딸에게 딱 맞는 자리라는 생각에 냉큼 받아들였다. 그해 9월 에바 브라운은 하인리히 호프만이 운영하는 사진관에 수습사원으로 취직했다.

모든 것이 평범했다. 단 하나 에바 브라운을 고용한 하인리히 호프만이 아돌프 히틀러의 전속 사진사였다는 점을 제외한다면 말이다. 그해가 가기 전 에바 브라운과 히틀러는 하인리히 호프만의 사진관에서 처음으로 마주쳤다. 운명의 상대가 처음 만났을 때 일으키는 감전이나 스파크는 없었다.

1923년 11월 8일 뮌헨에서 일으킨 맥주홀 폭동의 실패로 수감되었던 히틀러는 되려 유명인사가 되어서 풀려났다. 재판과정에서 보인 그의 당당함은 독일 국민들에게 깊이 각인되었다. 감옥에서 집필한《나의 투쟁》은 베스트셀러가 되었다. 출옥 후 당을 재건하려던 히틀러는 1929년 미국에서 시작된 경제 대공황으로 호기를 맞았다. 원래 선전 선동만큼 원가 대비 효율이 좋은 것도 없는데다가, 이때의 히틀러는 패전으로 움츠러든 자존심을 한없이 살려주는 말들만 골라서 하니 누군들 싫어했을까?

훗날 어떻게 히틀러가 독일의 정권을 장악했는지에 관한 연구들이 많이 이루어졌다. 대체 어떻게? 왜? 무슨 이유로? 물론 여러 이유가 있겠지만 단순하게 말한다면 이 당시 히틀러의 정적들은 모두 '정치'를 했지만, 히틀러는 '투쟁'을 한 것이었다.

히틀러와 에바의 시들한 첫 만남이 두 사람에게 당시 어떤 파장을 주었는지는 알 수 없었다. 1889년에 태어난 히틀러는 불혹의 나이에 접어들었고, 에바는 아직 스무 살도 안 된 소녀였다. 그렇게 앳된 소녀는 아버지뻘 되는 히틀러에게 단숨에 빠져들었다. 히틀러 역시 그녀를 싫어

                                       아돌프 히틀러

에바 브라운

하지는 않았다. 23년의 나이 차이도 별 문제가 되지 않았다. 하지만 무서운 히틀러는 둘의 관계에 대해서 함구할 것을 지시했고, 에바는 입을 다물어야만 했다.

해가 지나갈수록 에바는 히틀러와 결혼을 하고, 그의 아이를 가질 거라는 공상에 빠져들었다. 꿈에 푹 빠져 지내던 에바는 히틀러의 기묘한 냉담함에 가끔 숨이 막히기는 했지만 꿈으로 모든 것을 극복했다. 사전적인 의미의 연애는 1932년경 시작된 것 같다. 정부라는 표현을 쓰기도 하지만 둘 다 엄연히 미혼이었으니 혼외정사를 뜻하는 정부라는 단어는 부적절해 보인다. 어쨌든 에바는 꿈을 이뤘다고 기뻐했겠지만 현실은 차가웠다. 히틀러는 그녀에게 막대한 선물을 주거나 커다란 성을 하사하지 않았다. 그녀는 히틀러와 육체관계를 맺고 나서도 한동안 호프만의 사진관에서 나치 지도자들의 얼굴이 새겨진 엽서를 팔아야 했다. 히틀러에게 에바는 단순히 연애 대상일 뿐이었다. 불공평했지만 에바 브라운은 감내했다.

1932년 히틀러가 바빠지면서 에바는 외톨이가 되었다. 멀어진 애인을 붙잡기 위해 에바는 자살을 연출한다. 그리고 그 시도는 성공했다. 가끔 한 번씩 전화나 하던 히틀러가 그녀가 권총으로 자살을 시도했다는 소식에 당장 달려왔다. 히틀러는 에바를 진정으로 사랑했지만, 다만 표현하지 않았던 것뿐이었을까? 그 전해 조카 겔리 라우발이 권총으로 자살했던 일 때문에 곤혹을 치렀던 히틀러로서는 어떻게든 수습을 해야만 한다는 생각이 앞섰던 것 같다. 에바는 권총으로 자살을 시도했던 것치고는 금방 완쾌되었다.

그리고 다음해 히틀러는 드디어 힌덴부르크 대통령으로부터 수상으로 지명되었다. 정치인들의 아귀다툼 속에서 일종의 어부지리였던 셈이다. 히틀러가 본격적으로 독일을 주물럭거리고 있을 때 에바는 행복한 세월을 보냈다. 딱히 에바에게 비난의 눈초리를 보낼 수는 없었다. 독일 국민들 역시 에바처럼 히틀러의 매력에서 헤어 나오질 못했으니까.

히틀러가 국회의사당 방화사건을 조작해 공산당을 탄압하고, 골칫거리였던 돌격대의 수장 에른스트 룀을 숙청하느라 바쁜 동안 에바는 얌전하게 그의 관심을 기다렸다. 하지만 독일 전체를 유혹하느라 바빴던 히틀러는 그물 안에 들어온 물고기 신세인 에바에게 관심을 끊었다. 그러자 에바는 다시 한 번 반전을 시도한다.

1935년 5월 28일 히틀러에게 보낸 마지막 편지가 아무런 반응을 불러일으키지 않자 에바는 두 번째로 자살을 시도한다. 수면제 한 통을 몽땅 털어 넣었지만, 때마침 집으로 돌아온 언니 일제에 의해 발견된다. 언니 일제가 함께 발견한 에바의 일기장에는 히틀러라는 태양을 향해 해바라기처럼 피어난 에바의 심정을 엿볼 수 있다.

발칵 뒤집힌 건 히틀러가 아니라 아버지 프리드리히였다. 물론 아버지가 이때 처음 딸의 연인이 누구인지 알아차렸다는 건 거짓말에 가까운 것 같다. 딸의 일거수일투족을 빠짐없이 지켜보던 꼼꼼한 성격의 프리드리히가 결혼 적령기를 훌쩍 넘긴 딸을 방치했다는 건 이해가 되지

아돌프 히틀러

않는다. 차라리 딸이 히틀러와 정식으로 결혼할 가능성이 적어진다는 사실에 더 분노했던 게 진실에 가까워 보인다.

프리드리히는 자살소동 이후 집을 나간 딸에 대해 히틀러에게 편지를 보낸다. 편지 내용을 보면 딸을 잃을 뻔했다는 분노나 도덕적인 가치관에서 빗나간 연애를 하고 있는 것에 대한 질타는 눈 씻고 찾아봐도 보이지 않는다. 헤어지거나 책임지라는 요구도 보이지 않는다. 다만 딸이 집에 돌아올 수 있게 설득해 달라는 공손한 부탁뿐이었다.

자살소동 이후 에바는 여동생 그레텔과 함께 집을 나온다. 꿈꾸던 만큼은 아니었지만 집을 선물로 받은 것이다. 에바는 히틀러가 선물해준 집에서 그가 보낸 가구와 선물에 둘러싸였다. 벽마다 히틀러의 초상화가 걸렸고, 당시로서는 희귀했던 텔레비전도 선물로 받았다. 히틀러에게 결정적으로 의존하는 순간부터 에바는 '연애'를 그만두고 본격적인 '정부'의 길로 접어들었다. 자살소동을 벌인 지 1년 후인 1936년에는 아예 사람들의 눈을 피해 마음껏 밀회를 즐기기 위해 히틀러의 거처로 들어갔다. 점차 종속적이 되었지만 그녀가 꿈꾸던 일이었다.

히틀러의 비공식적인 부인이 된 에바에게는 제2차 세계대전은 그냥 애인인 히틀러의 시간을 빼앗아가는 하찮은 일처럼 느껴졌을 것이다. 에바에게는 모든 게 다 풍족했다. 히틀러는 둘만의 오붓한 시간을 보낼 만한 곳으로 오버잘츠베르크에 있는 자그마한 산장 바헨펠트를 점찍었다. 자그마한 산장은 히틀러의 명령을 통해 엘리베이터와 극장을 갖춘 거대한 별장 베르그호프로 변신했다. 그리고 에바는 그곳의 여주인 노릇을 했다.

이곳에서 지낸 히틀러의 필름과 사진들을 보면 신경질적이고 광적인 독재자 대신 편안한 휴식을 즐기는 느긋한 중년 사내의 모습이 보인다. 강철 같은 지도자라는 이미지 속에 숨겨진 진짜 이미지는 그렇게 독일 국민들에게는 철저히 가려

에바와 히틀러

졌다. 에바 브라운이라는 존재와 함께.

에바는 산장에서 퍼스트레이디처럼 지냈다. 산장에서의 모든 것들은 히틀러와 에바를 위해 존재했다. 에바의 가족들도 자연스럽게 어울렸다. 한때 딸을 구박했던 아버지 프리드리히는 비공식적인 장인 노릇에 재미를 들렸다. 여동생 그레텔은 1944년 친위대 소속의 장교인 헤르만 페겔라인과 결혼을 했다. 산장에서 전쟁 혹은 전황이라는 것은 테라스에서 오가는 잡담거리나 영화 필름이 제대로 돌아가기 전의 양념거리에 불과했다.

에바는 산장에 드나드는 가족과 히틀러의 손님들에게 장난스럽게 카메라를 들이댔다. 가끔 찾아오는 귀빈들과 대면할 수 없다는 점만을 제외하면 에바로서도 별다른 불만이 없었다. 그녀로서는 호사스럽고 안락한 삶이 영원히 계속되기를 꿈꿨을 것이다. 하지만 해가 바뀌고 1944년이 되자 산장에도 조금씩 전쟁의 먼지가 날아들었다. 에바가 영원하기를 바랐던 것들이 부스러져 갔다. 요술램프의 마력이 사라진 것이다.

동화 속 공주같이 지내던 에바 브라운에게 먹구름이 몰려온 것은

아돌프 히틀러

1944년 7월 20일이었다. 전쟁사령부 '늑대소굴'에서 작전 회의 중이던 히틀러가 폭발에 휘말렸다. '발키리 작전'이라고 불린 히틀러의 암살시도는 처음은 아니었지만, 직접적으로 그를 타격한 것은 처음이자 마지막이었다. 슈타우펜베르크 백작이 설치한 폭탄은 히틀러 대신 그나마 남아 있던 반대 세력들을 잡아먹었다. 구사일생으로 살아남은 히틀러는 곧장 에바에게 자신의 안부를 전하고, 찢겨진 제복을 선물로 보냈다.

전황은 계속 악화되어 갔다. 1945년 2월 뮌헨에 있는 집에서 생일파티를 치른 에바는 친구들에게 작별인사를 한다. 4월 15일 에바는 선물로 받은 메르세데스 벤츠를 타고 연인이 머물고 있는 베를린으로 향했다. 공습으로 엉망이 된 베를린에 도착한 에바는 곧장 히틀러가 머물고 있던 총통 관저, 더 정확하게는 관저 정원에 있는 지하벙커에 들어간다.

이제 서서히 에바의 이야기가 완성되어 간다. 히틀러는 에바에게 베르그호프를 떠나지 말라고 명령했다. 에바가 그의 명령을 어긴 것은 이번이 두 번째였다. 첫 번째는 담배를 끊으라는 것이었다. 에바는 지독한 골초였지만 그래도 히틀러 앞에서는 절대로 담배를 피우지 않았다. 히틀러의 말이라면 섶을 지고 불구덩이에라도 뛰어들 것 같았던 에바였지만 이번만큼은 뜻을 굽히지 않았다. 그 이후에도 히틀러는 에바에게 떠나라는 말을 종종했다. 아직 베를린이 본격적으로 포위되기 전이었으니 탈출은 얼마든지 가능했다. 하지만 그녀는 하늘 같은 히틀러의 말을 거역하면서까지 그의 곁을 떠나지 않았다. 아마 히틀러가 머무는 베를린에 오면서부터 끝까지 함께 할 각오를 했던 것 같다. 그녀는 대체 왜 고집을 부렸던 것일까?

에바는 히틀러의 곁을 지키기 위해 이미 두 차례나 자살소동을 벌였던 전력이 있다. 명확하지는 않지만 히틀러의 첫 번째 연인으로 알려진 겔리 라우발의 존재에 대해서도 알고 있었던 게 분명하다. 그녀로서는 무엇보다도 히틀러를 다른 누군가에게 빼앗기는 악몽을 두려워했다. 에 바는 히틀러를 빼앗기느니 차라리 함께 부서지는 길을 택했다.

악화되는 전황만큼이나 어두워진 지하벙커 안에서도 에바는 쾌활함을 잃지 않았다. 전황이 악화되고 연합군의 공습이 빈번해지면서 벙커는 점점 더 어두워졌다. 에바는 그런 어둠을 밝히는 유일한 빛이었다. 그녀는 벙커에 도착한 순간부터 최후를 직감했을 것이다. 그녀는 자신이 곧 히틀러라고 생각했기 때문에 순순히 죽음을 받아들이기로 했다. 평생 수동적인 삶을 살아온 그녀의 자그마한 반란이었다. 그리고 그 결정은 그녀의 목숨을 거둬갔지만 합당한 대가를 지불했다.

4월 말로 접어들면서 베를린은 주코프가 이끄는 소련군에게 완전히 포위된다. 충성스러운 장군들이 소련군의 배후를 쳐서 포위를 풀어줄 것이라는 헛된 희망을 품은 며칠이 지나자 모든 것이 명백해졌다. 에바의 여동생과 결혼한 페겔라인이 적과 내통한 혐의로 지하벙커 안에서 처형당했다. 그러나 에바는 히틀러의 비위를 맞추기 위해 제부의 죽음에 대해 항의 한마디 하지 않았다.

4월 28일 자정, 히틀러와 에바는 지하벙커에서 결혼식을 올렸다. 결혼식을 올리기로 한 게 누구의 아이디어였는지는 알 수 없다. 히틀러의 생각이었다면 최후를 함께 하기로 한 연인에게 줄 마지막 선물이었을 테고, 에바의 생각이었다면 아마 마지막 소원이자 꿈의 실현이었을 것이다.

짧고 간략한 결혼식이 끝나고 축하파티가 한참일 때 히틀러는 유서를

 아돌프 히틀러

작성한다. 현실로 이루지 못한 자신의 꿈을 적고 지상에서의 소멸을 짧게 하소연한 유언장 작성을 끝낸 히틀러는 아내에게로 돌아갔다. 새벽 늦게까지 축하파티를 즐긴 히틀러 부부는 침실로 간다. 지상에서의 짧은 허니문은 다음날 코앞까지 밀고 들어온 소련군에 의해 끝나고 만다.

운명의 4월 30일, 만반의 준비를 마친 두 사람은 지하벙커 안에 남아 있던 사람들과 작별인사를 했다. 무거운 침묵과 소곤거림은 벙커 안에 울려 퍼진 한 발의 총성을 무뎌지게 만들었다. 그녀의 삶은 종결되었지만 그 이후에도 사람들의 기억 속에서 떠돌았다. 그녀로서는 사후의 떠들썩함에 분명 어리둥절해 할 것이다.

히틀러의 두 번째 그림자 - 앙겔라 겔리 라우발

1931년 9월 18일 오후 3시 독일 뮌헨 프린츠레겐텐플라츠 16번지.

여인은 방 한가운데 서서 자기 가슴을 향해 방아쇠를 당겼다. 메마른 총성이 방 안을 뒤흔들었다. 마지막 순간 손이 떨린 덕분에 총알은 여인의 폐를 관통했다. 서 있을 힘을 잃어버린 여인은 그대로 앞으로 꼬꾸라졌다. 가슴에서 흘러나온 피가 바닥의 카펫을 붉게 물들였다. 여인은 뭔가를 중얼거리다가 눈을 감았다. 잠시 후 조심스럽게 문이 열렸다. 검은 양복차림의 사내와 앞치마를 두른 여인은 방 안의 풍경을 조심스럽게 살펴봤다. 앞치마를 두른 여인이 가느다란 한숨을 쉬었다. 검은 양복의 사내는 조용히 문을 닫았다. 마치 아무 일도 벌어지지 않았다는 듯 조용히 하루가 지나갔다. 여인의 시신은 방 안에 그대로 버려졌다.

다음날 오전, 검은 양복의 사내는 전화기를 들고 경찰서에 신고를 했다. 형사들과 경찰 검시관들이 집으로 왔지만 죽음을 미심쩍게 볼 만한 것들은 이미 사라진 후였다. 집 안에 있던 사람들의 증언 역시 일목요연했다. 총성은 듣지 못했고, 아침에 문이 잠겨 있어서 열쇠로 열고 들어갔더니 시신이 보였다는 것이다. 마지막에는 모두들 왜 자살했는지 모르겠다는 말을 앵무새처럼 되풀이했다.

왜 자살했는지, 아니 진짜로 자살했는지에 대한 이유는 밝혀지지 않았지만 왜 그렇게 감추려고 했는지는 누구나 다 알았다. 자살한 여인 겔리 라우발은 나치당 지도자인 아돌프 히틀러의 배다른 누이의 딸이었고, 그녀가 죽은 장소 역시 히틀러의 거처였기 때문이었다.

에바 브라운의 신화가 죽음 이후부터 시작되는 것처럼 겔리 라우발의 이야기 역시 죽음으로부터 풀린다. 겔리 라우발은 1908년 6월 4일 오스트리아 린츠에서 태어났다. 겔리의 어머니 앙겔라 라우발은 히틀러의 아버지 알로이스 히틀러가 히틀러의 어머니가 사망한 후 재혼한 여인 프란체스카의 딸이었다. 아버지 알로이스 히틀러는 1903년 암으로 사망했고, 앙겔라는 같은 해 세관 공무원인 레오 라우발과 결혼하기 위해 집을 떠났다. 앙겔라는 아버지의 이름을 딴 아들 레오, 자신의 이름과 같은 앙겔라 겔리라는 딸, 그리고 엘프리데라고 이름 지은 딸을 낳았다.

1910년 남편이 사망하고 제1차 세계대전의 여파로 독일 제국이 붕괴되면서 앙겔라의 삶은 바닥으로 추락한다. 친척들의 도움으로 근근이 지내던 앙겔라였지만 자식들에 대한 교육열을 불태웠다. 어머니의 교육열에 제물이 된 겔리는 그리 좋지 않은 머리와 어머니의 기대치 사이에

겔리 라우발

서 괴로워했다.

제1차 세계대전이 끝나고 사정이 조금 나아진 앙겔라는 기대하던 것만큼 성적이 오르지 않는 겔리를 쥐어짰다. 그 와중에 겔리와 히틀러의 인연이 시작되었다. 1923년 뮌헨 맥주홀 폭동의 실패로 재판을 받던 히틀러는 쿠데타 이상의 성공을 거둔다. 독일 국민들은 재판정에서 당당하게 독일의 잃어버린 꿈과 승리를 이야기하는 히틀러에게 매료되었다. 짧은 수감기간이 끝나고 출옥한 히틀러는 일약 거물이 되었다.

겔리 라우발은 그 히틀러가 바로 자신의 삼촌이라는 사실을 친구들에게 자랑했다. 1927년 겔리는 졸업시험의 일환으로 히틀러와 만나게 되었다. 성인이 된 이후 처음으로 만나게 되었지만 히틀러는 자신과 가깝게 지냈던 배다른 누이 앙겔라의 딸 겔리를 환대했다.

1927년 학교를 졸업한 겔리 라우발은 뮌헨에 있는 대학에 입학해 의학을 전공한다. 아마 히틀러가 자신의 곁에 겔리 라우발을 두고 싶었기 때문이었던 같지만, 그녀가 승낙한 이유는 따로 있었다. 그녀는 히틀러의 측근인 에밀 모리스와 사랑에 빠진 것이다. 히틀러의 운전기사였던 에밀 모리스와 겔리는 첫눈에 서로에게 빠져들었다. 둘은 1927년 크리스마스를 앞두고 히틀러에게 결혼하고 싶다는 말을 했다. 그때 보인 히틀러의 반응에 둘은 어안이 벙벙했다. 크리스마스이브에 겔리가 에밀에게 보낸 편지에는 결혼을 승낙하지 않는 삼촌에 대한 원망과 두려움, 그리고 애인에 대한 사랑이 듬뿍 담겨 있다. 편지를 쓴 겔리는 자신의 사랑이 변하지 않을 것임을 에밀에게 구구절절하게 적었다.

뒤이은 히틀러의 조치들은 확실히 삼촌과 조카의 사이를 넘어선 무엇인가가 있어 보였다. 히틀러는 측근 중의 측근이었던 에밀 모리스를 해고하고 나치당에서 축출했다. 모든 것을 지배해야만 직성이 풀리던 히틀러로서는 자신의 영역이 침범당했다는 사실을 못 견뎌 했으리라. 겔리 역시 영원히 변하지 않을 사랑을 담은 편지를 보낸 지 일 년도 지나지 않아서 에밀을 잊었다. 홀로 남은 겔리는 히틀러 주변을 위성처럼 맴돌았다.

그녀가 얼마나 사람들을 재미있게 했는지, 잘 매혹시켰는지 앞다투어 증언하는 목소리들이 많이 남아 있다. 하지만 약간 뚱뚱한 체격에 오스트리아 사투리가 남아 있는 그녀의 곁에 히틀러가 없었다면 과연 주목을 받을 수 있었을지는 의문이다. 애인문제를 두고 다투던 삼촌과 조카가 다정해진 이유는 대체 무엇일까? 이때부터 히틀러와 겔리의 육체적인 접촉이 시작되었던 걸까?

나이 든 삼촌의 철부지 조카에 대한 애정과 관심이라는 공식은 히틀러라는 변수가 들어가는 순간 계산 불가가 된다. 히틀러가 겔리를 상대로 차마 입에 담지 못할 방식으로 성관계를 가졌다는 주장은 끊임없이 제기되었다. 확실한 건 한때 그림엽서로 생계를 유지했던 히틀러가 겔리의 누드를 그렸다는 것이다. 자칫 정적들에게 공격거리가 될 수 있었던 이 일은 둘의 관계가 어떤 형태로든 스스럼없이 옷을 벗을 정도였다는 것을 의미한다. 히틀러의 애인이 된 에바 브라운 역시 히틀러의 누드 모델이 되었다. 이 기묘한 공통점은 히틀러와 겔리의 관계가 단순한 삼촌, 조카 사이가 아니라는 사실을 분명하게 드러낸다.

겔리는 히틀러가 그녀의 벌거벗은 몸을 종이 위에 남기기 전해인 1928년 프린츠레겐텐플라츠 16번지에 히틀러가 새로 장만한 저택으로 들어간다. 같은 해 히틀러는 오버잘츠베르크에 있는 산장 바헨펠트의 살림을 이복누이 앙겔라에게 맡긴다. 음침한 해석을 덧붙이자면, 겔리와 어머니 앙겔라를 떨어뜨려 놓으려는 의도로 보인다.

의학 공부를 접은 그녀는 성악으로 진로를 바꿨지만 진지하게 임했다는 흔적은 찾아볼 수 없다. 히틀러에게 종속된 대가로 풍족한 생활을 얻은 것이다.

이대로만 진행되었다면 에바 브라운이 히틀러의 옆자리를 차지할 일은 발생하지 않았을 것이다. 하지만 겔리는 히틀러에게 완전히 지배당하기를 거부했다. 히틀러는 그녀의 모든 걸 지배하기를 꿈꿨지만, 겔리는 복종하는 걸 고통스러워했다. 겔리는 히틀러가 종종 집을 비울 경우 또래의 친구들과 어울렸다. 히틀러는 돈 많고 나이 든 졸부가 어린 정부에게 의심을 눈초리를 보내는 것처럼 겔리를 바라봤다.

둘의 갈등이 어떤 식으로 높아지고, 결말을 냈는지는 알 수 없다. 확실한 건 1931년에 접어들면서 겔리가 히틀러 곁을 떠나고 싶다는 결심을 드러냈다는 정도다. 빈으로 가서 음악 공부를 하고 싶어 한다는 것은 사실상 핑계처럼 보인다. 어쩌면 에바 브라운이 히틀러의 관심을 끌기 위해 자살소동을 벌인 것처럼 겔리 역시 히틀러의 주목을 받고 싶었을지도 모르겠다.

좀 더 순종적인 에바 브라운에게 관심이 기울어졌다는 이야기도 당시 둘의 진행상황을 생각하면 고개를 갸웃거릴 수밖에 없다. 에바 브라운이 히틀러의 공식적인 애인이 된 건 겔리가 죽은 다음해인 1932년이었다. 1931년까지 드러내놓고 쫓아다닌 건 히틀러가 아니라 에바였다.

크게 자살설과 타살설로 나뉜 그녀의 죽음은 그 후에 벌어진 일들 때문에 더욱 심상치 않게 되었다. 히틀러의 집에서 그의 권총으로 자살을 했음에도 불구하고 부검은 이뤄지지 않았다. 특히 겔리가 히틀러의 아이를 임신했다는 소문, 혹은 다른 남자의 아이를 임신했다는 소문이 무성한 가운데 부검이 실시되지 않았다는 사실은 묘한 여운을 남긴다. 겔리가 임신을 무기 삼아 히틀러를 협박하다가 측근들에게 살해당했다는 주장도 떠돌았다. 겔리가 자살한 방에서는 친구에게 쓰다가 만 편지만 나왔을 뿐 유서도 발견되지 않았다.

자칫하면 히틀러의 명성에 치명타를 입힐 스캔들이 될 뻔했지만, 히틀러에게 기대를 걸었던 거물들이 수습에 나섰다. 사건의 수사를 담당한 뮌헨 검찰은 자살 다음날 서둘러 수사를 종결했다. 배후는 히틀러의 지지자였던 주정부 법무장관이 확실했다. 부검도 하지 않은 겔리의 시신은 빈으로 옮겨져 장례식이 치러졌다. 얼마나 서둘렀는지 정식 묘지도 아니고 일정기간 동안만 사용하는 임대 묘지에 매장했다. 히틀러는 23일 있었던 장례식에 참석하지 않았다. 뒤를 돌아보거나 후회하지 않는 히틀러의 성격 탓에 겔리의 존재는 곧 지워졌다.

히틀러의 세 번째 그림자 - 레니 리펜슈탈

●

레니 리펜슈탈은 앞의 두 여인과는 극명하게 달랐다. 앞의 두 여인이

레니 리펜슈탈

히틀러에게 헌신할 준비가 되어 있던 평범한 여인이었다면, 레니 리펜슈탈은 비상할 준비를 마친 불세출의 천재였다.

훗날 레니 리펜슈탈로 불리게 될 베르타 헬레네 아말리에 리펜슈탈은 1902년 8월 22일 베를린에서 태어났다. 어린 시절의 그녀는 말괄량이였다. 학교 성적은 우수하고 회화에 재능을 보였지만 요조숙녀와는 거리가 멀었다.

그녀의 첫 번째 천재성은 발레에서 빛을 발했다. 보수적인 아버지의 극심한 반대를 뚫고 러시아 출신 오이게니 에두아르도바의 발레학교에 입학한다. 그녀의 열정과 재능은 그녀를 정상에 올려주었지만 끌어내리는 데도 일조했다. 1925년 프라하 공연을 앞두고 또다시 발목부상을 당한 그녀는 결국 발레리나의 꿈을 포기해야만 했다. 여기서 멈췄다면 그녀는 젊은 시절의 천재성을 부상으로 날린 비운의 여인쯤으로 기억되었을 것이다. 하지만 그녀는 포기하지 않았다. 목발을 짚고 절룩거리던 그녀는 곧 다른 목표를 찾아냈다.

훗날 그녀는 지하철을 기다리다가 엄습한 고통을 이겨내던 중 새로운 목표를 발견했다고 회상했다. 그녀가 영화에 매혹된 것은 자신의 몸 상태와 관련이 있었던 것 같다. 다친 발목 탓에 자유롭게 움직이지 못하던 그녀는 스크린 속의 움직임을 자신의 것으로 만들고 싶어했다. 그녀를 사로잡은 영화는 아놀드 팡크 박사가 찍은 〈운명의 산〉이라는 산악 영화였다. 알프스를 비롯한 아름다운 산악지대를 가지고 있던 독일은 영화를 찍을 배경이 넘쳐났다. 주변의 소개로 아놀드 팡크 박사를 만난 레니는 자신의 천재성을 유감없이 발휘해서 그를 사로잡았다.

아놀드 팡크 박사는 자신의 다음 영화 〈성스러운 산〉에 그녀를 주연으로 발탁한다. 하지만 거듭된 부상과 악재로 인해 촬영은 한없이 지연된다. 절망한 아놀드 팡크 박사 대신 그녀가 카메라를 잡았다. 아놀드 팡크에게는 실패작 중 하나일 뿐이었겠지만, 그녀에게는 두 번 다시 맛보고 싶지 않았을 실패였을 것이다. 어쨌든 그녀가 촬영한 덕분에 촬영 중단이라는 위기는 지나갔다. 우여곡절 끝에 영화는 1926년 12월에 개봉된다. 촬영 중 거듭 부상을 당하고도 포기하지 않았던 그녀에게 찬사가 쏟아졌다. 다음해 비슷한 산악 영화를 찍은 그녀는 산에서 벗어나려는 첫 번째 시도를 한다.

오스트리아―헝가리 제국의 황태자 루돌프와 연인 마리아 베체라의 이야기를 다룬 〈합스부르크가의 운명―제국의 비극〉에서 마리아 베체라 역할을 맡은 것이다. 하지만 영화는 흥행에서 참패했고 그녀는 다시 산으로 돌아가야만 했다. 1930년 다시 아놀드 팡크와 함께 산악 영화 〈몽블랑의 폭풍〉을 찍었다. 나름 자리를 잡은 것으로 보였지만, 그녀는 만족스러워하지 않았다. 스크린에 빠져들었던 그녀는 이제 스크린에서 한발 벗어나려는 시도를 한다. 오늘날까지 그녀가 왜 연기를 그만두고 영화연출에 도전하게 되었는지는 정확히 알 수 없다. 여성 영화연출가는 21세기인 지금도 흔치 않은 일이다. 불굴의 천재성이 아마 그녀를 더 험난한 길로 이끌지 않았을까?

1931년 자신의 영화사를 차린 레니 리펜슈탈은 그 다음해 자신의 첫 번째 영화를 연출한다. 〈푸른 빛―돌로미텐의 전설〉에서 감독과 주연을

                                                        아돌프 히틀러

겸한 그녀는 자신의 재능을 발휘했다. 영화는 이어지는 찬사 속에서 베니스 영화제에서 은상을 수상한다. 발레와 연기를 거쳐 연출에 도달한 그녀는 첫 번째 작품에서 자신의 천재성을 유감없이 드러낸 것이다. 연출이나 촬영기법이라고는 아놀드 팡크 박사의 어깨 너머로 배운 것이 거의 전부였기에 열정과 재능을 빼면 설명할 수 없는 성공이었다. 그녀 역시 그렇게 느꼈을지 모르겠지만 이제 시작에 불과했다. 그녀의 경력 중 가장 성공적이고 치명적인 여정이 시작된 것이다.

히틀러와 가까워진 계기는 그녀 스스로 만들었다. 1932년 봄 호기심에 스포츠 궁전에서 열린 히틀러의 연설을 청취하던 그녀는 단숨에 히틀러에게 매료됐다. 레니는 아놀드 팡크 박사를 만날 때처럼 무작정 히틀러에게 연락했고, 답신을 받았다. 히틀러는 앙겔라 겔리 라우발이나 에바 브라운처럼 그녀를 사로잡았다. 위대한 천재는 광기로 무장한 독재자에게서 어떤 희망을 발견했을까? 어쨌든 그녀는 히틀러의 총애를 받는다. 훗날 그녀가 히틀러의 연인이라는 소문이 나게 된 결정적인 계기가 만들어진 것이다.

1933년 그린랜드에서 훗날 독일 공군을 재건하게 될 에른스트 우데트와 함께 〈SOS 빙산〉을 찍고 돌아온 그녀에게 일생일대의 기회가 찾아온다. 히틀러와 괴벨스가 그녀에게 다음해 있을 나치당 전당대회를 영상으로 담아달라고 요구한 것이다. 다큐멘터리의 명작으로 꼽히는 〈의지의 승리〉가 탄생한 것이다. 1934년 9월 뉘른베르크에서 열린 나치당 전당대회는 광기에 비틀린 욕망의 정점이었다. 브레이크가 고장 난 기관차처럼 폭주한 광기는 무조건적인 광신과 충성경쟁에 힘입어 돌아올 수 없는 곳까지 나아갔다. 1934년의 뉘른베르크는 5년 후 시작될 비극의 예고편이었다.

　레니 리펜슈탈 역시 이곳에서 나치와 히틀러의 운명에 자신의 미래를 묶었다. 히틀러를 태운 비행기가 착륙하는 장면으로 시작하는 다큐멘터리는 한 편의 영화 같았다. 배경음악과 의도된 연출화면들로 뒤덮여진 〈의지의 승리〉는 영화적인 연출기법으로 포장되었다. 진실이라는 다큐멘터리에 연출이라는 가면을 씌운 레니 리펜슈탈의 의도는 성공적이었다. 정치적 의도를 제외한다면 〈의지의 승리〉는 레니 리펜슈탈의 승리이기도 했다.

　그녀는 자신의 성공을 자축했지만 아직 영광의 절정은 찾아오지 않았다. 〈의지의 승리〉를 제작한 직후 베를린 올림픽 위원회에서 다큐멘터리 제작을 의뢰했다. 처음에 그녀는 스승인 아놀드 팡크 박사의 세인트 모리츠 동계 올림픽 다큐멘터리가 흥행에 참패했다는 사실 때문에 꺼려했다고 한다. 하지만 그녀의 열정이 도전 앞에서 주저했을 것 같지는 않다. 초반에 난색을 표한 건 아마 더 확실한 지원을 얻기 위한 방법이 아니었을까?

　그녀는 〈의지의 승리〉에서 사용했던 자신만의 연출기법을 또다시 들고 나온다. 천편일률적인 경기 영상 대신 과거 그리스의 기억에서부터 출발한 영상은 역동적인 경기 장면을 빛과 그림자 속에서 잡아낸다. 경기 중인 선수들을 일정한 거리에서 찍는 기존의 방식 대신 뛰고 있는 선수의 그림자를 찍거나 땀방울까지 촬영하는 등 새로운 시도를 가미했다. 기존 방식으로 보면 거의 반역에 가까울 정도로 혁신적인 촬영기법으로 탄생한 〈올림피아〉는 예술과 정치의 교집합이 일으킨 스파크였다.

　〈올림피아〉는 1938년 4월 20일 히틀러의 생일에 맞춰 〈민족의 제전〉

　　　　　　　　　　　　　　　　　　　　아돌프 히틀러

레니와 히틀러

과 〈미의 제전〉 2부작으로 나누어 상영되었다. 나치에 관련된 것이라면 뭐든 열광할 준비가 되어 있던 독일에서는 찬사가 이어졌다. 하지만 이제 본색을 드러낸 나치 덕분에 해외에서의 상영은 환영과 비난이 교차했다. 특히 미국 상영은 때마침 독일에서 벌어진 '수정의 밤' 사건(1938년 11월 9일 파리 주재 독일 외교관이 유태인에게 살해된 것을 보복하기 위해 나치 친위대가 독일 각지의 유태인 상점을 파괴한 사건) 때문에 엉망이 되었다.

또한 레니 리펜슈탈과 히틀러가 연인관계라는 억측과 비난이 쏟아졌다. 과연 레니 리펜슈탈은 히틀러의 정부였을까? 둘의 관계는 약간 모호했다. 그녀가 히틀러에게 열광한 건 사실이었다. 그녀가 무작정 보낸 편지에 히틀러가 답장을 보낸 것이 만남의 시작이었으니 말이다. 그리고 일 중독자였던 레니 리펜슈탈이 〈SOS 빙산〉의 촬영일정을 어겨가면서까지 그의 초대를 받아들였다는 사실은 의미심장하다. 물론 발트 연안에 있는 휴양지에서의 첫 만남에서 히틀러와 이야기만 주고받았다고 증언했다. 다음날 그녀는 히틀러의 전용기를 타고 촬영을 위해 그린랜드의 동료들에게 돌아갔다고 한다.

성적인 접촉이 없었다는 그녀의 주장을 믿는다고 해도 〈의지의 승리〉나 〈올림피아〉 같은 장대한 다큐멘터리를 그녀가 원하는 대로 찍을 수 있었던 건 단순히 재능을 인정받았기 때문이라고 말할 수는 없다. 레니 리펜슈탈은 뉘른베르크에서의 촬영기간 중 괴벨스와 마찰을 빚을 때 히틀러와 직접 담판해서 원하는 결과를 얻어내기도 했다.

그녀가 히틀러의 정부라는 소문이 떠돌기에 알맞은 행보들이었다. 히틀러가 독재 권력을 휘두른 권력자치고는 비교적 담백한 사생활을 유지했지만, 사후에 나온 증언들 속에는 그 역시 간혹 짧고 난잡한 관계를 가졌다는 이야기들이 흘러나온다. 만약 촬영 중 닥친 어려운 문제를 풀어달라는 부탁을 받은 히틀러가 성적인 대가를 요구했다면 과연 그녀는 거절했을까?

그녀는 완고하고 고집스러운 히틀러와는 달리 자유분방한 연애를 즐겼다. 촬영기간 중 배우나 스텝들과의 짧은 불장난을 펼쳤다. 히틀러가 결혼을 장애물이라고 여겼다면 레니 리펜슈탈은 거추장스러운 관습처럼 취급했다. 열정적인 그녀였다면 분명 자신의 목적을 위해 몸을 내던지는 일에 자존심의 잣대를 대지는 않았을 것이다. 연인이라는 의미를 넓게 적용하면 혐의는 비교적 명확하다. 예술과 정치의 접속에 대한 기나긴 이야기들을 빼면 비교적 간단한 그림만 남는다.

어떤 의도에서건 히틀러와 먼저 연락을 취한 건 그녀였다. 호기심과

  아돌프 히틀러

더불어 그와의 밀접한 관계가 자신의 경력에 도움이 될 것이라는 생각
은 〈의지의 승리〉나 〈올림피아〉로 증명되었다. 두 개의 다큐멘터리가
오늘날까지 고전이자 명작의 반열에 오른 건 단순 명확하다. 나치의 전
폭적인 지원을 등에 업은 그녀의 천재성 때문이었다. 물론 그녀는 촬영
을 방해하는 갖가지 난관에 대해서 하소연했지만 엄살처럼 느껴진다.
그녀는 자신이 원하는 대로 촬영하고 편집했다. 그리고 그 결과를 마지
막 한 방울까지 만끽했다.

그녀의 성공은 곧 나치, 그리고 히틀러의 성공이었다. 레니 리펜슈탈
의 다큐멘터리는 언론을 통제하고 여론을 조작해서 국민들을 세뇌시키
던 나치에게 최고의 승리를 안겨줬다. 압도적이고 절대적인 의지, 지도
자에 대한 순수한 충성, 한 치의 오차도 모욕으로 여기는 고결하고 아름
다운 단결, 마약보다 더 중독성 강한 이념을 경이로움으로 바꿔놓았다.

레니 리펜슈탈이 나치의 이념에 얼마만큼 열광했는지는 불분명하다.
하지만 나치의 이념에 대한 이해가 없었다면 〈의지의 승리〉 같은 작품
은 탄생하지 않았을 것이다. 히틀러와 레니 리펜슈탈의 육체적인 교감
에 대해서는 물음표가 붙지만 정신적인 교감에 대해서는 고개를 끄덕거
릴 수밖에 없다.

1939년 9월 폴란드와의 전쟁을 시작으로 독일은 제2차 세계대전의 늪
으로 깊게 빠져든다. 나치는 전쟁 중에도 끊임없이 촬영을 하고 영사기
를 돌렸다. 승리를 하는 중에는 도취하기 위해서, 패배를 하는 와중에는
고통을 지우기 위해서였다. 자유분방한 천재 레니 리펜슈탈은 결코 적
응하지 못할 환경이었다. 그녀가 전쟁기간 동안 한 일이라고는 1944년
에 산악부대 대위 피터 야콥과의 결혼뿐이었다. 촬영장에서의 벌인 무

수한 연애들을 뒤로 하고 감행한 결혼은 실패로 돌아갔다. 그리고 좀 더 큰 실패가 그녀에게 다가왔다.

나치의 패망은 기존의 패러다임을 송두리째 바꿨다. 나치 시절에 찬사를 받았던 일들은 죄악이 되어버렸다. 레니 리펜슈탈 역시 나치 시절일 때문에 재판을 받게 된다. 재판 과정에서 보인 그녀의 뻔뻔스러운 태도는 손가락질을 받았다. 그녀의 주장은 간단했다.

"난 단지 영화를 찍었다. 내가 사람을 죽였나? 아니면 핵폭탄을 떨어뜨리기라도 했나?"

그녀는 천재였고, 누구보다 높이 날아올랐다. 그녀는 재판에서 승리했지만 다시는 영화계로 복귀하지 못했다. 그러나 그녀는 좌절하지 않고 카메라를 잡았다. 아프리카 수단에 있는 누바족과 함께 생활하면서 찍은 사진집은 그녀의 천재성이 세월이나 논란과는 무관하다는 사실을 여실히 입증했다. 70세가 넘는 나이에 그녀는 카메라를 들고 바다로 뛰어들었다.

2003년 9월 8일 세기를 넘나든 레니 리펜슈탈의 놀랍고도 끔찍한 삶은 101세를 끝으로 막을 내린다.

그녀들의 의미

●

단언컨대 히틀러에게 겔리 라우발이나 에바 브라운이 차지했던 비중은 극히 미미했다. 레니 리펜슈탈 역시 히틀러와 육체적 관계를 맺었을 가능성은 극히 낮다. 히틀러는 위기에 빠진 아리아인들을 구원하는 일

　　　　　　　　　　　　　　　　　　　　아돌프 히틀러

히틀러

에 일생을 바쳤다. 1945년의 파국에서도 그는 탈출을 종용하는 측근들에게 제국의 수도에서 최후를 맞겠다고 고집을 부렸다. 자신의 삶조차 덧없이 여긴 그에게 사랑과 열정은 경멸의 대상처럼 비쳤을 것이다. 그렇다면 그런 그의 곁에 존재했던 여인들은 어떤 의미였을까?

히틀러의 절대적인 사랑을 받은 건 오직 권력뿐이었다. 히틀러의 그녀들은 권력의 틈바구니에서 히틀러의 인간적인 모습을 엿볼 수 있는 그저 작은 흔적에 불과했다. 히틀러는 그렇게도 지배하고 싶었던 겔리 라우발의 죽음을 빠르게 잊었고, 에바 브라운과는 최후를 함께 할 생각이 없었다. 에바 브라운에게 벙커로 오지 말라고 했던 이유 역시 그녀를 사랑했다기보다는 자신과 죽음을 함께할 동반자가 아니라고 믿었던 탓이다. 레니 리펜슈탈 역시 그녀가 〈의지의 승리〉나 〈올림피아〉 같은 자신의 입맛에 맞는 작품을 만들 때만 총애했다. 그녀들 모두 히틀러와 적지 않은 나이 차이가 존재했고, 애정보다는 통제나 종속으로 연결되어 있었다.

에바 브라운과 앙겔라 겔리 라우발은 히틀러라는 존재가 없었다면 지금까지 거론될만한 인물들은 아니었다. 레니 리펜슈탈은 천재였지만 나치의 전폭적인 지지가 없었다면 지금까지 기억되지 못했을지도 모른다.

에바는 히틀러와 결혼을 하고 함께 최후를 맞이했다는 점 때문에, 겔리 라우발은 의심스러운 자살을 감행한 탓에 이름이 남았다. 레니 리펜슈 탈 역시 죽는 그날까지 히틀러의 그림자에 갇혀 살았다.

히틀러에게 그들이 미미했다면, 그들에게는 히틀러가 전부였다. 그들의 삶뿐만 아니라 가족들의 삶까지 모두 그에게 영향을 받았다. 불공평한 기억의 무게추는 오늘날의 기억까지 이어진다. 생전의 삶이 그러했던 것처럼.

죽음 뒤의 이야기들

히틀러와 함께 자살한 에바 브라운의 가족들은 전후 그녀의 유품들을 되찾기 위해 힘겨운 소송을 벌였지만, 대부분의 유품들은 전승국들의 손에 넘어갔다.

겔리 라우발의 죽음 이후에도 그녀의 모친이나 가족들은 히틀러를 원망하지 않았다. 그녀의 어머니 앙겔라는 히틀러의 새로운 애인 에바 브라운을 괴롭히다가 바헨펠트에서 쫓겨났지만 곧 화해한다. 겔리 라우발의 오빠인 레오는 제2차 세계대전에 참전했다가 스탈린그라드에서 포로로 잡힌다. 히틀러는 1941년 생포한 스탈린의 아들 야콥과의 교환을 제의하지만 일언지하에 거절당한다.

종전 때까지 독일 국민들은 겔리 라우발이나 에바 브라운에 관한 이야기들을 듣지 못했다. 대부분 불철주야 일하는 총통이 안락한 사생활을 포기했다는 괴벨스의 선전을 곧이곧대로 믿은 탓이다. 에바 브라운이 언론에 노출된 것은 단 한 번, 1936년 2월에 열린 동계올림픽 때뿐이었다. 제일 앞줄에 앉은 히틀러의 바로 뒷줄에 앉은 에바와 여동생 그레텔의 모습이 카메라에 잡혔다.

레니 리펜슈탈의 다큐멘터리 〈올림피아〉에서는 마라톤에서 우승한 손기정의 모습을 볼 수 있다. 레니 리펜슈탈은 일장기를 달고 뛴 비운의 마라토너에게 깊은 관심을 보였다. 그녀는 손기정을 집으로 초대했고, 종전 후에도 종종 만남을 가졌다.

09
에바 페론
LOVER
Eva Perón

"동지 여러분, 세상에는 내가 이기적이고 야심에 가득 차 있다고 말하는 사람들이 있습니다. 하지만 동지 여러분들은 내가 했던 일들, 내가 이룩했던 일들이 결코 나의 야망을 이루기 위해서가 아니라는 사실을 잘 알고 있으리라 믿습니다. 나는 사랑하는 동지 여러분들이 나를 비난하고자 하는 이들에게 손가락질 받기를 원하지 않습니다."

에바 페론, 작은 에바라는 뜻의 에비타라는 별명으로 더 잘 알려진 페론 대통령 영부인의 연설은 군중들의 아우성에 묻혔다. 백만이 넘는 군중들은 그녀가 부통령에 출마하겠다는 오직 한 가지 대답만을 원했다. 군중들의 완강함을 본 그녀는 단상 뒤편에 앉아 있는 늙은 남편 페론 대통령을 쳐다봤지만 남편은 동상처럼 미동도 하지 않았다.

꿈이 끝나간다는 좌절감이 에비타의 가슴을 할퀴었다. 그녀는 더 날아가고 싶었다. 부통령이 된다면 더 많은 일을 할 수 있을 것 같았다. 하지만 그의 허락이 없었다. 그녀의 간절한 애원에도 묵묵부답으로 일관하거나 어떤 게 최선인지 잘 생각해보라는 대답만 돌아왔다.

　그녀는 결국 수백만의 지지자들을 눈앞에 두고도 단 한 사람의 의지를 꺾을 수는 없었기 때문에 꿈을 접어야만 했다. 그렇다고 군중들에게 남편의 허락을 받지 못해서 출마를 못한다는 말은 차마 할 수 없었다. 군중들은 끈질기게 기다렸지만 결국 그녀는 대답할 수 없었다. 에바는 눈물을 흘리면서 단상에서 물러났다. 에바를 연호하던 군중들도 어둠이 찾아오자 하나둘씩 흩어졌다. 마지막까지 남아 있던 군중들이 물러나자 모든 것이 끝났다.

　9일 후 그녀는 라디오 연설을 통해 부통령에 출마하지 않겠다고 공식적으로 선언했다. 그리고 다음해 7월 백혈병과 자궁암으로 세상을 떠난다. 그녀가 만들어낸 전설을 향해 멈추지 않은 항해를 시작한 것이다.

한 명의 에바 페론, 두 명의 에비타

　포퓰리즘의 상징, 섹스로 권력을 차지한 여인이라는 명성을 가진 에비타 옆에는 노동자와 농민의 진정한 친구라는 또 다른 에비타가 자리 잡고 있다.

　말과 글로 사람을 만들어내는 건 어려운 일이 아니다. 착한 사람으로 만들려면 나쁜 것들을 버리고 좋은 것들로만 포장하면 되고, 나쁜 사람으로 만들려면 좋은 것들을 버리고 나쁜 것들만 옮기면 된다.

　하지만 여기 말과 글, 그리고 전설로 치장을 해도 실체를 알 수 없는 여인이 있다. 밑바닥에서 출발해 오직 미모와 재능으로 최고의 자리에 오른 여인, 그리고 세상을 향해 자신의 신념을 마음껏 펼친 여인이 있다. 한쪽에서 보면 수단과 방법을 가리지 않고 권력에 미친 여인이지만, 다른 쪽에서 보면 인간대접도 받지 못하던 노동자와 농민들에게 꿈과 행복을 안겨준 천사 같은 여인의 이름은 에바 페론 혹은 에비타라고 불린다.

그녀가 맡은 첫 번째 배역 – 사생아

에바 페론은 1919년 5월 7일 아르헨티나의 로스 톨도스에서 돈 후안 두아르테와 도나 후아나 이바르구렌의 딸로 태어났다. 태어나자마자 그녀에게 찍힌 첫 번째 낙인은 '사생아'였다.

에바의 아버지 돈 후안 두아르테는 후아나와의 사이에서 에바를 포함해 엘리사와 블랑카, 에르민다라는 4명의 딸과 후안이라는 이름을 지닌 아들까지 모두 다섯 아이를 두었지만 부인이 있는 유부남이었다. 그리고 에바가 태어난 다음해에는 본처와 아이들이 있는 치코빌이로 떠났다.

아버지라는 방패막이 사라지자 그녀에게는 당장 '사생아'라는 꼬리표가 붙었다. 아버지가 별다른 생계 대책도 세워주지 않고 떠난 탓에 에바의 어머니 후아나는 쉴 새 없이 재봉틀을 돌려야만 했다. 또한 자식들이 아버지에게 버림받았다는 사실에 좌절하지 않도록 늘 신경을 써주곤 했다.

하지만 사생아라는 손가락질과 어머니 후아나를 따라다니는 염문들은 어린 에바에게 분명 힘겨운 시련이었다. 후아나는 집주인인 카를로스 로세와 깊은 관계였던 게 분명하다. 하지만 의지할 곳 없는 여인이 다섯 아이를 키우기 위해서 할 수 있는 일들은 별로 없었다.

이런저런 일들이 어린 에바를 단련시켰다. 예민한 감수성 대신 손가락질 받는 출생의 무게가 얹어진 그녀는 늘 신경질적이었다.

1926년 그들을 버리고 떠난 아버지 돈 후안 두아르테가 자동차 사고로 사망한다. 장례식에 참석하기 위해 치코빌이로 간 에바의 가족들은 죽음의 끝자락을 겨우 잡을 수 있었지만 위안을 받지는 못했다. 어머니 후아나는 자신과 자식들의 존재를 인정받고 싶었겠지만, 그들에게는 귀찮고 숨기고 싶은 망자의 과거일 뿐이었다. 몇 차례의 신경질적인 다툼 끝에 망자와의 작별인사를 하고 장례식에 참석할 수 있었다. 그나마 몇 년 전 아버지의 본처가 사망하지 않았다면 그런 호사는 꿈조차 꿀 수 없었을 것이다.

자신을 버린 남편의 장례식이 끝나고 얼마 후 후아나는 로스 톨도스를 떠난다. 남편의 죽음을 끝으로 자신을 둘러싼 과거를 털어버리고 싶었든지 아니면 아이들을 추악한 소문으로부터 지켜주고 싶었던 것 같다. 후아나가 선택한 피난처는 로스 톨도스에서 30킬로미터쯤 떨어진 후넨이라는 곳이었다. 철도역이 생기면서 만들어진 후넨은 늘 사람들로 북적거렸다. 에바의 큰언니 엘리사는 우체국에서 일했고, 둘째 언니 블랑카는 학교 교사로, 오빠 후안은 비누회사에 취직을 했다. 수완 좋은 후아나는 하숙을 쳤다. 돈을 벌 목적보다는 딸들에게 좋은 혼처를 찾아줄 속셈이었지만, 훗날 에바의 정적으로부터 유곽을 운영했다는 비난을 받는 빌미가 되었다. 후아나의 의도대로 엘리사는 장교와 블랑카는 변호사와 결혼했다.

한편 에바는 좌절에 대한 상처를 영화로 위로받았다. 뽀얀 은막 속에서 노니는 아름다운 여배우를 보느라 넋이 빠졌던 에바는 곧 자신의 꿈을 영화배우로 결정했다. 꿈이라기보다는 간절함이 더 강한 그녀의 꿈은 훗날 그녀의 일생을 결정지었다. 어린 그녀는 자신이 좋아하는 노마 시어러처럼 유명한 스타가 되어서 자신과 가족들을 무시하던 사람들에게 복수하고 싶다는 마음이 전부였을 것이다.

미국에서 불어 닥친 경제 대공황의 여파로 아르헨티나에서도 고단한 삶을 사는 사람들이 늘어났다.
힘들고 어렵게 사는 사람들이
늘어날수록 극장은 사람들로 넘
쳐났다. 현실의 고단함을 단 몇
시간만이라도 잊고 싶다는 생각
이 사람들로 하여금 스크린의
최면에 빠져들게 만든 것이다.

그녀 또한 불만 가득한 현실
을 잊기 위해 영화에 빠져들었
고, 자연스럽게 영화배우를 꿈
꿨다. 에바에게는 모든 것이 아
름다운 스크린과 비교하면 먼지
가 풀풀 날리는 후넨은 지옥 같

에바 페론

았을 것이다. 그리고 그녀는 자신의 꿈을 이해하지 못하는 어머니에게
대들 듯 후넨을 떠난다. 그녀의 나이 15세 무렵인 1935년이었다.

그녀가 후넨을 갑자기 떠난 이유는 영화배우로 성공하기 위해서였다
는 데는 이견이 없지만, 떠난 수단에 대해서는 의견이 몇 가지로 갈린
다. 우선은 에바가 결국 어머니 후아나를 설득하는 데 성공해서 부에노
스아이레스에 있는 라디오 방송국의 성우 오디션을 봤다는 것이다. 몇
차례의 도전 끝에 배역을 따내는 데 성공한 에바가 부에노스아이레스에
남았다는 얘기는 그녀에게 긍정적인 쪽의 주장이다.

반면 그녀에게 부정적인 쪽의 주장은 정반대다. 그녀가 후넨에 공연
을 하러 온 유명한 탱고 가수 아구스틴 마갈디에게 자신을 부에노스아

이레스에 데려다 달라고 간청했다는 것이다. 더 정확하게는 그와 함께 '도망' 쳤다는 표현이 적합할 것 같다. 아무리 점잖고 상상력이 부족하다고 해도 가진 것 없던 에바가 마갈디를 설득시킬 수 있는 유일한 수단이 육체뿐이라는 사실과 그걸 사용했을 것이라고 추측하는 데 어려움이 없을 것이다. 어쨌든 그녀는 결국 지긋지긋한 후닌에서 탈출하는 데 성공했다. 오직 꿈만을 가진 채.

아르헨티나의 수도 부에노스아이레스는 라틴 아메리카의 중심 도시라고 부르기에 부족함이 없었다. 에바는 1970년대 보따리를 가슴에 품고 무작정 서울로 올라온 시골 소녀처럼 도시에 압도당했다.

전 세계를 휩쓴 경제 대공황의 여파에서 자유로울 수는 없었지만, 1930년대 중반의 부에노스아이레스는 부와 풍요로움으로 포장된 거대한 도시였다. 꿈에도 그리던 부에노스아이레스였지만, 그녀에게는 꿈과 열정만 있을 뿐 영화배우가 될 만한 자질이 없었다. 인정하고 싶지는 않았겠지만 무작정 꿈을 쫓아온 수많은 배우 지망생들 중 눈에 띄지 않는 한 명일 뿐이었다.

에바는 연극에서 행인 등의 단역을 맡았다. 그나마 그 배역을 맡기 위해서 감독과 제작자들의 품을 전전해야만 했다. 다른 한편에서는 비누회사에 다니던 오빠 후안이 광고를 몰아주면서 라디오 성우로서 성공가도를 달렸다고 하지만, 라디오에서 승승장구하던 시기는 1939년 한 영화잡지에 모델로 등장하면서부터였다. 4년 동안 아무런 연고도 없고 실력도 없는 배우 지망생은 어떤 길을 걸어왔을까?

그녀에게 평생 따라붙은 '창녀' 라는 별명에 걸맞은 생활을 했겠지만, 그 앞에 '생존' 이라는 전제조건이 걸린다면 아무도 그녀에게 손가락질을 하지 못할 것이다. 하지만 그녀는 악착같이 버텨냈다. 언젠가는 성공하리라는 확신이 들었던 것일까? 아니면 이대로는 고향에 돌아갈 수 없다는 오기 때문이었을까? 어쨌든 그녀는 〈안테나〉라는 영화잡지에 등장하는 것으로 성공의 첫발을 내디뎠다. 물론 잡지에 얼굴이 실리기 위해서 잡지사 편집장과 사랑에 빠져야만 했다.

남자들의 욕망을 발판삼아 근근이 무대에 오르곤 하던 그녀는 마침내 라디오 방송국에 둥지를 틀었다. 얼굴을 보여주지 않아도 되는 라디오는 그녀의 형편없는 연기실력을 가려주었다. 더군다나 연극무대에서처럼 고귀한 말투나 몸짓을 하지 않아도 되었다. 자신에게 맞는 배역을 맡으면서 그녀는 차츰 날아오르기 시작한다. 그녀에게 호의적인 사람들이 기억하는 라디오 성우로서의 에바는 1942년을 기점으로 성공으로 접어든다. 라디오 성우로서도 그렇지만 훗날 전설 속에 기억될 에바 페론, 에비타를 향한 날갯짓으로도 말이다.

그녀가 맡은 두 번째 배역 – 에바 페론

전 세계가 제2차 세계대전의 불길 아래 숨을 죽이고 있던 1943년 6월 4일 일단의 개혁파 청년 장교들이 쿠데타를 일으켰다. 다른 모든 쿠데타세력이 그렇듯, 정권을 장악한 군부는 기득권세력을 없애고 공명정대한 세상을 만들 것이라고 약속했다.

에바는 군부의 핵심세력 중 한 명인 안니발 임베르토 대령의 옆에 있었다. 민중의 아픔에 공감하던 에바가 쿠데타세력의 순수한 뜻에 동조

후안 페론

를 한 것일까? 아니면 영화잡지에 실리기 위해 편집장에게 접근했던 것처럼 성공을 위해 임베르토에게 접근한 것일까? 정답은 알 수 없지만 한 가지는 확실했다. 이제 그녀는 누구도 무시할 수 없는 존재가 되었다는 것이다.

그녀는 얼마 전까지만 해도 상상도 할 수 없었던 라디오 드라마의 주인공을 맡았다. 언론을 통제하는 직책을 맡은 것에 임베르토 대령의 영향력이 발휘되었다는 사실은 말할 필요도 없었다. 이제 남은 건 한 가지, 에바를 완성시킬 남자, 페론과의 만남뿐이었다.

1895년 로보스라는 곳에서 태어난 후안 도밍고 페론은 군사학교를 졸업하고 육군에 입대했다. 차근차근 진급하며 계급을 높여가던 그는 1929년 아우렐리아 따손이라는 여인과 첫 번째 결혼을 한다. 내성적이고 순종적인 아내는 말없이 남편 곁을 지켰다.

1938년 아내가 사망하고 혼자가 된 페론은 다음해 전쟁의 조짐을 보이고 있는 유럽의 정세를 살피기 위해 이탈리아로 파견된다. 그곳에서 히틀러의 나치즘과 무솔리니의 파시즘에 매료된 페론은 자신만의 방식으로 부정부패와 빈부격차로 얼룩진 조국을 구하기로 결심한다.

1941년 고국으로 돌아온 그는 공산주의 사상을 가지고 있다는 의심을 받고 한직으로 밀려난다. 하지만 곧 쿠데타의 중심세력으로 권력의 핵심에 자리 잡는다. 이 쿠데타에 나치가 얼마만큼 영향력을 미쳤는지는 알 수 없지만, 쿠데타의 핵심세력들이 파시즘과 나치즘에 깊이 빠져 있었다는 사실만큼은 분명했다.

여유를 찾은 그는 욕망을 채워줄 여인이 필요했고, 에바는 임베르토 대령보다 더 높은 연줄과 배경에 목말라했다. 일설에는 임베르토 대령이 에바를 물건처럼 페론에게 선물했다고도 한다. 하지만 오랜 밑바닥 생활에서 터득한 본능적인 생존감각이 그녀를 페론에게 향하게 했다고 하는 게 좀 더 정확해 보인다.

둘의 결합에 결정적인 계기를 제공한 것은 1944년 1월 15일 산후안 지역에서 일어난 지진이었다. 수천 명이 사망하고 더 많은 사람들이 거처를 잃었다. 정권을 장악하고 있던 군부는 피해를 입은 산후안 시민들을 위한 모금활동의 일환으로 페스티벌을 열기로 한다. 당시 노동복지부 장관이었던 페론이 대책 위원장을 맡았고, 에바가 페스티벌에 참여하면서 둘의 첫 만남이 이루어졌다. 두 배나 되는 나이 차이를 납득시키기 위해 사람들은 에바가 페론의 신사다움과 엄격함에서 어린 시절에 잃었던 아버지의 모습을 찾아냈다고 말한다. 하지만 에바가 페론에게서 찾아낸 것은 오직 하나 '권력'이었다.

당대를 대표하는 톱스타들이 참가하는 페스티벌에 에바의 자리는 없었다. 하지만 그녀는 수단과 방법을 가리지 않고 무대에 올랐다. 호소력 짙은 목소리로 시를 낭독한 그녀는 난생 처음 많은 사람들에게 주목을 받았다. 그렇지만 그녀가 눈길을 받고 싶었던 사람은 단 한 명 페론뿐이

 에바 페론

었다. 훗날 두 사람 모두 그날이 둘의 운명을 결정지었다고 밝혔다.

에바에게 긍정적인 쪽은 둘의 첫 만남이 지진참사 대책회의가 열린 1944년 1월이었다고 말한다. 하지만 둘은 분명 그전에 만남을 가졌고, 에바는 페론에게서 권력을 향한 출구를 발견했다. 평생 누군가에게 기대서 살아가는 데 익숙했던 에바는 좀 더 강한 권력을 가진 남자에게 매혹 당했다.

권력을 등에 업은 그녀가 라디오에서 마음껏 그 힘을 만끽하는 사이 아르헨티나의 정국은 다시 한 번 소용돌이 속으로 빠져들었다. 쿠데타를 일으킨 핵심세력들이 분열을 일으킨 것이다. 승승장구하던 독일의 패색이 짙어지고 이탈리아가 항복하면서 라틴 아메리카에서 유일하게 그들과 동맹관계를 맺었던 아르헨티나의 입장이 곤란해진 것이다. 무기수입을 둘러싸고 미국과의 갈등이 심화되자 라미레즈 대통령이 책임을 지고 물러났다. 페론은 대통령직을 승계한 파레르 장군의 뒤를 이어 국방부 장관에 임명되었다.

에바는 라디오 방송에서 페론이 장래의 대통령감이라는 이미지를 선전한다. 이제 에바는 단순히 페론의 욕망을 채워주는 인형과 같은 존재가 아니라 정치적인 동반자로 격상되었다. 에바가 단순히 권력가의 정부나 얌전한 대통령의 영부인으로 머물지 않을 것이라는 선언이나 다름없었다.

국방부 장관에 부통령까지 겸임한 페론은 노동자들을 위한 정책을 펴나간다. 최저임금 보장이나 근무시간 제한, 유급휴가와 같은 조치들은 페론주의를 향한 전진이었지만, 동시에 노동자들의 열광적인 지지를 받았다. 그리고 그런 정책을 라디오에서 되풀이해서 부각하고 선전하는 것은 에바의 몫이었다.

둘의 인기가 커지면서 군부에는 차츰 반대세력들이 늘어났다. 노동자 세력이 거대해지는 걸 두려워한 자본가들과 페론이 나치와 결탁했다고 의심하던 세력들까지 반대 깃발 아래 모여들었다. 특히 에바 페론에게는 사생아로 태어나 함부로 몸을 굴리던 여배우라는 비아냥이 따라붙었다. 이 모든 반대파들의 뒤에는 미국이 존재했다. 나치즘에 물든 페론이 자국의 뒷마당이나 다름없는 남미의 주요 국가 중 하나인 아르헨티나의 정권을 잡을 수 있다는 위험성을 느낀 것이다. 미국은 반대세력들을 조종해 페론을 실각시키려고 했다.

제2차 세계대전이 끝날 즈음 거세지는 미국의 압력에 군부 출신의 대통령은 계엄령을 해제하고 민정이양을 약속했다. 즉각 페론에 반대하는 시위가 벌어졌고, 정국은 혼란에 빠졌다. 페론을 지지하는 쪽이나 반대하는 쪽 모두 에바에게 페론을 망친 요부라고 손가락질 했다. 정권을 장악하고 있던 군부세력들은 더 이상의 말썽거리를 없애기 위해 페론에게 사임을 촉구했다. 믿었던 동료들의 배신에 허탈해진 페론은 위기의 순간을 변함없이 지켜준 에바와 함께 은퇴하기로 결심한다. 1945년 10월 둘은 아르헨티나의 남쪽 끝 파라나라는 도시로 떠났다.

대부분 여기서 페론과 에바의 이야기가 끝날 것이라고 믿었다. 하지만 페론의 사임은 끝이 아니라 시작이었다. 노동자들은 자신들에게 은혜를 베풀어준 페론을 잊지 않았다. 혼란의 와중에 은퇴한 페론과 에바를 노리는 음모가 진행되었다. 일단의 군인들이 파라나로 내려와 에바와 페론을 체포해 부에노스아이레스로 압송했다. 페론은 체념했을지 몰라도 에바는 아니었다.

  에바 페론

에바는 자신에 대한 감시가 소홀한 틈을 타서 페론의 지지자들에게
그 소식을 알렸다. 곧 노동자들이 그를 지지하는 대규모 시위를 벌였다.
십만 단위의 노동자들이 거리로 뛰쳐나왔다. 페론의 체포를 지시했던
군부는 넋을 잃고 노동자들의 행렬을 지켜봐야만 했다. 가장 위험한 순
간 페론은 자신의 신념이 뿌린 씨앗으로 인해 구원받았다. 하지만 가장
큰 수혜자는 그가 아니었다. 이제 에바에게는 전설을 향해 날아오를 날
개가 돋아났다.

그녀가 맡은 세 번째 배역 – 에비타

●

에바 페론에게 비판적인 사람들은 그녀가 성공을 위해 몸을 팔고 남
자들을 이용했다고 한다. 하지만 에바는 페론이 가장 위험했던 순간을
함께 했고, 그를 위기에서 구하기 위해 할 수 있는 모든 노력을 다했다.
만약 그녀가 단순히 돈 많은 권력가를 사랑했다면 페론이 실각했을 즈
음 그를 떠났을 것이다. 그렇게 하지 않은 이유는 무엇일까? 아마 페론
을 통해 자신의 꿈을 실현시킬 수 있었다고 믿었기 때문이 아니었을까?
상황이 반전된 후 두 사람은 오랫동안 꿈꿔왔던 결혼식을 올렸다. 그
리고 페론은 다음해 2월 24일에 있을 대통령 선거에 출마한다고 선언했
다. 짧고 달콤한 신혼여행을 마치고 돌아온 두 사람은 곧장 선거 유세에
뛰어들었다. 그리고 바로 거기에서 에바의 진가와 가치가 드러났다. 평
생을 군인으로만 살아온 무뚝뚝한 페론을 대신해 상냥하면서도 다정다
감한 에바가 사람들 앞에 모습을 드러내는 공간이 많아졌다. 연기를 할

에바와 후안 페론

때, 그리고 라디오 성우를 할 때 항상 발목을 잡았던 천박한 말투가 오히려 친근하게 들린 것이다.

2월 24일 후안 페론은 54퍼센트의 지지를 얻어 대통령에 당선되었다. 노동자와 농민들의 승리였고, 에바 페론의 승리였다. 사생아로 태어나 허접한 배역을 따내기 위해 남자들 품을 전전해야만 했던 그녀가 이제 어엿한 영부인이 된 것이다. 여기서 멈췄다면 그녀는 아르헨티나 대통령의 영부인으로 머물렀을 것이다. 하지만 그녀는 에비타가 될 운명이었고, 생애 최고의 연기에 도전했다.

그녀가 받은 첫 번째 도전은 대통령 영부인이 관례적으로 맡았던 '자선을 베푸는 사회단체'의 대표를 맡는 일이었다. 에바가 그 자리에 어

에바 페론

울리지 않는다고 여긴 자선단체의 상류층 여인들은 에바가 너무 어리다고 입을 모았다. 여인들의 반격에 에바는 기금을 횡령하고 고아들을 학대했다는 이유를 들어 자선단체를 해체시켰다. 그리고 에바가 직접 뛰어들었다.

에바는 바쁜 남편 대신 남편의 지지층들을 붙잡는 일에 매달렸다. 그녀는 자신의 어려움을 호소하기 위해 몰려든 노동자들에게 귀를 기울였다. 아니 단순히 옆에서 보조하는 단계를 넘어섰다. 1947년 에바는 비판적인 언론들에게 맞서기 위해 〈데모크라시아〉라는 작은 신문사를 인수했다. 인수 당시 몇천 부에 불과했던 판매부수는 에바의 지원을 등에 업고 수십만 부의 판매부수를 자랑하는 거대한 신문사로 발돋움했다. 그녀는 왜 멈추지 않았을까?

에바의 불행했던 과거가 그녀의 발목을 놔주지 않았기 때문이다. 그녀는 배가 고프다는 게 어떤 의미인지, 부당하다는 것이 무언지 뼛속 깊이 알고 있었다. 몇 마디 대사가 있는 배역을 따내기 위해 수치심을 벗어던지고 남자 앞에 알몸으로 섰던 과거가 그녀를 신화로 이끌어냈던 것이다.

그녀는 자신이 사생아였다는 사실을 필사적으로 숨기려고 노력했다. 그녀는 페론과의 결혼 신고서에 자신이 1919년 로스 톨도스에서 태어난 게 아니라 1921년 후닌에서 태어났다고 적었다. 결혼 전 성도 마리아 에바 두아르테로 기재했다. 엄격하게 따지자면 그녀는 두아르테라는 성을 쓸 권리가 없었다. 그녀는 과거로부터 도망치려고 했으면서도 과거와 맞서 싸웠다.

제2차 세계대전으로 폐허가 된 유럽에는 아르헨티나의 밀과 고기가 절실하게 필요했다. 아르헨티나는 부유해졌지만, 그 과실은 소수의 대지주와 자본가들이 차지했다. 국민들의 대다수를 차지하는 노동자와 농민들은 여전히 어려운 생활을 해야만 했다. 권력의 핵심부에 선 에바는 아마 이 상황을 징글징글하게 못 견뎌 했을 것이다. 그녀의 출생과 걸어온 삶은 가진 자에 대해서는 거의 본능적인 거부감과 증오심을 품게 만들었다. 그녀는 빈민들에게 따스하게 대했던 것과 반대로 관료들과 상류층에게는 싸늘하게 대했다.

사랑 역시 마찬가지였다. 남자의 욕망이 어떤 것인지 참혹하게 겪었던 에바는 남자의 사랑을 삶의 방편 내지는 생존수단으로 이해했다. 에바가 남자들을 섹스로 유혹했다는 이야기는 그녀가 어느 정도 성공의 길을 걸어간 이후에나 해당된 말이었다. 그녀에게 섹스는 살아남기 위한 수단이자 방법이었다. 그녀에게 던져진 대부분의 비난들이 정당하면서도 정당하지 않은 이유는 그녀의 삶을 완전히 이해하지 못했기 때문이다. 따라서 그녀가 죽은 이후에도 영향력을 발휘하는 일을 단지 '신화'로만 파악하려고 애를 쓴다. 우습게도 신화가 현실을 바탕으로 한다는 아주 기초적인 사실은 눈곱만큼도 이해하지 못한 채.

1947년 6월 6일 그녀의 신화를 전 세계에 퍼트릴 여정이 시작되었다. 애초에 스페인의 초청을 받은 것은 페론 대통령이었다. 하지만 페론은 에바를 대신 보내기로 결정했다. 두 독재자의 만남이라는 손가락질을 피하기 위해서였을까? 아니면 에바의 유럽 순방 중에 아르헨티나에서 떠돌던 소문처럼 나치의 비자금을 비밀리에 유럽으로 빼돌리기 위해서였을까?

에바 페론

어쨌든 비행기를 타고 대서양을 건넌 에바는 스페인의 수도 마드리드에 내렸고, 프랑코 총통을 비롯한 귀빈들의 영접을 받았다. 수십만의 환영인파가 모인 가운데 에바는 우아한 모습을 보이려고 애썼다. 사실 그녀는 우아하고 격식 있는 의전과는 어울리지 않았다. 하지만 그녀는 매번 자신감 있는 태도와 솔직한 자세로 위기를 헤쳐나갔다. 사실 이때의 스페인은 에바가 실수를 저질러도 눈감고 넘어가야 할 정도로 절박하긴 했지만 말이다.

성공적인 스페인 순방을 마친 에바는 이탈리아로 갔다. 두 번째 방문지에서는 첫 번째만큼 열렬한 환대를 받지는 못했지만, 교황과의 비공식접견을 비롯한 일정들을 소화했다. 그녀의 화려한 의상과 값비싼 보석은 유럽인들에게 흡사 벼락출세한 졸부의 과시욕처럼 보였을 것이다. 두 달 동안 계속된 유럽 순방을 마친 에바는 여객선을 타고 브라질로 갔다. 브라질의 수도 리우데자네이루에서 열리는 국제회의에 아르헨티나 대표 자격으로 참석하기 위해서였다.

8월 22일 남미 순방까지 마치고 돌아온 에바는 그를 기다리는 어마어마한 환영인파에 둘러싸였다. 통제되기 시작한 언론에서 에바의 유럽 순방이 대성공이라는 소식만을 전해 들은 국민들은 기쁜 마음으로 에바를 환영했다. 그녀 역시 이번 순방을 계기로 자신의 길을 확실하게 정했다. 그 후에 벌어졌던 일들을 보면 그녀의 열정과 신념을 어느 정도는 엿볼 수 있을 것이다.

1947년 9월 그녀는 여성의 참정권을 명문화하는 법률을 발표했다. 페론주의라는 이름으로 불릴 새로운 정치체제의 탄생을 알리는 서막이었다. 사실 빈부격차에 대한 그녀의 시각은 경험적이면서도 다분히 정치적이었다. 노동자들이 그녀와 페론의 강력한 지지계층이었다는 사실은 불을 보듯 뻔했고, 그런 그들에게 어떻게든 보답을 해야만 했다. 여성들에게 참정권을 준 것 역시 사회적 약자인 그녀들의 지지를 얻기 위한 수단이었다.

이 시점부터 에바와 페론은 다른 권력들처럼 부패하기 시작했다. 언론을 장악한 에바와 페론 주변에는 아첨꾼들이 모여들었다. 둘의 권력에 기대 이득을 누리던 사람들은 그 권력이 영속되기를 바란다. 어쩌면 에바와 페론 모두 자신들이 꿈꾸는 세상을 만들기 위해서는 수단과 방법을 가리지 않아야 한다고 믿었는지 모르겠지만.

물론 둘의 통치가 강압과 억압으로만 이뤄졌다면 훗날의 전설은 만들어지지도 않았을 것이다. 대신 에바는 자신의 처지를 하소연하는 노동자들을 만나서 고충을 처리해주었고, 먹을 것을 원하는 편지를 받고는 그들에게 설탕과 밀가루 같은 물자들을 보냈다.

1949년 7월에 설립된 에바 페론 재단은 고아원과 가난한 아이들을 위한 학교를 설립했다. 특히 아이가 없던 에바는 아이들을 위한 자선활동에 열심이었다. 하층민을 위한 무상진료도 확대되었다.

훗날 페론주의 혹은 페론식 사회주의, 악의적으로는 페론식 파시즘이라고 이름 붙여진 정치체제의 가장 중요한 요소였다. 페론주의의 핵심인 하층민의 권리신장과 부의 재분배가 가장 확실하게 이뤄진 곳이 에바의 사무실이었다. 그녀는 광적으로 일에 매달렸다. 쉬지 않고 시설을 돌아봤고, 고아들과 과부들이 자신이 지은 시설에서 편안하게 살고 있는지 직접 눈으로 확인했다. 그녀의 집무실은 청원자들이 넘쳐났고, 에

에바 페론

집무실에서 일하는 에바

바는 항상 그들에게 도움이 되어주었다.

"집 있어요? 아니, 함석지붕에 진흙벽돌로 만든 집 말고 진짜 집이요? 없어요? 이봐요. 이 부인한테 당장 집 한 채하고 아이들이 따로 따로 잘 수 있는 침대 다섯 개를 장만해줘요. 그리고 밀가루랑 설탕도. 참, 입 벌려보세요. 치과 의사한테 치료를 받을 수 있도록 조치도 취해주고요."

"아가씨는 일단 합숙소에 머물러요. 적당한 일자리와 거처가 마련되는 대로 알려드리죠. 일단 고향집에 전보를 쳐서 무사히 잘 도착했다고 알려주고 죄송하다고 해요. 아뇨, 나한테 죄송할 필요는 없어요. 사실 나도 아가씨 나이 때 무작정 뛰쳐나왔거든요."

"할아버지. 할머니 장례식은 잘 치러줄 테니까 염려 말고 양로원으로 들어가세요. 할아버지가 이렇게 걱정하시면 돌아가신 할머니가 마음 편하겠어요?"

불과 10년 전까지만 해도 매춘부나 다름없던 생활을 해야만 했던 그녀의 놀라운 변신은 남편 페론에 대한 애정 때문이었다. 그녀가 했던 많은 연설들에는 늘 페론이 언급된다. 그녀는 자신의 경험 때문에 하층민들을 이해하며 구호활동에 뛰어들기도 했지만 남편인 페론의 정치적인 영역을 넓히기 위한 목적도 존재했다. 물론 둘의 사랑이 순수하거나 아름답게 시작한 것은 아니었다. 하지만 에바는 실각한 페론과 함께 했고, 그가 최대의 위기에 빠져 있을 때에도 지지자들을 끌어 모아서 위기에서 구해내는 데 일조했다.

사실 둘의 사랑이 애틋하거나 우아하지는 않아 보인다. 아이도 없었고, 마지막에는 페론이 에바의 발목을 잡는 모습도 보인다. 에바가 일이 바빠지면서 넓은 대통령 궁 안에서 며칠 동안 서로 못 보고 지낸 적도 많았다고 전해진다. 서로의 일, 각자의 권력만을 사랑했던 것이라는 주장도 나오지만, 에바에게 페론은 존재 이상의 가치를 지녔다.

1949년 7월 에바는 세르반테스 국립극장에서 페론주의에 입각한 여성들만의 정당을 만든다. 여성에게도 참정권이 주어지면서 적어도 선거에서는 새로운 제3의 권력이 생겼으며, 그들을 흡수하기 위해서는 그들만의 조직이 필요했던 것이다. 억압받는 여성들을 위한 정당의 창당연설에서도 에바는 페론에 대한 찬양을 늘어놓았다.

한쪽에서 얘기하는 것처럼 그녀가 페론에게 염증을 느꼈고, 그걸 덮기 위해 더더욱 찬양과 숭배에 몰두했을 수도 있다. 하지만 그녀는 자신의 역할에 대해서 충실했다. 아니 충실하려고 노력했다. 점점 늘어나는 자신의 영향력에 대해서 곤혹스러워했는지 아니면 부족하다고 아쉬워했는지는 알 수 없지만 말이다.

그녀의 모호함 역시 점점 더 커져만 갔다. 그녀는 헐벗고 굶주린 사람들의 모습에 곧잘 눈물을 흘리곤 했지만, 자신이 운영하는 재단에 기부하기를 거부하는 자본가들을 탄압하는 이중적인 모습을 보인다. 또한 사무실에 몰려든 가난한 사람들과 어울리며 그들의 친구임을 자처하지만, 값비싼 옷과 보석에 집착하기도 했다. 에바는 자신에게 쏟아지는 찬사를 부담스러워하면서도 은근히 즐기는 모습을 보여주기도 한다.

자선가로서, 지상에 내려온 성모 마리아의 현신으로서의 그녀는 하루에 20시간 가까이 사람들을 만나 청원을 듣고, 고아원과 양로원을 둘러보고, 회의를 했다. 대체 그녀는 왜 이렇게 강행군을 했을까? 그녀의 지치지 않는 열정은 바로 시간이 없었기 때문이었다.

언제부터 그녀의 몸에 병이 심어진 것인지는 불분명하다. 자료에 따라서는 1947년, 1949년, 그리고 1950년에 알았다는 이야기들이 전해온다. 분명한 건 과다한 업무가 그녀의 몸에 심어진 병을 무럭무럭 키워갔다는 것이다.

그녀가 자신의 몸이 정상이 아니라는 걸 느꼈을 때 보인 반응은 한마디로 '믿을 수 없다'였다. 에바는 치료를 받으라는 주변의 권유를 물리쳤다. 이때 보인 페론의 무관심한 모습은 두 가지로 해석될 수 있다. 하나는 아내의 병세를 알고 있었으면서도 그냥 방치했다는 것, 반대로 에바가 페론이 걱정할 것을 염려하여 남편에게 병세를 숨겼기 때문에 아무것도 몰랐다는 것이다. 하지만 권력의 정점에 서 있던 페론이 에바의 병세에 대해서 몰랐다는 것은 이해하기 힘들다. 결국 페론이 에바의 병세가 악화되도록 그냥 지켜봤다는 게 더 정확할 것이다.

그렇다면 페론은 왜 에바에 대해서 이런 자세를 취했을까? 권력은 부모와 자식 간에도 나눌 수 없다는 속설이 있다. 에바는 페론에게 한없이 헌신적이었던 반면 페론은 조금씩 에바를 견제하는 모습을 보인다. 혹은 자신보다 노동자들에게 더 많은 환호를 받던 에바를 질투했던 것일지도 모르겠다.

페론은 그렇다 해도 에바는 왜 자신의 병을 그냥 놔뒀을까? 당사자인 그녀는 시간이 지날수록 쇠약해지는 자신의 몸을 누구보다 똑똑히 지켜봤을 것이다. 설마 자신의 권력이 몸속의 병까지 지배할 수 있다고 믿었던 건 아닐까?

멈출 수 없었던 이유는 여러 가지였지만, 가장 큰 이유는 에바 자신이었다. 평생 남에게 무시와 모욕을 당해오던 그녀는 자신이 남에게 뭔가를 베풀어줄 수 있는 것에 무한한 행복감을 느꼈다. 더불어 자신의 남편, 사랑하는 페론에게 힘이 될 수 있다는 기회를 버리고 싶지도 않았을 것이다. 어쩌면 두려웠을지도 모른다. 단역배우 시절에는 상상하지도 못할 스타의 자리에 이제 막 올랐는데 병에 걸려서 강제로 은퇴를 당하는 여배우의 심정이었을지도 모르겠다. 그녀는 자신의 질병뿐 아니라 자신의 질병을 검사하려는 모든 시도에 저항했다.

그러는 사이 아르헨티나 정국은 요동쳤다. 모든 것이 완벽하고 황홀했던 시기가 지나자 불행이 서서히 사람들을 죄어들었다. 높은 임금과 유급휴가를 만끽하던 노동자들은 치솟는 물가에 주머니가 얇아지자 불평을 늘어놓기 시작했다. 밀을 비롯한 곡물의 수출이 유럽의 수입 제한 정책으로 흔들렸다. 노동자들에게 베푼 선심성 정책에 들어가는 비용

　　　　　　　　　　　　　　　　　　　　　　　에바 페론

때문에 중공업 정책으로의 전환 역시 실패하고 말았다. 거기다 페론의 독주가 계속되면서 차츰 불만세력들이 쌓였다. 그러는 가운데 페론이 헌법 개정을 통해 대통령 연임불가 조항을 없앴다. 그의 의도가 명백해지자 철통 같던 주변의 지지세력들도 차츰 분열을 일으켰다.

그 와중에 에바는 어떤 선택을 했을까? 그녀가 취한 행동은 명백했지만, 그 이유는 두 가지로 전해진다. 첫 번째로 그녀는 물러나는 페론의 측근인 국회의장 메르칸테를 대통령에, 자신은 부통령의 자리에 앉을 것을 꿈꿨다고 한다. 그러다 페론의 속셈을 뒤늦게 눈치 채고 자신의 실책을 만회하기 위해 누구보다 더 열정적으로 페론의 재선 운동에 뛰어들었다는 것, 그리고 두 번째는 오직 사랑하는 남편을 위해 선거 운동에 뛰어들었다는 것이다. 물론 후자 역시 자신이 부통령에 오르기 위한 야심은 있었다.

그녀의 열렬한 지지세력인 노동자들은 그녀의 부통령 출마를 촉구했지만, 결정적인 열쇠를 쥔 페론은 입을 굳게 다물 뿐이었다. 노동자들의 거센 요구에도 불구하고 페론이 확답을 주지 않자 난처하게 된 것은 중간에 낀 에바였다. 늘 남편의 그림자이자 내조자의 역할에 만족하던 그녀로서는 감히 그의 뜻을 거스르고 출마를 할 수도 없는 노릇이었다. 그녀의 모든 역할과 능력은 남편 페론을 위해 존재할 따름이었다.

8월 22일 열린 그녀의 출마촉구 대회에는 100만 명이 넘는 노동자들이 몰려들었다. 세상을 메울 만큼 많은 지지자들의 열광적인 응원 앞에 선 에바는 등 뒤에 선 단 한 명을 설득하지 못함으로써 결국 뜻을 접어야만 했다. 그녀는 믿었던 남편에게 패배하고 말았다. 배신을 당했다고 느꼈을까? 아니면 버림을 받았다는 자괴감에 치를 떨었을까? 어쨌든

선거 유세 중인 에바와 페론

그녀는 급속도로 침몰했다. 의욕을 잃은 그녀에게 본격적인 병마의 습격이 시작되었다.

권력에 대한 페론의 집착은 1951년 11월에 있을 대통령 선거를 향해 질주하면서 파열음을 냈다. 경제 성장을 고려하지 않은 지나친 노동자 위주 정책 덕분에 아르헨티나는 서서히 추락해갔다. 선거를 두 달 앞두고 있던 9월 페론에게 불만을 품고 있던 벤자민 멘데스 대령이 이끄는 세력이 쿠데타를 일으켰지만 실패로 돌아갔다.

쿠데타가 일어나리라는 사실을 미리 알고 있던 페론은 국면 전환용으로 사용하기 위해 쿠데타가 일어날 때까지 기다렸다가 진압했다. 페론은 노동자들에게 군부가 그들에게 주어진 행복을 빼앗아갈 것이라고 선

　　　　　　　　　　　　　　　　　　　　에바 페론

동했고, 가진 것을 잃을까 두려워한 노동자들은 페론을 열광적으로 지지했다. 페론은 노동자들의 지지집회에서 병마와 싸우는 에바를 칭찬했다. 진심이었을지는 모르겠지만 에바는 남편을 위해 최선을 다했다.

그녀는 병석에 누운 채 진행한 라디오 방송에서도 페론에 대한 변함없는 애정을 읊조렸다. 10월에 열린 집회에서 에바는 병색이 완연한 몸을 무릅쓰고 남편의 곁을 우직하게 지켰다. 대통령 선거를 며칠 앞둔 11월 초 그녀는 결국 병원에 실려 가고 말았다. 자궁을 들어내는 수술은 성공적으로 끝났다. 페론 역시 대통령 선거에서 60퍼센트가 넘는 압도적인 지지를 받으며, 아르헨티나 역사상 처음으로 재선에 성공한 대통령이 되었다. 그리고 역사상 처음으로 여성들도 투표에 참여할 수 있게 되었다. 에바 역시 병실에서 생애 처음으로 투표를 했다.

차츰 건강이 회복된 에바는 마지막 남은 생을 향해 질주했지만, 안타깝게도 허용된 시간은 너무나 짧았다. 하지만 그녀에게 자신이 이룩한 것들을 지켜볼 시간은 있었다. 사상 처음 투표로 선출된 여성 의원들을 만났고, 메이데이 때에는 자신을 보기 위해 몰려든 수많은 사람들 앞에서 자신의 존재를 과시했다. 그리고 6월 4일에는 남편의 취임식 때도 꿋꿋하게 자리를 지켰다. 지붕이 없는 퍼레이드용 오픈카에는 쇠약해진 그녀를 지탱할 버팀목이 세워졌다.

그녀는 단지 억지로 미소를 지으며 손만 흔들 수 있었다. 그것이 전부였지만 아직 끝난 것은 아니었다. 시시각각 몸을 갉아먹는 병마와 싸우던 그녀를 더욱 힘겹게 만든 것은 남편 페론의 무관심과 냉대였다. 그를 알게 된 이후 모든 것을 헌신했던 그녀는 병에 걸린 자신을 무심한 눈으로 바라본 남편을 원망했을까? 그녀는 사랑하는 사람에게 자신이 잊히는 걸 더 두려워했던 것 같다. 그녀가 남긴 긴 유언은 남편에 대한 애정과 충고, 지나간 헌신으로 뒤범벅이 되어 있다.

1952년 7월 26일 성녀이지만 악녀였고, 아름다웠으며 추악했던 에바 페론은 눈을 감았다. 불과 서른셋의 나이였지만 지상에 있던 그 어떤 여성보다 더 많은 흔적을 남겼다. 수백만의 추모객들이 관속에 누운 그녀에게 마지막 작별인사를 했다. 아르헨티나 곳곳에서 그녀의 사후 몰아닥친 광적인 추모 열풍은 페론 정권의 의도적인 연출이기도 했지만, 그녀를 사랑했던 사람들의 자발적인 슬픔이기도 했다.

그녀가 맡은 마지막 배역 – 전설

●

에바의 죽음으로 그녀의 삶은 단절되었지만, 신화를 향한 전진은 끝나지 않았다. 흔들리던 페론 정권은 국민들의 사랑을 받던 에바의 죽음을 최대한 이용한다.

그녀의 시신을 방부처리해서 미라로 만들기로 결정한 것은 페론인 것 같다. 페론은 죽은 아내의 마지막 한 조각까지 자신을 위해 쓰기로 했다. 냉혹한 결정이었지만 남편을 끔찍하게 사랑했던 에바였다면 아주 기꺼이 허락했을 것 같다. 스페인 출신의 페드로 아라 박사가 그녀의 시신을 영구히 보존하는 작업을 도맡았다. 미라처럼 변한 그녀는 유리관 속에 들어가서 영원히 잠들었다.

하지만 눈을 뜨고 있었던 때의 삶이 뜨거웠던 것처럼 눈을 감은 이후의 삶도 결코 녹록치 않았다. 에바가 눈을 감고 3년 후인 1955년 군부 쿠데타로 페론이 실각했다. 권좌에서 물러난 그는 스페인 마드리드로 망명길에 올랐다. 혼란의 와중에 그녀의 시신은 존재감을 상실했고, 곁에는 오직 시신의 처리 작업을 맡았던 페드로 아라 박사만 남았다.

새로이 집권한 강경파 군부세력은 그녀의 시신이 노동자들의 향수를 자극할 것이라고 판단하고는 그녀의 시신을 처리하기로 결심했다. 시신은 이리저리 옮겨지다가 마침내 군사정보국 건물 안으로 옮겨졌다. 하지만 그녀의 시신에 대한 은밀한 소문은 그치지 않고 계속 퍼져 나갔다. 군부는 마침내 죽어서 더 골칫거리가 된 이 여인을 아르헨티나에서 영원히 지우기로 결심한다.

페론을 축출한 군부세력들이 그녀의 시신문제에 집착한 것은 당시 아르헨티나의 정치 상황과도 무관하지 않았다. 중산층과 자본가들에게 악의 화신 같던 페론을 쫓아내기는 했지만, 자신의 몫을 빼앗겼다고 생각한 노동자들은 파업과 데모로 새로운 정권에 맞섰다. 탄압이 거셀수록 그들의 반발도 더욱 커져갔고, 아르헨티나는 최루탄의 자욱한 연기 속에서 출구를 찾지 못했다. 결국 노동자들의 반발에 굴복한 군부는 페론에게 양보의 손길을 내밀었다. 죽은 에바가 남편 페론에게 다시 기회를 준 것이었다.

한편 에바의 전설 역시 막바지를 향해 치달았다. 1970년 5월 일단의 과격파 페론주의자들이 에바의 시신을 처리했던 전직 대통령을 납치했다. 감금된 전 대통령은 에바의 시신이 이탈리아의 한 공동묘지에 다른 이름으로 묻혀 있다고 털어놓았다. 다음해 오랫동안 땅속에 묻혀 있던 에바의 시신은 스페인 마드리드에서 망명생활을 하고 있던 남편 페론에게 돌아갔다. 페론은 에바의 시신이 심각하게 훼손되어 있는 걸 보고는 화를 내며 울분을 토했다.

그녀는 오랜 이별 끝에 남편 곁에 돌아왔다. 신화와 전설, 그리고 오랜 기억과 더불어.

그 뒤에 남겨진 이야기들

1973년 페론은 78세의 노구를 이끌고 아르헨티나로 돌아왔다. 아직도 그와 에바의 시절을 기억하던 수많은 노동자들의 열렬한 환영을 받았다. 다음해 대통령 선거에서 60퍼센트가 넘는 득표율을 기록하며 세 번째 대통령직을 수행하게 되었다. 하지만 망가진 경제는 예전처럼 노동자들에게 당근을 줄 수 없게 만들었다. 모든 것을 소진한 페론은 1974년 7월 1일 79세의 나이로 눈을 감는다.

페론의 후임자는 그의 세 번째 아내였던 이사벨 페론에게 돌아간다. 마드리드로 가기 전 남미를 떠돌며 망명생활을 하던 페론은 파나마에서 이사벨을 만났다. 그녀의 직업은 술집 무용수였다. 페론은 이사벨이라는 가명을 쓰는 이 천박한 무용수에게서 에바의 환영을 본 것일까? 페론이 대통령이 되면서 부통령의 자리를 꿰찬 이 여인은 엉겁결에 세계 최초의 여성 대통령이라는 영예를 안게 되었지만, 그 직책을 수행할 능력은 가지고 있지 않았다. 결국 1976년 라파엘 비델라 장군이 이끄는 군부세력이 그녀를 축출한다.

페론은 고국으로 돌아가면서 에바의 시신은 그대로 스페인에 남겨두었다. 그녀가 고국으로 온전히 돌아온 것은 페론의 사후 대통령직을 승계한 이사벨 페론 덕분이었다. 이사벨은 에바의 시신을 대통령 궁에 안치하면서 자신이 그녀의 계승자임을 자청했다.

군부 쿠데타로 이사벨이 쫓겨난 이후 그녀의 시신은 부에노스아이레스의 레골레타에 있는 가족묘지에 옮겨졌다. 그녀는 눈을 감은 지 24년 만에 비로소 제자리를 찾은 셈이다.

10
다이애나
LOVER
Diana

더 없이 강렬한 중압감이 그녀를 짓눌렀다. 그녀에게 윌리엄과 해리가 쓰던 거실은 숨결보다 더 익숙한 곳이었지만 오늘만큼은 아니었다. BBC 방송국의 시사 프로그램 〈파노라마〉의 카메라맨이 그녀가 앉을 의자 뒤편 창가에 카메라를 설치했다. 그녀가 인터뷰를 한다는 자체가 비밀이었기 때문에 촬영은 6밀리 카메라로 해야만 했다. 등 뒤의 카메라맨과 사인을 주고받던 진행자 마틴 배셔가 그녀를 똑바로 쳐다봤다.

"지금 기분이 어떻습니까?"

"괜찮아요. 아니, 조금 떨려요."

그녀는 허물어지고 싶은 마음을 다잡기 위해 안간힘을 쓰면서 대답했다. 마틴 배셔는 이해한다는 듯 고개를 끄덕거렸다.

"사실은 저도 떨립니다. 아마 이 인터뷰가 방송되면 우린 달로 이민 가야 할지도 몰라요."

그의 농담에 그녀는 피식 웃었다.

"어차피 그쪽 사람들은 내가 눈에 안 보이는 곳으로 가거나 쥐죽은 듯 꼼짝도 않는 걸 원하고 있어요. 하지만 난 그러고 싶지 않아요. 난 윌리엄과 해리의 어머니고, 그 아이들을 지켜줘야 할 의무가 있어요. 난 그 애들이 그들의 방식으로 길들여지는 걸 원치 않아요."

그녀는 자신이 긴장하고 있다는 사실이 두려웠다. 이런 삶으로 걸어 들어왔다는 것도 싫었다. 그렇게 살지 않겠다는 결심을 수도 없이 했건만 결국은 다시 이곳으로 오고 말았다.

"편안하게 얘기하세요. 대신 진실만, 아무에게도 못했던 것들을 얘기해야만 합니다."

그녀는 숨을 깊게 들이마셨다. 다이애나를 뚫어지게 쳐다보던 마틴 배셔가 천천히 입을 열었다.

"먼저 왜 인터뷰를 하게 되었는지부터 여쭤도 되겠습니까? 왕세자비 전하."

"아주 오래전부터였어요. 처음 결혼을 하고 왕실의 가족이 되었을 때 나는 아주 행복했답니다. 하지만 뭔가 잘못되어 가고 있다는 사실을 알아차리기까지 그렇게 오랜 시간이 걸리지 않았어요. 그들은 틀을 만들고 그 안에 들어오도록 강요했어요. 그렇지 않으면 적으로 돌렸죠. 나 다이애나 스펜서는 찰스와 결혼하면서 다이애나 윈저가 되었지만 그들에게는 여전히 낯선 타인일 뿐이었습니다."

"그럼 결혼생활이 행복하지 않았다는 뜻입니까?"

마틴 배셔의 질문에 그녀는 아주 자연스럽게 대답을 이어갔다.

"이 결혼에는 늘 세 사람이 있었답니다."

북받치는 감정 때문에 잠깐 말을 끊었던 다이애나는 허탈한 미소와 함께 말을 이었다.

"좀 붐비는 편이었죠."

진정한 행복을 꿈꾼 여인, 다이애나

인간이 달나라에 가서 계수나무와 토끼가 없다는 사실을 알게 된 이후에도 신화와 전설은 사라지지 않았다. 미디어와 통신의 발달로 모든 것들이 명확해지는 이 시대에도 여전히 사람들은 꿈과 전설들을 동경한다. 다이애나 왕세자비를 향해 쏟아지던 무수한 시선은 그런 것들을 함유하고 있다. 평민 출신(실제로 그녀는 귀족 집안이었다)의 어린 아가씨가 왕자와 결혼한다는 신데렐라 같은 스토리는 모두를 열광시켰다.

하지만 현실 속의 신데렐라는 모두가 꿈꾸는 삶을 살지 못했다. 오히려 왕자를 만나기 전의 계모와 못된 언니의 시달림보다 더한 괴롭힘을 당해야만 했다. 남편은 결혼 전부터 만난 여인에게서 여전히 눈을 떼지 못했다. 권위와 전통에 사로잡혀 있던 왕실은 신출내기인 그녀 위에 군림하려고 들었다. 신데렐라는 오직 사람들의 상상 속에만 존재했다. 그러나 다이애나는 굴복하지 않았다. 그녀가 주변 사람들에게 오만하거나 제멋대로라는 평을 들으면서 버틴 이유는 무엇일까?

아마 어린 시절의 기억 때문일 것 같다. 한참 감수성이 예민했던 여섯 살 무렵 어머니가 아버지와 이혼을 하고 집을 나갔다. 그 후 양육권을 둘러싼 오랜 다툼은 어린 그녀를 숨 막히게 만들었을 것이다. 그녀는 자신의 아이들에게 그 기억들을 물려주고 싶지 않았고, 왕실이라는 이유만으로 박제된 삶을 강요받는 것도 원치 않았다.

모두의 기대와는 달리 신데렐라는 자기 손으로 유리구두를 벗어던졌다. 그리고 어떤 이야기를 하거나 설명을 들려주기 전에 섬광 같은 삶을 끝냈다. 남은 기억들은 단편적이고 왜곡되어 있는 것이 전부다. 반박할 당사자가 없는 이야기들이 진실처럼 꾸며졌다. 심지어 그녀의 죽음조차 온전하지 못했다. 그녀가 병원에서 마지막 숨을 몰아쉴 때 사고 현장에서 사진을 찍은 파파라치들은 런던의 신문사에 전화를 걸어서 가격을 흥정했다.

다이애나의 사고 소식을 들은 전 남편 찰스 왕세자는 오랜 연인인 카밀라에게 전화를 걸어 위안을 받았다. 여왕은 최소한의 슬픔조차 보여주지 않았다가 국민들의 싸늘한 분노를 대하고서야 서둘러 슬픔을 드러내는 척했다. 다이애나는 그렇게 설명되었고, 그렇게 받아들여졌다. 호기심과 돈의 무게로 측량되었고, 냉담과 무관심의 무덤 속으로 서둘러 밀어 넣어졌다.

오늘날에도 그녀는 여전히 기억되고 있다. 그녀는 결점 많고 사악할 수도 있는 인간이다. 그녀는 두 아들을 방패삼아 이혼 후에도 자신의 지위를 유지하려 했고, 주변 사람들과 끊임없이 마찰을 빚었다. 별거나 이혼 전에도 남자를 만났고, 사랑에 빠졌다. 여론을 자기편으로 만들기 위해 언론플레이도 서슴지 않았다. 하지만 그럼에도 한 여인으로서, 그리고 한 어머니로서 그녀가 말한 울림은 기억해야만 할 것이다. 다이애나로서 말이다.

그녀, 다이애나 스펜서

오늘날 그녀를 이야기하고 기억하는 대부분의 시점들은 1981년 찰스 왕세자와의 결혼 내지는 둘의 불화가 표면 위로 드러날 때였다. 다이애나가 왕세자비가 되기 이전의 삶에 관한 이야기들은 아무런 흥미를 끌지 못했다. 하지만 그녀의 어린 시절을 들여다보면 그녀가 왜 어린 나이에 결혼을 감행했는지 그리고 왜 그렇게 결혼을 두려워하면서도 아이들을 끔찍하게 생각했는지 알 수 있다.

다이애나는 1961년 7월 1일 영국 노퍽 주 샌드링험에서 존 스펜서와 프랜시스 사이에서 태어났다. 스펜서 가문은 15세기부터 이어진 전통적인 귀족 가문이었다. 다이애나에게는 제인과 사라 두 언니가 있었고, 남동생 찰스가 곧 태어났다.

다이애나의 어린 시절을 규정지을 수 있는 사건은 1969년에 벌어졌다. 자유분방한 어머니 프랜시스가 아이들을 놔두고 가출을 감행한 것이다. 여섯 살의 다이애나는 갑자기 사라진 어머니를 찾아 넓은 저택 안을 헤매고 다녔다. 어머니에게 버림받았다는 아픔은 아주 오랫동안 그녀를 괴롭혔다. 뒤이어 벌어진 끔찍한 이혼소송과 갑작스럽게 등장한 시끌벅적한 새엄마 레인 스펜서의 존재는 다이애나에게 지울 수 없는 상처를 남겼다.

학창 시절 그녀는 공부보다 운동에 더 재능을 보였다. 발레를 좋아했지만 큰 키와 체격 덕분에 포기해야만 했다. 열여섯 살 때 스위스에 있는 기숙학교에 들어갔지만 향수병 때문에 곧 귀국했다. 이 무렵 찰스 왕세자와 처음 대면했다. 원래 왕가인 윈저 가문과 교류가 있었던 집안 내력 때문이었다. 결혼하고, 증오하고, 갈라섰지만 둘 다 예지능력을 가지고 있지 않았기 때문에 서로에게 별다른 감흥을 느꼈던 것 같지는 않았다. 당시 찰스는 다이애나의 언니인 사라와 사귀고 있었다.

공부에 흥미를 느끼지 못한 다이애나는 런던으로 올라와 온갖 허드렛일을 한다. 칵테일 바에서 웨이트리스로 일하거나 유치원에서 시간제 보모 일을 했던 덕분에 훗날 찰스와 결혼한다는 사실이 알려졌을 때 평민이라는 오해를 받았다.

두 사람은 1980년 무렵 런던에서 재회한 것 같다. 당시 서른 살이 넘은 찰스는 결혼 상대자를 찾는 중이었다. 상대방은 당연히 영국 국적을 가진 백인 여성이자 성공회나 개신교 신자여야 했다. 전통 있는 귀족 집안이어야 함은 말할 나위도 없었다. 다이애나는 위의 조건에 부합되는 것 같았다. 두 사람 역시 서로에게 호감을 느끼는 눈치를 보이자 결혼은 초스피드로 진행되었다. 1980년 9월 다이애나는 찰스의 청혼을 받아들였다. 그리고 이듬해 1981년 7월 29일 세인트폴 대성당에서 성대한 결혼식을 올린다.

1960년대를 상징하는 장면이 아폴로 13호의 달 착륙 장면이고, 1970년대를 상징하는 화면이 불타는 베트남의 한 마을이었다면, 1980년대를 상징하는 화면은 단연 찰스와 다이애나의 결혼식일 것이다. 전 세계가 지켜보는 가운데 두 사람은 활짝 미소를 지으며 성당을 걸어 나왔다. 현실 속의 신데렐라가 해피엔딩을 맞은 것이다. 하지만 얼마 지나지 않아서 신데렐라 대신 대한민국의 인기 드라마 〈사랑과 전쟁〉에서 자주 보이는 단어와 장면들이 등장했다. 불화, 간통, 불륜, 별거, 이혼 같은…….

　　　　　　　　　　　　　　　　　　　　　　　다이애나

다이애나와 찰스의 결혼식

다이애나와 찰스의 갈등은 뿌리 깊고 치유 불가능한 것이었다. 찰스는 다이애나와 결혼하기 전에 이미 카밀라 파커 볼스라는 애인이 있었다. 다이애나는 그런 일들을 헤쳐 나가기에는 너무 어렸고, 영국 왕세자라는 남편의 존재는 너무 버거웠다. 다이애나는 거식증을 앓았고 불안 심리로 인한 자해를 거듭했다. 한 번은 임신한 상태로 계단에서 몸을 날린 적도 있었다.

다이애나는 숨이 막힐 것 같은 왕실의 분위기와 냉랭한 남편 사이에서 어떤 탈출구도 찾을 수 없었다. 주변 인물들 모두 그녀에게 참으라고만 했다. 차곡차곡 쌓여진 절망과 좌절감은 결국 최악의 탈출구를 찾아내고야 말았다.

그녀의 남자 1 – 배리 매너키

1982년 첫째 아들 윌리엄을 낳고 잠시 좋았던 둘의 관계는 1984년 둘째 아들 해리를 낳은 이후에도 남편 찰스의 외도가 계속되면서 끝장나고 말았다. 그녀 역시 다른 남자들에게 눈을 돌렸다.

가장 먼저 등장한 인물은 그녀의 개인 경호를 맡았던 배리 매너키였다. 그는 다이애나보다 작은 키의 유부남이었다. 여러모로 그녀의 상대가 될 만한 인물은 아니었지만, 그에게는 천부적인 무기가 하나 존재했다. 바로 유머 감각이었다. 남편과의 냉전이 계속되고 왕실 사람들로부터 따돌림을 당한 그녀는 누군가에게 의지하고 싶었다. 배리 매너키는 천부적인 유머 감각으로 그녀의 긴장을 풀어줬다. 아울러 진지한 모습이 필요할 때는 언제든 굳은 표정으로 그녀의 고민에 귀를 기울였다. 물론 그녀가 자기 밥줄을 쥐고 있는 사람이었으니 복종의 차원이었겠지만, 그녀는 다르게 해석한 것 같다.

그녀의 애인목록을 작성하게 되면 그의 이름이 맨 처음 올라간다. 그리고 제일 처음에 지워진다. 둘의 관계는 모호했다. 어린 시절 부모의 이혼으로 항상 의지할 수 있는 사람을 갈망하던 다이애나가 아버지나 오빠 같은 존재로 그를 골랐다는 의견도 존재한다.

어쨌든 둘의 관계는 1986년 배리 매너키가 다른 곳으로 발령을 받으면서 끝났다. 둘의 관계를 눈치 챈 찰스가 손을 썼다는 얘기와 다이애나와의 관계가 부담스러워진 매너키가 스스로 옮겨갔다는 의견이 어깨를 나란히 한다.

그리고 그 다음해인 1987년 5월 배리 매너키는 오토바이 사고로 사망한다. 이미 제임스 휴이트와 깊은 관계를 맺고 있었던 그녀였지만, 배리 매너키의 죽음에 큰 충격을 받았다. 슬픔보다는 그의 죽음이 음모였다고 믿었기 때문이었다. 다이애나는 그의 죽음이 자신을 둘러싼 왕실과 정보기관의 공작이라고 확신했다.

 다이애나

그녀의 남자 2 – 제임스 휴이트

●

그녀의 두 번째 남자는 육군 장교였던 제임스 휴이트 대위였다. 다이애나가 한참 배리 매너키에게 빠져 있던 1986년 한 칵테일파티에서 둘은 운명적인 첫 만남을 가졌다. 배리 매너키에게서 가족들의 부족한 부분을 채웠던 다이애나는 제임스 휴이트의 손길 아래 여자로 눈을 뜬다.

영국군 장교였던 제임스 휴이트는 전형적인 바람둥이 스타일이었다. 기름기 철철 넘치는 조각 같은 얼굴과 눈웃음에 넘어간 그녀는 둘의 관계를 위장하기 위해 그에게 아들의 승마코치 역할을 맡겼다. 덕분에 둘째 아들 해리의 아버지는 찰스가 아니라 제임스 휴이트라는 소문이 돌았다.

배리 매너키가 그녀와의 관계에서 부담을 느꼈거나 두려워했던 것과는 달리 제임스 휴이트 대위는 정반대였다. 그는 여자 자체가 아니라 여자를 공략하고 손에 넣는 과정을 즐기는 바람둥이였다. 제임스 휴이트는 차근차근 다이애나를 공략했다. 남편에게서 받지 못한 애정공세에 넘어간 다이애나는 그에게 굴복했다. 그녀의 남자들 중 제임스 휴이트만큼 그녀의 인생에 깊은 파도를 남긴 남자는 없었다.

제임스 휴이트와 다이애나의 은밀한 관계는 곧 사람들 눈에 띄었다. 그녀는 비밀을 유지하기 위해 온갖 방법을 강구했지만 상대방은 아니었다. 전형적인 바람둥이였던 제임스 휴이트는 주변 사람들에게 그녀를 침대로 어떻게 끌어들였는지 떠벌렸다.

둘의 관계는 1991년 제1차 걸프전이 발발하면서 자연스럽게 끝났다. 이라크 원정군으로 파견된 제임스 휴이트는 기자의 위성 전화기를 빌려

켄싱턴 궁으로 전화를 한 것이다. 그에게 흠뻑 빠져 있던 다이애나였지만 이번만큼은 불같이 화를 냈다. 그와 자신의 관계가 만천하에 공개된 것이나 다름없었기 때문이었다.

제임스 휴이트 대위는 왕세자비와 은밀한 관계를 맺고 있다는 사실을 비밀로 할 만큼 똑똑하지는 않았다. 둘의 관계는 자연스럽게 정리되었다. 후일 사랑하는 사람들끼리 원수가 되는 것처럼 둘은 언제 서로 사랑했냐는 듯 으르렁거렸다. 제임스 휴이트는 둘이 주고받은 편지를 언론에 공개하겠다고 그녀를 협박했고, 1994년에는 《사랑에 빠진 왕세자비》라는 책도 출간했다. 결국 그녀는 다음해 BBC와의 인터뷰에서 둘의 관계를 시인해야 했다. 하지만 그러기 전 그녀에게는 다른 남자가 나타난다. 그녀의 세 번째 남자는 올리버 호어, 미술품을 취급하는 상인이었다.

그녀의 남자 3 - 올리버 호어

●

올리버 호어는 그녀보다 무려 열여섯 살이나 많은 남자였고, 유부남이었다. 부유한 프랑스의 상속녀와 결혼한 호어는 소위 처가살이를 하는 신세였다. 호어의 아내인 다이안 드 월드너의 어머니는 엘리자베스 여왕의 어머니와 친분이 있었다. 장모의 연줄 덕분에 왕궁을 드나들기 시작한 호어는 다이애나의 빈자리를 채워줄 대상으로 발탁되었다.

어떤 면에서 보자면 올리버 호어는 찰스와 닮은 구석이 많았다. 나이 많고, 무뚝뚝하고, 근엄했다. 제임스 휴이트가 끝없는 쾌락의 늪으로 다이애나를 끌어들였다면, 올리버 호어는 그녀를 호기심의 세계로 끌어들였다. 젊은 시절 이란의 테헤란에서 지냈던 그는 이슬람을 비롯해 다방면에 해박한 지식을 지녔다. 그런 풍부한 지식과 온화함이 다이애나에게 큐피드의 화살이 되었다.

물론 다른 의견도 존재한다. 찰스와 별거 직전의 다이애나는 남편과 카밀라 파커 볼스와의 관계에 촉각을 곤두세웠다. 왕세자인 찰스 주위에는 그의 주목을 받고 싶어 하던 지인들이 들끓었고, 올리버 호어도 그 중 하나였다고 한다.

어떻게 시작되었건 다이애나는 영국 주재 브라질 대사의 부인이었던 루치아 플레차 리마의 저택에서 호어와 밀회를 즐겼다. 예전 같았으면 품위 있게 무시되었을 일들이 낱낱이 드러났다. 그녀는 올리버 호어를 만나기 위해 아이들과 함께 머물던 이층 숙소에서 눈 위로 뛰어내리기도 했다. 둘은 사람들의 눈을 피하기 위해 007 흉내를 냈지만, 적들은 007의 숙적 스펙터보다 더 교활하고 지능적이었다.

확실히 이때를 기점으로 다이애나는 변했다. 그 전의 연애가 일말의 변명거리라도 있었다면 올리버 호어와의 관계는 그녀에게 '남자 사냥꾼'이라는 악명을 선사했다. 그녀는 아직 별거 전이었고, 올리버 호어는 유부남이었다. 다이애나가 〈사랑과 전쟁〉에 등장하는 악녀가 된 것이다. 물론 남의 남편을 유혹하는 역할로 말이다.

드라마 속에 나올만한 얘깃거리는 더 있다. 둘의 사랑이 그나마 밀고 당기는 이야기였다면 거기에 그쳤겠지만, 부인과 자신 사이에서 오락가락하던 올리버 호어를 괴롭히기 위해 다이애나가 장난전화를 한 것이다. 주로 한밤중에 전화를 걸었다가 상대방이 수화기를 들면 끊고 다시 거는 식이었다. 견디다 못한 올리버 호어의 부인은 통화내역 추적을 할 결심까지 했다.

둘은 숨긴다고 했지만 둘을 바라보는 눈들이 너무 많았다. 다이애나의 등 뒤에서 키득거리는 소리는 점점 높아졌다. 거기다 올리버 호어 역시 다이애나와의 관계에 슬슬 싫증을 느꼈다. 다이애나의 집착이 도를 넘어선 게 원인이었다. 유부남의 애인이라는 신분을 망각한 다이애나는 돈줄을 쥔 아내에게 쥐여 사는 올리버 호어의 처지를 깡그리 무시했다. 다이애나는 시도 때도 없이 만나자는 성화를 부렸다.

다이애나는 왜 올리버 호어에게 집착했을까? 그에게 제임스 휴이트 같은 성적 매력이 없었다는 점은 확실했다. 올리버 호어는 성적인 매력만 넘치던 제임스 휴이트와는 정반대의 매력을 지녔다. 오랜 여행으로 쌓은 경험과 미술 작품을 거래하면서 습득한 지식은 다이애나를 지루하지 않게 만들었다.

1992년 찰스와 별거한 다이애나는 이제 올리버 호어와 다른 삶을 이어갈 꿈을 꾸었다. 아마 그가 침대 머리맡에서 대충 내뱉었던 이탈리아로 함께 가자는 말을 진심으로 믿은 듯했다. 아니면 믿고 싶었든지.

다이애나가 올리버 호어와 다른 삶을 겪을 준비가 되어 있었는지에 대해서도 여전히 오리무중이다. 그녀는 주변 사람들에게 호어와 함께 이탈리아로 갈 것이라고 말했지만 다른 한편으로는 한발 뒤로 물러서는 모습을 보였다. 이별 전문 여인처럼 힘겨운 사랑을 스스로 선택하고 어느 정도 윤곽이 잡히면 다시 울면서 뒤로 물러서는 일을 반복한 것이다.

그녀의 진심이 어떤 쪽인지 확인할 수는 없지만 올리버 호어와의 끝은 서서히 다가왔다. 1994년 둘의 관계는 서서히 정리된다. 왕세자비를 손에 넣었다고 으스대던 올리버 호어는 돈 많은 부인 품으로 얌전히 돌

  다이애나

아갔다.

다이애나에게는 올리버 호어의 집에 수십 차례 전화를 걸었다 말없이 끊는 어처구니없는 짓을 했다는 조롱만 남았다. 결혼 초기처럼 자신의 몸에 스스로 상처를 냈다는 주장도 나오지만, 사실 여부는 극히 불투명하다. 다이애나는 스스로에게 모욕을 선사한 꼴이었다. 그녀의 충실한 지지자조차 유부남을 볼썽사납게 쫓아다녔다는 비난을 감싸주지 못했다. 그들의 변명은 기껏해야 별거에 따른 정서 장애나 여성의 자연스러운 욕망의 표현이라는 정도뿐이었다.

하지만 연애를 시작하고 끝낸 것 모두 그녀였다. 왕세자비란 범상치 않은 신분 탓에 모든 것이 제약되었던 다이애나는 사랑을 받으면서 숨을 쉬고 싶었으리라. 하지만 그녀는 남자들을 잘 몰랐다. 그녀가 선택한 남자들은 하나같이 그녀의 지위에 압도당하거나 혹은 탐냈다. 그녀에게 사랑은 숨 막히는 왕실생활에서 위안을 찾을 돌파구였다. 불행하게도 사랑은 그녀에게 아직 위안을 허락하지 않았다.

그녀의 남자 4 - 윌 카일링

●

올리버 호어와의 상처투성이 연애를 끝낸 그녀는 좀 더 만만한 상대를 고르기로 했다. 그녀의 다음 상대는 영국 국가대표 럭비 팀의 주장인 윌 카일링이었다. 첼시 하버 클럽에서 운동을 하다가 그와 마주친 후 다이애나는 그를 새로운 애인으로 점찍었다. 그녀는 제임스 휴이트와 올리버 호어와의 연애에서 맛본 모욕감을 돌려주기로 작정한 것 같았다.

다이애나는 자신의 운동을 도와달라는 핑계로 윌 카일링에게 추파를 던졌다. 왕세자비와 사귄다는 생각에 넋이 나간 윌 카일링은 입질 한 번 없이 냉큼 미끼를 물었다.

두 번이나 당하면서 내공이 쌓인 그녀는 윌 카일링을 상대로 능수능란한 밀고 당기기의 진수를 보여줬다. 운동이 끝나고 차를 마시면서 다정하게 얘기를 주고받다가 막상 데이트를 하자는 말에는 조용히 고개를 저었다. 전형적인 운동선수였던 윌 카일링은 그런 종류의 연애게임을 해본 경험이 별로 없었기 때문에 다이애나에게 속수무책으로 당했다.

1995년 8월 윌 카일링의 비서가 둘의 관계를 폭로했다. 윌 카일링의 아내 줄리아는 다이애나를 대놓고 비난했다. 줄리아는 다이애나의 훼방에도 불구하고 사랑을 지켜갈 것이라고 공언했지만, 곧 별거에 들어갔다. 다이애나에게는 이제 가정 파괴범이라는 달갑지 않은 별명이 꼬리표처럼 붙었다.

다이애나와 윌 카일링의 관계는 밋밋하고 빈약했다. 다이애나는 반쯤은 장난으로 윌 카일링을 대했던 것 같다. 진심으로 빠져 들지 않았기 때문에 언론의 비난에 대해서도 상처를 입지 않았다. 다이애나와 연애를 하느라 윌 카일링은 아내와 헤어졌고 다이애나 역시 별거 중인 남편 찰스와 이혼하는 단계에 접어들었다.

중간 중간 케네디 대통령의 아들 존 F. 케네디 주니어나 미국의 갑부 테디 포츠만이 그녀의 파트너로 잠깐 등장했다. 그리고 이제 연애의 달인으로 거듭난 다이애나는 세상을 경악시킬만한 사랑을 시작한다.

그녀의 남자 5 - 하스낫 칸

하스낫 칸은 비만에 골초라는 점을 제외하면 눈에 띄지 않는 평범한 외과의사였다. 그가 평범하지 않은 단 한 가지는 파키스탄 출신의 이슬람 교도였다는 것이다. 아마 다이애나와 만나지 않았다면 그것조차 문제가 되지 않았을 것이다. 1995년 다이애나는 친구 남편의 병문안을 위해 브롬프톤 병원을 방문했다. 다이애나가 병실에 있던 중 담당의사인 하스낫 칸 박사가 찾아왔고 이때 다이애나를 소개받았다.

연애의 달인 다이애나는 볼품없는 이슬람 교도 외과의사에게 단번에 꽂혔다. 다이애나는 섹시하지만 골이 빈 제임스 휴이트나 능글맞은 올리버 호어를 겪었다. 매력적인 존 F. 케네디 주니어와도 짧은 사랑을 나눴고, 아버지 같은 배리 매너키와도 애정을 나눴다. 뷔페 음식처럼 온갖 종류의 남자들과 만나고 사랑을 나눴던 그녀로서는 잘생긴 외모 뒤에 숨겨진 욕망 앞에서 처참해져 봤고, 능글맞은 바람둥이의 노리갯감이 되는 치욕도 겪었다.

그런 남자들을 겪은 후에 잘생기고 멋진 몸매를 가지고 있지 않지만 지적이고 자기 일에 헌신하는 남자, 그것도 자기를 어떤 욕망의 대상으로 보지 않는 낯선 타입의 남자에게 빠진 것이 당연한 과정일지도 모르겠다. 한마디로 말하자면 평생 남자들을 줄줄 끌고 다니던 콧대 높은 미인이 자신에게 무관심한 남자 앞에서 무릎을 꿇은 꼴이었다.

다이애나는 친구 남편의 병문안을 핑계 삼아 병원 문턱이 닳도록 드나들었다. 그와 데이트를 하기 위해 가발과 안경을 쓰는 변장까지 감행했다. 그녀가 하스낫 칸에게 얼마나 심하게 빠져 있었는지 그녀가 그와 결혼하고 싶다는 말을 공공연하게 하고 다녔다는 것에서 드러난다. 그의 국적이나 종교 역시 극복할 수 있을 것이라고 믿었다. 순진한 구석을 드러냈다고 볼 수도 있지만, 그만큼 그를 사랑했다고 봐도 무방할 것 같다.

사랑하는 사람의 관심사를 공유하고자 하는 다른 여성들처럼 그녀 역시 하스낫 칸의 가족과 취미에 바짝 달라붙었다. 그녀의 서재에는 곧 인체 해부학 책들이 등장했고, 파키스탄 전통 의상과 심지어는 코란까지 구비

다이애나

되었다. 다이애나는 영국에 있는 하스낫 칸의 친척들과 만났고, 파키스탄을 방문해 그의 부모를 만날 생각까지 했다.

영국의 왕세자비이자 왕위 계승권자의 어머니인 여성과 비만에 골초, 그리고 오직 일밖에 모르는 파키스탄 출신의 이슬람 교도 남자는 도무지 조합이 이뤄지지 않았다. 그녀의 남자들은 전부 섹시하거나 부자였고, 당연히 백인이었다. 하지만 다이애나는 그 어떤 애인들보다 하스낫 칸을 사랑했다. 기꺼이 변장을 한 다이애나는 하스낫 칸과 손을 잡고 거리를 걸어다녔고, 클럽에도 드나들었다. 숨 막히던 격식과 예의, 고상한 파티를 집어치운 그녀는 평범한 삶이 주는 매혹에 푹 빠진 것이다.

1992년의 별거 이후 잠잠하던 왕실은 1994년 찰스가 자신의 불륜을 고백하는 방송을 한 이후 삐걱거렸다. 그 다음해에는 다이애나의 반격이 이어졌다. BBC의 〈파노라마〉에서 다이애나는 자신의 불륜을 털어놨다. 반응은 극적이었다. 그동안 왕실의 체면 때문에 이혼만큼은 반대하던 여왕은 결국 둘의 이혼을 승인했다. 1996년 2월 28일 이혼판결이 나던 날 다이애나는 하스낫 칸과 함께 있었다. 방송국과의 인터뷰는 어쩌면 여왕을 자극해서 이혼으로 가기 위한 지름길이었을지도 모르겠다. 진정으로 사랑하는 남자와 결혼을 꿈꾸고 있었으니까.

자유로워진 다이애나는 하스낫 칸과 결혼하는 꿈에 빠져들었다. 심지어는 이슬람교로 개종할 뜻까지 비춰서 주변을 경악시켰다. 모든 것이 그녀의 꿈처럼 이뤄질 것 같았다. 그녀는 이혼 위자료로 1,700만 파운드를 받았고, 그 돈이라면 여생을 풍족하게 보내기에 부족함이 없었다. 실제로 하스낫 칸이 원했다면 둘은 결국 결혼했을 것이다. 다이애나는 파키스탄의 정치가인 임란 칸과 결혼한 영국인 제미마처럼 인종과 국적을 초월한 사랑이 결실을 맺을 수 있으리라 믿었다.

다이애나는 두 아들 윌리엄과 해리에게 하스낫 칸을 소개시켰고, 영국에 있는 그의 친척과도 만남을 가졌다. 결혼을 전제로 하지 않았다면 설명하기 힘든 일이었다. 다이애나는 하스낫 칸과 함께 남아프리카로 이주할 생각까지 했던 것으로 보인다. 거기다 둘 사이에서 태어날 딸의 이름까지 지어놨던 걸 보면 아주 단단히 빠져들었다는 말밖에는 할 수 없을 것 같다. 하스낫 칸은 그녀를 편안하게 대해줬고, 사랑받고 있다는 느낌이 들게 했다.

하지만 결혼이라는 무게가 얹어지자 상황이 돌변했다. 하스낫 칸은

국외자였기 때문에 영국 왕실이라는 다이애나의 그림자에 갇히지 않았
다. 하지만 결혼이라는 그림자에서 벗어날 수는 없었다. 차츰 두 사람은
삐걱거리기 시작했다. 온갖 변장으로 피해왔던 언론이 드디어 둘의 관
계를 눈치 챘다. 1997년 11월 둘의 관계가 대서특필되면서 일이 묘하게
꼬였다.

하스낫 칸은 애인 덕분에 언론의 주목을 받게 된 것이 몹시 불편했고,
설상가상으로 다이애나가 둘의 관계를 부인하는 인터뷰를 하자 격분했
다. 여자에게 기대는 걸 극히 싫어하는 동양적인 정서에다 그녀가 둘의
관계를 부인하자 무시당했다는 느낌까지 받게 된 것이다. 거기다 집착
하면 끝장을 보는 그녀의 성격이 또다시 화를 불러왔다. 하스낫 칸은 끊
임없이 전화를 하고 귀찮게 구는 다이애나에게 점차 싫증을 냈다. 하지
만 그녀는 둘의 관계가 삐걱거릴수록 더 매달렸다. 이번에도 실패하기
싫었던 것인지 아니면 정말로 이 사람이 자신의 반려자라고 믿었던 것
인지는 알 수 없었지만.

점차 어색해지던 둘의 관계는 1997년 5월 다이애나가 하스낫 칸에게
는 말도 없이 파키스탄으로 건너가 그의 가족들을 만나면서 파탄으로
치달았다. 다이애나는 하스낫 칸의 가족들에게 자신을 소개하고 결혼을
승낙받을 생각이었겠지만 성공적이지 못했다. 하스낫 칸의 부모들은 갑
자기 나타난 낯선 백인 여인에게서 어떤 동질감이나 친밀감도 느끼지
못했다. 하스낫 칸 역시 자신의 허락도 없이 가족을 만나러 갔다는 사실
에 화를 냈다.

결국 1997년 5월에서 7월 사이 둘의 관계는 사실상 종말을 고했다. 파
키스탄인과 영국인의 결혼은 특별하기는 했지만 간혹 존재했다는 점을

감안하면 결별의 이유가 종교적, 혹은 문화적 차이 때문이라는 변명은
비겁해 보인다.

어쩌면 하스낫 칸은 둘의 결혼에서 자신의 자리를 찾지 못할 것을 두
려워하지 않았을까? 하스낫 칸이 다이애나와의 만남 이전에도 몇 번이
고 약혼을 했다가 파혼했다는 점 역시 어떤 식으로든 영향을 미쳤던 게
분명했다.

그녀의 마지막 남자 - 도디 파예드

●

하스낫 칸과의 꿈같은 사랑이 끝나고 다이애나는 두 아들 윌리엄과
해리와 함께 여름휴가를 즐길 계획을 세웠다. 애인 목록에 올라 있던 미
국의 백만장자 테디 포츠만의 별장에서 지내기로 했지만 영국 정보국이
개입했다. 왕위 계승자와 예비 왕위 계승자인 윌리엄과 해리의 미국 여
행에 잠재적인 위험 요소가 있다는 판단에 따라 미국에서 지내기로 한
휴가는 무산되고 말았다.

그때 다행히 당시 해로드 백화점의 소유주였던 무하메드 파예드가 나
섰다. 자수성가한 이집트인 무하메드 파예드는 다이애나의 집안인 스펜
서 가문과 교류가 있었다. 그의 가족과 함께 프랑스에서 휴가를 보내기
로 한 다이애나는 7월 초 아들들과 함께 프랑스로 갔다. 남프랑스 성트
로페즈 해안에서 그녀는 즐거운 한때를 보냈다. 하스낫 칸과의 열애에
대한 여운이 아직 남아 있던 다이애나는 카리스마 넘치는 무하메드 파
예드와 그의 가족들 사이에서 위안을 받았다. 귀찮게 쫓아다니는 파파

라치들의 카메라가 지켜보는 가운데 다이애나는 아들들과 함께 제트스키를 타면서 휴가를 보냈다. 그리고 무하메드 파예드의 아들 도디가 약혼녀인 모델 켈리 피셔와 함께 휴가지에 도착했다.

낯선 이국땅에서 온갖 수모를 겪으며 성공한 아버지와는 달리 아들인 도디 파예드는 전형적인 부잣집 철부지였다. 작은 키에 별다른 매력이 없는 그가 바람둥이가 된 것은 거의 전적으로 아버지의 재산 덕분이었다. 할리우드에서 영화를 제작한 것도 여배우들과 가깝게 지내기 위한 수단처럼 보일 정도였으니까 말이다.

하스낫 칸과의 진지한 연애를 즐겼던 다이애나가 그런 그에게 빠져든 건 일종의 반칙처럼 보인다. 다이애나는 지금껏 그녀가 만났던 남자들과는 전혀 다른 타입의 도디 파예드에게 빠졌다. 크면서 점점 자신의 품에서 멀어지는 아들들과 거듭된 연애에도 채워지지 않는 허전함이 그를 받아들이게 만들었던 것일까?

도디에게는 곧 결혼을 앞둔 약혼녀가 있었지만 둘 다 개의치 않았다. 휴가를 끝내고 켄싱턴 궁으로 돌아온 다이애나에게는 도디가 보낸 장미꽃과 선물이 기다리고 있었다. 다음 달 8월 다이애나는 도디의 초대를 받아 요트를 타고 지중해 여행을 떠났다. 약혼녀와의 결혼을 며칠 앞두고 있는 도디와 다이애나가 키스하고 있는 사진이 신문에 실렸을 때 어마어마한 파장이 일어났다. 버림받은 켈리 피셔의 슬픔조차 흥밋거리가 되었다.

8월 초의 지중해 유람 여행을 끝내고 돌아온 다이애나는 또다시 도디 파예드의 초대를 받아들였다. 1997년 8월 30일 두 사람을 태운 요트가 뭍에 닿자마자 특종을 노리는 파파라치가 벌떼처럼 달라붙었다. 둘은

다이애나

파파라치들을 달고 파리로 향했다. 신문들은 연일 둘의 연애에 케케묵은 인종차별적인 시선을 드러냈다. 무하메드 파예드가 소유한 리츠 호텔에 여장을 푼 두 사람은 그야말로 파파라치에게 포위된 형국이었다. 언론들은 탐욕스럽게 둘의 사진에 목말라했다.

모든 것이 엉망이 되었다. 우아한 저녁을 즐기기 위해 찾아갔던 레스토랑은 파파라치들 때문에 들어서지도 못했다. 리츠 호텔 레스토랑에서도 마음 놓고 식사를 즐기지 못한 두 사람은 호텔 객실에서 룸서비스를 받아야만 했다. 호텔 관계자들은 노골적인 시선에 시달릴 대로 시달린 두 사람이 그날 밤 호텔에서 그냥 머물 것이라고 예측했다. 모두의 예상은 두 사람이 도디의 아파트로 가기로 결정하면서 뒤틀렸다.

종업원들이 쓰는 뒷문을 이용해 빠져나간 두 사람은 호텔 경호 책임자인 앙리 폴이 운전하는 메르세데스 벤츠에 올라탔다. 1997년 8월 31일 밤 12시가 지날 즈음 두 사람을 태운 차가 출발했다. 한 떼의 파파라치들이 오토바이를 타고 추격에 나섰다. 메르세데스 벤츠는 파파라치들을 따돌리기 위해 속력을 높였다. 알마 교 지하차도로 들어선 메르세데스 벤츠는 속도를 이기지 못한 채 지하차도의 기둥과 정면충돌하고 말았다. 운전을 했던 앙리 폴과 도디 파예드는 즉사했고, 조수석에 탔던 경호원 트레버 존스는 중상을 입었다.

충돌의 충격으로 튕겨 나온 다이애나는 앞좌석과 뒷좌석 사이에 내던져졌다. 뒤따르던 파파라치들이 흉측한 몰골로 구겨진 메르세데스 벤츠와 시신들 위로 정신없이 사진들을 찍는 사이 구급차가 도착했다. 죽은 두 사람과 중상을 입은 트레버 존스와는 달리 그녀는 약간의 상처만 입은 것처럼 보였다. 구급차에 실려 근처에 있는 병원으로 간 다음에야 상태가 심각하다는 사실이 알려졌지만, 누군가 손을 쓰기도 전에 다이애나는 숨을 거두었다. 어마어마한 파장과 충격, 그리고 의문들을 뒤에 남겨놓은 채.

그녀의 죽음은 그녀의 지위 덕분에 한없이 특별해졌다. 영국 국민들은 사고로 죽은 다이애나를 추모했고, 별다른 슬픔을 드러내지 않는 여왕과 왕실에 비난의 목소리를 높였다. 이런저런 혼돈 속에 다이애나의 유해를 실은 특별기가 노솔트 공군기지에 착륙했다. 근위대의 호위를 받은 다이애나의 유해는 영구차에 실린 채 왕실 교회에 안장되었다. 그녀의 짧고도 오랜 여행이 드디어 끝난 것이다.

풀리지 않은 진실

갑작스러운 다이애나의 죽음 덕분에 음모론이 등장한 건 너무나도 당연한 일이었다. 음모론은 더없이 간단하다. 장래 영국 왕의 어머니가 될 사람이 이슬람 교도와 결혼하는 일을 막아야 한다는 것이다.

한발 더 나아가서 도디 파예드의 아버지 무하메드 파예드가 주장한 것처럼 다이애나가 도디의 아이를 임신했다는 사실 때문에 두 사람이 제거되었다는 주장도 들려온다.

사고의 직접적인 원인은 운전을 맡았던 앙리 폴의 과속과 음주 때문이었다. 운전 당시 그는 술과 안정제에 취해 있는 상태였다고 하지만 고용주의 아들이 타는 차를 운전하겠다고 자청한 그가 술에 취해 있었다는 건 말도 안 된다는 반박이 뒤따른다. 출발 직전 CCTV에 찍혀 있는 앙리 폴은 멀쩡해 보였기 때문에 누군가 혈액 샘플을 바꿔치기했다는 주장이 설득력 있게 제기되었다.

이런저런 음모론을 가장 크게 주장한 건 도디 파예드의 아버지 무하메드 파예드였다. 졸지에 아들을 잃은 그는 사망 당시 둘이 결혼을 약속했고, 심지어는 다이애나가 임신을 했다는 주장까지 펼쳤다.

하지만 만약 그의 주장대로 영국 비밀 정보국에서 다이애나가 이슬람 교도와 결혼하는 일을 막으려 했다면 도디가 아니라 하스낫 칸이 목표여야만 했다. 다이애나와 도디 파예드가 결혼을 약속했다는 주장 역시 만난 지 두 달밖에 안 된 둘의 관계를 볼때 어쩐지 어색해 보인다. 물론 음모론이라고 치부했던 일들이 오랜 세월이 지난 후에 진실로 밝혀지는 점을 감안한다면 아직 다이애나의 죽음을 속단하는 일은 성급해 보인다.

2005년 4월 9일 찰스 왕세자는 오랜 연인이었던 카밀라 파커 볼스와 결혼식을 올렸다. 1970년 둘의 첫 만남 이후 무려 35년만의 일이다. 윈저 시청에서 열린 결혼식은 1981년 7월 29일 세인트폴 대성당에서 성대하게 열린 다이애나와의 결혼식과는 비교할 수 없을 정도로 초라했다.

다이애나의 죽음을 두고 음모론과 더불어 오랫동안 책임공방이 벌어졌다. 그녀를 옹호하는 쪽은 찰스와 왕실의 압박이 결국 그녀의 인생을 마감시켰다고 주장한다. 반면 왕실에서는 다이애나의 무절제하고 방탕한 생활이 원인이었다고 맞선다.

과연 다이애나의 죽음은 누구 탓일까? 다이애나는 19세라는 어린 나이에 열두살이나 많은 남편과 결혼을 했다. 인격적으로 성숙되거나 혹은 뒤따를 삶의 파장을 견딜만한 내공이 쌓인 나이가 아니었다. 더군다나 그녀의 시댁은 영국 왕실이었고, 남편은 차기 왕위 계승권자였다. 다이애나는 지위가 삶을 짓누르고 질식시키는 것을 당연하듯 받아들이는 왕실의 분위기에 적응하지 못했다.

그녀의 남편 역시 그녀의 적이었다. 결혼한 후에도 옛 연인인 카밀라와의 만남을 끊지 않았던 그는 아내의 고통을 이해하거나 받아들이지 않았다. 어린 시절부터 왕세자로 자랐던 그는 남의 기분을 이해하는 일에 서툴렀다.

다이애나는 숨 막히는 왕실의 분위기와 자신을 장식품쯤으로 취급한 남편 찰스 사이에서 꼼짝도 할 수 없었다. 그녀는 우울증과 섭식 장애를 앓았다. 둘째 아들인 해리가 태어난 1984년 즈음에는 둘의 관계는 이미 돌이킬 수 없는 곳까지 멀어졌다.

여기까지는 남편의 잘못이 크다. 도덕적으로도 내연녀와의 만남을 지속했다는 비난을 피하기 어려웠고, 나이 어린 아내를 감싸려고 하지도 않았다. 훗날 그녀 역시 다른 남자들의 품을 전전하지만 찰스가 애정을 보여줬다면 벌어지지 않았을 일이다.

별거와 이혼 후 그녀가 남자들의 품을 전전했다는 비난 역시 온당하지 않다. 그녀는 국제 구호 활동에 적극 참여했고, 특히 지뢰 사용 반대 운동을 지속적으로 펼쳤다. 보호 장비를 갖추고 지뢰가 제거된 지뢰밭을 걸어 들어가는 장면은 그녀가 얼마나 큰 사명감을 지니고 있는지 보여 주는 단적인 예다.

물론 그녀는 왕세자비로서, 왕위 계승권자의 어머니로서 부적절한 처신들을 보여주었다. 비록 맞바람이기는 했지만 그녀 역시 결혼한 상태에서 다른 남자들과 관계를 맺어왔다. 드라마 〈사랑과 전쟁〉에서는 두 손 꼭 붙잡고 눈물을 흘리면서 용서하는 장면으로 끝나지만, 현실은 드라마가 아니었다. 불안심리 때문에 주변 사람들을 곧잘 의심했고, 다툼과 화해를 반복했다. 분명 다이애나는 미숙했고, 어리석었고, 충동적인 측면이 많았다.

어쩌면 죽음이 그녀가 저지른 많은 잘못들을 묻었을 수도 있다. 하지만 왕세자비 다이애나에서 인간 다이애나를 따로 떨어뜨려 놓고 본다면 그녀의 방황과 집착의 원인에 대한 답이 어느 정도는 보일 것이다. 그녀는 너무 일찍 결혼했고, 차가운 남편과 숨 막히는 시댁에서 탈출하고 싶었던 가련한 여성일 따름이었다. 신데렐라의 가면을 벗기고 나면 눈물로 얼룩진 고뇌에 찬 한 여인과 마주칠 것이다.

- 김민제, 〈영국 헨리 8세 시대 의복에 관한 사회적 인식〉, 《영국연구》 통권 제17권, 영국사학회, pp. 109~140
- 김성훈, 〈존 녹스가 스코틀랜드 종교개혁에 끼친 영향에 대한 연구〉, 칼빈대학교 신학대학원 석사학위논문, 2005
- 김준배, 〈영국의 종교개혁과 튜더왕조의 개혁정책과의 관계에 대한 연구〉, 연세대학교 연합신학대학원 석사학위논문, 1991
- 김행복, 〈엘리자베스 1세 시대 의회운영에 있어서의 추밀원의 역할〉, 《3사교 논문집》 제32집
- 김행복, 〈엘리자베스 1세 시대의 의회와 국왕의 관계〉, 《역사교육논집》 제13, 14호
- 김현란, 〈엘리자베스 1세의 교육과 독신주의: 플라톤의 지적 영향을 중심으로〉, 《서양중세사》 제15호, 韓國西洋中世史學會, 2005, pp. 163~200
- 김현란, 〈엘리자베스 1세의 지방순시와 행차〉, 《서양중세사연구》 제16호, 韓國西洋中世史學會, 2005, pp. 171~198,
- 김현란, 〈튜더 시대 여성의 인문주의 교육〉, 《영국연구》 통권 제14호, 영국사학회, 2005, pp. 1~24
- 신윤길, 〈영국의 대외무역과 동인도회사 연구〉, 《서양사학연구》 제10집, 한국서양문화사학회, 2004, pp. 69~86
- 이동섭, 〈英國宗敎改革硏究: Tudor 王政時代를 中心으로〉, 檀國大大學院 석사학위논문, 1988
- 이지원, 〈성처녀에서 여신으로: 엘리자베스의 초상화에 투영된 영국 절대 군주의 성격변화〉, 《학림》 25, 26합집, 연세대학교 사학연구회, p. 161
- 조성식, 〈엘리자베스 1세 상공업정책─상인법을 중심으로─〉, 전남대학교 대학원 사학과

• 조성식, 〈장인법의 기원, 심의 절차 및 엘리자베스 1세〉, 《서양사학연구》 제8집

• 조정현, 〈16세기 잉글랜드의 정치와 종교의 상호 관계성 연구〉, 성공회대학교 신학전문대학원 석사학위논문, 2006

• 한정숙, 〈러시아 제국의 두 학술원을 이끈 여성 총재: 예카테리나 다쉬코바의 공적 활동 돌아보기〉, 《러시아연구》 제15권 2호, 서울대학교러시아연구소, 2005, pp. 415~458

• 허구생, 〈개회 및 폐회연설을 통해 본 군주와 의회의 관계 1593~1601〉, 《영국연구》 통권 제18호, 영국사학회, 2007, pp. 1~27

• 허구생, 〈군주의 명예: 헨리 8세의 전쟁과 튜더 왕권의 시각적 이미지〉, 《영국연구》 통권 제13호, 영국사학회, 2005. 6., pp. 1~30

• 허구생, 〈튜더 왕권의 이미지 – 엘리자베스 1세의 초상화를 중심으로 –〉, 《서양사학연구》 제8집

• CCTV 다큐멘터리 제작진, 《대국굴기(강대국의 조건)》, 안그라픽스, 2007

• F. E. A. R., 《제왕열기》 서양편, 들녘, 2002

• 게르하르트 프라우제, 《천재들의 프라이버시: 세계사를 바꾼 50인》, 하서출판사, 2002

• 기류 마사오, 《악녀대전》, 반디, 2006

• 기류 마사오, 《우아하고 잔혹한 악녀들》, 중심, 2001

• 기류 미사오, 《악녀스캔들》, 반디, 2006

• 기류 미사오, 《알고보면 매혹적인 죽음의 역사》, 노블마인, 2007

• 김경묵, 《이야기 러시아사》, 청아출판사, 2004

• 김남석, 《세계를 움직인 미녀들의 신화》, 우리책, 2008

• 김상운, 《세계를 뒤흔든 광기의 권력자들》, 자음과모음, 2005

• 김정미, 《역사를 이끈 아름다운 여인들》, 눈과마음, 2005

• 김학준, 《러시아사》, 대한교과서(세계각국사 시리즈), 2005

• 김현수, 《이야기 영국사》, 청아출판사, 2006

• 남경태, 《종횡무진 서양사》, 그린비, 1999

• 니콜로 마키아벨리, 《군주론》, 서해문집, 2005

• 닐 퍼거슨, 《제국》, 민음사, 2006

• 달렌 R. 슈틸레, 《에바 페론》, 아이세움, 2007

• 레비 조엘, 《비밀과 음모의 세계사》, 휴먼앤북스, 2005

• 레슬리 맥기어, 《예카테리나》, 대현출판사, 1993

• 로버트 그린, 《유혹의 기술》, 이마고, 2002

• 루돌프 K. 골드슈미트, 《세계사의 명장면 그 이면의 역사》, 달과소, 2005

• 루스웨스트 하이머, 《스캔들의 역사: 간통에서 동성애까지 권력자들을 둘러싼》, 이마고, 2004

• 리처드 아머, 《모든 것은 이브로부터 시작되었다》, 시공사, 2000

• 리처드 작스, 《발가벗기는 역사》, 고려문화사, 1994

• 마리 자겐슈나이더, 《재판: 권력과 양심의 파워게임 세기의 재판 50(클라시커 50)》, 해냄출판사, 2003

• 마스다 요시오, 《이야기 라틴 아메리카사》, 심산, 2003

• 마이라 웨더리, 《엘리자베스 1세》, 아이세움, 2006

• 미셸 롬, 《세상을 뒤흔든 여성들》, 푸른나무, 2002

• 바르바라 지히터만, 《여성(클라시커 50)》, 해냄, 2002

• 바이하이진, 《여왕의 시대》, 미래의 창, 2008

• 박석분, 《역사를 만든 20인: 세계의 여성들》, 새날, 2000

• 박영수, 《암호 이야기(역사 속에 숨겨진 코드)》, 북로드, 2006

• 박지향 , 《영국사》, 까치, 2007

• 박지향, 《영국적인 너무나 영국적인(문화로 읽는 영국인의 자화상)》, 기파랑, 2006

• 벳쉬 프리올뢰, 《유혹의 기술 2: 세상을 매혹했던 여자들》, 이마고, 2004

• 볼프 슈나이더, 《위대한 패배자》, 을유문화사, 2005

• 사이먼 애덤스, 《엘리자베스 1세》, 초록아이, 2009

• 세라 브레드퍼드, 《체사레 보르자》, 사이, 2008

• 수전 손택, 《우울한 열정》, 시울, 2005

• 스테판 츠바이크, 《스테판 츠바이크의 메리 스튜어트》, 이마고, 2008

• 시몬 시몬즈, 《다이애나의 사랑하는 영혼이 아름답다》, 행간, 2006

• 시부사와 다쓰히코, 《역사 속의 이단자들》, 가람기획, 2006

• 시오노 나나미, 《나의 친구 마키아벨리》, 한길사, 1996

• 시오노 나나미, 《르네상스의 여인들》, 한길사, 1996

• 시오노 나나미, 《체사레 보르자 혹은 우아한 냉혹》, 한길사, 2001

• 신영은, 《에바 페론: 권력과 리더쉽 2》, 인물과 사상사, 1999

• 아돌프 히틀러, 《나의 투쟁》, 범우사, 1999

• 안나 마리아 지크문트, 《영혼을 저당잡힌 히틀러의 여인들》, 청년정신, 2001

- 안트예 빈트가센, 《권력과 여자들》, 한문화, 2004
- 알리시아 두호브네 오르띠스, 《에비타 페론: 부유한 자들의 창녀 가난한 자들의 성녀》, 홍익출판사, 2001
- 앙드레 모로아, 《영국사》, 기린원, 1997
- 앤 서머싯, 《제국의 태양 엘리자베스 1세》, 들녘, 2005
- 앤드루 모튼, 《나 다이애나의 진실》, 사회평론, 1998
- 앤드루 모튼, 《다이애나(사랑을 찾아서)》, 이너북, 2005
- 앤드루 램버트, 《넬슨: 대영제국을 구한 바다의 신》, 생각의나무, 2005
- 앨런 액셀로드, 《위대한 CEO 엘리자베스 1세》, 위즈덤하우스, 2000
- 양지에, 《세계 역사의 미스터리》, 북공간, 2007
- 어니스트 볼크먼, 《20세기 첩보전의 역사(인물편)》, 이마고, 2004
- 엘리슨 위어, 《엘리자베스 1세》, 루비박스, 2007
- 엘리슨 위어, 《헨리 8세와 여인들》 1, 2, 루비박스, 2007
- 엘리슨 위어, 《헨리 8세의 후예들》, 루비박스, 2008
- 오드리 설킬드, 《레니 리펜슈탈, 금지된 열정》, 마티, 2006
- 요하임 페스트, 《히틀러 최후의 14일》, 교양인, 2005
- 요하임 C. 페스트, 《히틀러 평전》 1, 2, 푸른숲, 1999
- 운노 히로시, 《스파이의 세계사》, 시간과공간사, 2005
- 윌리엄 맨체스터, 《불로만 밝혀지는 세상》, 이론과실천, 2008
- 윌리엄 제이콥 쿠퍼, 《세계사에서 큰일을 낸 인간들》, 파스칼북스, 2003
- 윤승준, 《하룻밤에 읽는 유럽사》, 랜덤하우스중앙, 2004
- 윤지강, 《세계 4대 해전: 살라미스해전/칼레해전/한산도해전/트라팔가해전》, 느낌이있는책, 2007
- 이가은, 《세계사 5000년》, 그린비, 1998
- 이기우, 《매혹과 환멸의 20세기 인물 이야기》, 황금가지, 2006
- 이명옥, 《팜므 파탈: 치명적인 여인들의 거부할 수 없는 유혹》, 시공아트, 2008
- 이무열, 《러시아사 100장면》, 가람기획, 1994
- 이서정, 《역사의 라이벌: 세상을 움직인 진정한 라이벌관계》, 홍진 P&M, 2006
- 이영범, 《테마 러시아 역사》, 신아사, 2003
- 임용순, 《역사를 바꾼 여성 통치자들》, 나무와숲, 2001